国情教育研究书系

袁振国◎主编

中国职业教育发展报告 2012

孙诚 等 著

教育科学出版社

·北京·

丛书编委会

（按姓氏笔画为序）

［丛书总序］

为打造具有国家水准、国际视野的教育科研成果，更好地服务于办好人民满意的教育，服务于全面建成小康社会，在中央级公益性科研院所基本科研业务费专项基金的支持下，我院系统开展了对国内国际重大教育理论与实践问题的研究，形成了"国情、国视、国菁、国际"四大书系。

"国情"书系以年度发展报告的形式，全面反映我国各级各类教育的成就、经验和挑战，对全国各省、自治区、直辖市教育发展和政策进行区域比较，对我国各级各类教育的发展水平进行国际比较，力求对我国教育的数量、规模、结构、效益和质量做出科学判断。

"国视"书系着眼于社会关注的教育热点问题，着眼于基础性、前瞻性问题，以了解事实、回应关切、提供政策建议为主要目的，探索教育发展规律。

"国菁"书系专门研究大中小学生的生活状态，涉及学校生活、家庭生活、社会生活、网络生活等，通过调查研究，了解当代学生的行为特点和思想情感，为研究如何促进学生的全面发展提供科学依据。

"国际"书系分为著作和译作两类，主要反映国际教育改革发展动态，回顾国际教育的历史进程，跟踪国际教育的改革动态，把握国际教育的发展趋势。

四大书系既各自独立又相互联系，在保持各书系特点的同时，力求做到：

一、"用数据说话"。数据是研究和决策的基础。四大书系力图建立在数据和事实的基础之上，通过对数据的搜集、提炼、整合、分析，发现问题，探索规律。

二、"通过比较说话"。没有比较就没有鉴别。书系力求通过国别比较、区域比较、类型比较、结构比较，发现真知，提供卓见。

三、"协同创新"。协同创新是提高创新效率和创新水平的战略要求。书系研究调动院内外、系统内外、国内外资源，注重人员交叉、学科交叉、方法交叉，力求有所创新、有所突破。

四大书系的编辑出版是我院全面提高教育科研水平的一项整体努力，也是建设国家一流教育智库的客观要求。在研究和写作过程中，书系得到了相关机构和同仁的大力支持，特别是得到了教育部相关司局及有关部委的大力支持，在此一并致谢！我们将以此为起点，不懈努力，为推动中国教育事业在新的历史起点上向前发展发挥不可替代的作用。

中国教育科学研究院
2012 年 12 月

目 录
CONTENTS

[前 言]

本报告通过对我国职业教育发展历程、人才培养规模、教师队伍建设和经费投入的分析，综合评价我国 31 个省（自治区、直辖市）中等和高等职业院校发展水平，从而透视不同地区经济发展水平对职业教育发展的驱动力和影响力的差异性。同时，通过与部分发达国家、发展中国家进行比较，呈现当今我国职业教育发展在世界职业教育格局中的优势与未来走向，并对我国职业教育面临的挑战和未来改革发展进行了探讨。

一、总体概况：职业教育在人才 强国战略中地位日益凸显

人才强国战略是经济强国战略的系统性工程，其有效实施不仅有赖于科学的顶层设计，还取决于经济发展阶段的不同诉求。当前，我国已经迈入中上等收入国家行列，成为世界制造业大国，国家工业化、城镇化建设正处于发展的关键时期，现阶段特定的基本国情决定了职业教育对于转型时期我国经济发展的重要意义，发展职业教育已经成为时代的要求，并越来越成为推动经济增长的重要因素，也是提升国民科学文化水平、实现社会就业、改善民生、加强社会建设的重要途径。

与普通教育比较，职业教育在中国的起步并不算晚，但发展道路更加

坎坷。新中国成立 60 多年来，我国职业教育由小到大、由弱到强，其间有艰难曲折、有过迟疑，而更多的是坚持和奋进。近年来，特别是《国家中长期教育改革和发展规划纲要（2010—2020 年）》（以下简称《教育规划纲要》）发布以来，国家高度重视职业教育工作，把加快发展职业教育作为推动经济发展、促进公平、优化教育结构的重大举措，作为整个教育事业改革发展战略的重要突破口。在党中央国务院高度重视下，职业教育办学机制、办学条件、办学质量、办学环境都发生了显著变化，服务经济社会发展和人的全面发展能力有了大幅度提高，为推进我国现代化建设做出了重要贡献。

第一，经过多年的建设，我国职业院校人才培养规模获得了长足发展，为提高劳动者人均受教育年限做出了贡献。截至 2011 年，全国中等职业院校发展到 1.3 万所，占高中阶段总量的 48% 以上；全国高职院校发展到 1280 所，占全国高校的 53% 以上。中职和高职院校年招生规模近 1100 万人，在校生超过 3500 万，分别占高中阶段教育和高等教育的半壁江山，人才培养规模获得长足发展。

2005—2011 年，中职招生人数占普通高中阶段招生总数的比例从 43% 提高到 49%，助推高中阶段教育毛入学率从 2005 年的 52.1% 提高到 2011 年的 84.5%；高职院校招生人数占全国普通高校招生的比例一直保持在 47% 以上，高等教育毛入学率也从 2005 年的 21% 提高到 2011 年的 26.9%，为我国加快普及高中阶段教育和高等教育大众化步伐，提高劳动者人均受教育年限做出了贡献。

同时，每年开展各种类型的职业培训达到 1.5 亿人次，技能型人才培养能力得到显著提升，不断满足经济社会对高素质劳动者和技能型人才的需要。

第二，坚持面向人人的教育理念，支持和保障受教育者享有接受职业技能教育的权利，并提供了多样化的学习和成才途径，有利于提升公民的就业能力。伴随着我国职业教育的规模发展，职业教育坚持面向人人办学，丰富了教育选择机会，为不同能力特点和学习需求的人群提供了更多的学习和成才途径，保障了人民群众依法享有接受良好教育的权利。初步形成了面向社会各个方面，面向各个阶层，面向大众的开放式的教育体系；初步构建起学校职业教育与职业培训并举、中高等职业教育并重的职业教育体系，为各行各业培养、输送了数以千万计的高素质劳动者和高技能人才。

从 2007 年秋季起，国家建立了家庭经济困难学生资助政策体系，目前已覆盖 90% 的中职学校一、二年级学生和 20% 的高职院校学生。从 2009 年秋季起，国家实行中职学校家庭经济困难学生和涉农专业学生免学费政策，目前已覆盖农村和城市广大地区。2011 年，享受国家助学金和免学费政策的中职学生分别达到 906 万人和 395 万人，促进了学生学习技能、顺利就业、脱贫致富，成为扩大中等收入群体、构建稳定社会结构的重要助推器。"十五"期间，职业院校累计开展农村劳动力转移培训 1.85 亿人次，为农村劳动力带技能转移为新产业工人、带知识转变为新市民，提高在城镇就业和生活能力发挥了基础性作用。同时，落实为在工业化、城镇化深入发展中同步推进农业现代化的要求，积极开展农村实用技术培训和农村生产经营型人才培训，为推动新农村建设提供了大批实用人才。

第三，坚持以培养技术技能人才为己任，创新人才培养模式，为各行各业输送合格人才。我国职业教育的根本任务，就是培养适应现代化建设需要的高技能人才和高素质劳动者。各地坚持以培养技术技能人才为己任，遵循职业教育发展规律，不断创新人才培养模式，并呈现出多元发展的趋势。概括起来主要有：学年分段模式（2 + 1、1 + 1 + 1 模式）、产学结合（依托专业办产业、依托行业办学、校企合一）模式、订单式培养模式、职业教育集团化模式，等等。各种人才培养模式充分重视市场在人才培养中的导向作用，强调从职业岗位（群）对人才的需求入手，分析适应岗位所应具备的职业能力，并将各项能力具体化，形成技能模块，并以此设计课程模块，形成课程体系和整体培养方案。在人才培养途径上，各种模式都将产学研结合作为基本途径，强调通过生产实践培养学生的职业能力。

围绕上述人才培养模式的建立，职业院校在专业设置、课程建设、教材开发、教师培训、教学方法等方面下功夫，并取得新的进展。通过国家指导、行业企业参与和学校积极努力，职业院校的教育教学改革成效显著，一大批骨干专业和品牌专业脱颖而出，办出了特色，办出了水平，受到社会的认可，大大提高了职业教育人才培养质量和办学效益。中职学校毕业生受到企业、行业和其他用人单位的欢迎，高职院校毕业生就业率逐年提高，职业院校培养的各类人才正在成为我国经济社会发展各领域的中坚力量。

第四，职业教育为转变经济发展方式提供技术技能人才支撑，使人才培养结构更好地适应经济发展需要。不同经济发展阶段的人才需求不尽相同，职业教育人才培养应该与之相适应。当前我国经济正处于工业化加速推进的关键时期，正在从制造业大国向制造业强国转变，产业结构不断优化升级，需要职业教育的进一步发展。由传统制造业向现代制造业的转型需要技术创新和生产流程改造，这些新技术都需要技术技能人才迅速吸收和掌握。2010 年，我国政府提出将大力发展节能环保、新能源、新材料、高端装备制造业等七大战略性新兴产业。为适应经济发展方式的转变，我国职业教育积极探索改善人才培养结构与模式，为缓解就业结构性矛盾做出贡献。针对职业教育专业性不强和吸引力不足的问题，教育部组织力量，对中职和高职院校专业设置作了调整。实践证明，职业教育的专业调整提高了招生吸引力，引发了专业生源的变化。如 2006—2010 年，招生规模最大的前五类专业是：信息技术类、加工制造类、医药卫生类、交通运输类和文化与体育类。2005—2011 年间，输送近 4000 万中等职业学校培养的毕业生进入就业市场，就业率始终保持 95% 以上；输送 1830 万高等职业院校毕业生进入就业市场，初次就业率达到 84%，大大缓解了产业结构调整升级过程中出现的劳动力供求失衡矛盾。我国技术工人由 2005 年的 8700 万人增加到 2010 年的 1.1 亿人，年均增长近 5%；高技能人才由 2005 年的 1860 万人增加到 2010 年的 2880 万人，年均增长 9%。

第五，国家加大职业教育经费投入，职业教育经费持续增长。2010 年，全国职业教育经费总量为 2408.8 亿元，比上一年增加了 288.81 亿元，增长 13.6%。其中，中等职业教育投入 1357.31 亿元，高等职业教育投入 1051.49 亿元。职业教育经费投入强度持续上升。2010 年，全国职业教育国家财政性经费占 GDP 的比重为 0.36%，比 2009 年增长了 0.009 个百分点；比 2007 年增长了 0.085 个百分点。全国职业教育预算内教育经费投入也保持稳定增长态势。2010 年，全国中等职业学校预算内教育经费总计 832.52 亿元，比 2009 年增加 123.90 亿元，增长 17.5%；全国高职院校预算内教育经费总计 442.55 亿元，比 2009 年增加 79.51 亿元，增长 21.9%。

职业教育的快速发展，有效提高了我国教育的人才贡献率、经济贡献率、社会贡献率，为提高教育服务经济社会发展方式转变的能力和水平，以及教育自身的改革发展做出了重要贡献。

二、区域比较：31 省（自治区、直辖市）职业教育发展水平和特征

"十一五"期间我国职业教育取得了较大发展，在提高劳动力素质和促进区域经济社会发展中发挥了重大作用。为客观呈现全国各省份职业教育发展水平，课题组选取经济社会发展基础、教育经费、教师素质、办学条件和办学成果等方面重要指标构建职业教育发展综合评价指标体系，对各省职业教育发展水平进行综合评价。获得如下结论。

第一，多数省份职业教育发展综合水平与经济社会基础基本适应。职业教育作为经济社会发展关联最密切的教育形式，一定要适应经济社会发展的大背景。以"等级差异评定法"比较各省职业教育综合发展水平与社会经济基础的适应程度看，全国有 18 个省份中职综合发展水平与经济社会背景基本相适应，安徽、湖北等 6 省份中职发展水平超前于经济社会发展，广西、海南等 7 省份中职发展水平滞后于经济社会发展；全国有 24 个省份高职综合发展水平与经济社会背景基本相适应，广东、辽宁等 4 省份高职发展水平超前于经济社会背景，湖北、山西等 3 省高职发展水平滞后于经济社会发展。

第二，职业教育经费投入仍亟待增加。选取生均教育经费指数、预算内经费占比、与普通教育生均预算内教育事业费比较等指标分析比较各省

职业教育经费投入状况。总体上看，各省职业教育经费得分不高，中西部省份优于东部发达省份。中职教育经费得分高于全国的 17 个省份中，除辽宁和海南外，均为中西部省份；高职教育经费得分高于全国的 12 个省份中，中西部省份也占据 6 席位次。高职生均预算内事业费明显低于同层次普通本科生均经费。2010 年全国普通高职生均预算内事业费为 5838.87元，比地方普通本科低 3495.81 元，除辽宁外地方高职院校生均预算内事业费均低于地方普通本科。生均缺额差距最大的三个省份依次是上海、北京和海南。

第三，教师学历层次基本满足要求，"双师型"教师急需补强。各省中高职教师学历结构基本符合要求。"双师型"教师是技能技术教育的重要保障，新《中等职业学校设置标准》要求双师型教师比例不能低于30%，教育部规定"十二五"期间双师型教师应占专任教师比例的 50%。全国除宁夏和浙江达到 30% 外，无一省份达到 50% 比例，西藏、山西和内蒙古比例最低。全国高职双师型教师占比也仅为 33.3%，仅有 10 个省份高于全国平均，其余 21 个省份均低于全国平均水平。

第四，多数省份办学条件中的生均教学科研仪器设备值和实践基地需要提高。《中等职业学校设置标准》要求生均教学科研仪器设备值不能低于 2500 元，而全国平均水平仅为 2331 元，20 个省份低于全国平均水平。云南等 5 个中西部省份甚至在 1500 元以下。尽管高职生均教学科研仪器设备值符合国家标准，但不同省份间差距过大，如北京、上海和天津的生均教学科研仪器值分别为 16891 元、8388 元和 8299 元；而安徽、云南和贵州的生均值分别为 4588 元、4615 元和 4786 元。校内实践基地是职业院校开展实践教学、科研和社会服务的重要场所，是培养高素质技能型专门人才的基本保障。而 2010 年全国示范性高职生均校内实践基地面积仅为 5.85 平方米，有山西、海南等 19 个省份生均面积低于全国平均水平。京、津、沪 3 个直辖市和辽宁、浙江、江苏等东部 6 省职业教育办学条件得分普遍高于其他省份。

第五，职业教育办学成果效果显著，中西部与东部差距仍较明显。浙江、广东和福建中职办学成果得分分列前三位，山东、北京和上海高职办学成果得分分列前三位，办学成果得分位列后三位的省份均为西部省份。
职教毕业生具有职业资格的比例已在60%以上，面向社会培训结业人才也
已达700万以上，全国中职毕业生的就业率除新疆外，均在90%以上，就
业率在95%以上的省份就达25个。以浙江、广东为代表的东部发达省份
在全国职业技能大赛中成绩较为突出，中西部省份与其相比，仍有较大差
距。高职院校国家级精品课程数上，西部省份数量仍偏少，国家级高职院
校精品课程数量低于10门的省份共有9个，其中8个在西部。

三、国际比较：中国职业教育
由规模优势向质量提升转变

随着世界经济一体化，人才资源竞争全球化，高技能人才需求国际
化，发达国家及新兴工业化国家的新兴行业、朝阳产业对高技能人才的需
求量不断增大。美国预测到2014年，计算机系统设计和相关服务领域人才
将严重缺乏。英国人才短缺最严重的六大行业是医护、电子及通信技术、
教育、建筑、飞行工程和临床心理。德国每年至少要接纳5万移民才能满
足技术人才的需求①。本报告运用量化和质性方法对30多个主要国家的职
业教育进行比较，探讨和分析中国职业教育的优势与未来走向。

（一）中国职业教育的优势

1. 中国已建成了世界上最大规模的职业教育，在校生人数居世界第
一，中职生和高职生所占比例超过发达国家平均值

2011年，我国中等和高等职业院校年招生规模近1100万人，在校生
规模超过3500万人，占到了高中阶段教育和高等教育的半壁江山。从世界
范围来看，我国中职生所占比例达到或高于发达国家平均水平，略低于欧

---

① 邓恩远. 国际劳务市场高技能人才需求状况探析 [J]. 职业技术教育，2006，27（22）：
85－87.

盟 21 国 52.4%，高于 OECD 国家 45.9% 和 20 国集团 37.6% 的平均水平，我国中职学生所占比例居于世界前列。

2009 年，我国高职学生占普通高等教育学生比例约为 45%，世界平均为 24%，发达国家为 20%，我国高职生所占比例高出世界平均值近一倍，高出发达国家一倍多。2010 年，我国高职院校在校生人数占世界在校高职生总数 32%，美国为 11%，印度和印度尼西亚分别为 3% 和 2%，中国已建成世界上最大规模的高等职业教育。

2. 创新人才培养模式，注重能力培养，毕业生就业率较高

与北欧国家特别是瑞士、英国、OECD 国家等传统学徒制培训相比，我国职业教育更加注重多元人才培养模式，坚持以就业为导向，大力推行工学结合、校企合作、顶岗实习，积极推广"订单式"培养，发展职业教育集团化办学，开展学徒培训试点，着力培养学生的就业和创业能力，实现从学科本位向能力本位转变。中职学校毕业生就业率保持在 95% 以上，高职学校毕业生初次就业率达到 84%。

3. 加强"双师型"教师队伍建设，不断提高职业学校教师业务水平

2009 年，欧盟发布《职业教育教师能力框架》，该框架建立了 4 个能力领域和 10 个能力维度；美国专业教学标准国家委员会也制定了《生涯和技术教育教师标准》，以优秀生涯与技术教育教师的专业实践为分析对象，涵盖了 4 大类 13 种专业能力。注重职业教育教师质量保障能力培养。

近年来，我国更加注重职业教师能力建设和"双师型"教师队伍建设，实施中等职业学校和高等职业院校教师素质提高计划，聘任或聘用具有实践经验的专业技术人员和高技能人才担任专兼职教师，提高持有专业技术资格证书和职业资格证书教师比例。2007 年，教育部、财政部联合启动实施了中等职业学校教师素质提高计划，累计培训 15 万名中职学校教师，支持学校聘请近 3 万名兼职教师，开发了 80 个专业的师资培训方案、课程和教材。2011 年，教育部、财政部还联合启动实施高等职业院校教师素质提高计划，投入资金超过 26 亿元，"双师型"教师队伍正在得到加强。

（二）从世界职教发展经验中获得的启示

1. 职业教育层次不断向上延伸

随着世界经济发展、科技进步、产业结构升级和国民受教育水平提高，许多国家职业教育层次不断上移，通过新设或院校升格，设立技术学院和科技大学，着力发展本科层次的高等技术教育，并授予相应的技术教育学位，形成与普通高等教育并行发展的格局。瑞士设有以培养本科应用型人才为主的科技大学；德国科技大学和职业学院都承担着培养本科层次技术技能人才的任务；芬兰通过教育立法，发展本科或以上层次的多科技术学院；日本于1976年建立了两所国立本科高职大学。发展本科高职成为许多国家发展职业教育的成功经验。

2. 学徒培训作为最有效的人才培养模式得到广泛推广

现代学徒培训是培养高素质劳动者和技能型人才，实现工学结合和校企合作的重要形式，是转变职业教育培养模式的有效路径。与传统的学徒培训不同，现代学徒培训赋予了新的内涵。所谓"学徒培训"，是指徒工与接收企业签订学徒合同，在企业有经验的人员指导下获得岗位特定技能，实训与理论学习交替进行，学徒期间取得合理报酬，结业后获得国家承认的职业资格的一种培训制度，这种培养模式在许多国家得到广泛推广。德国的"双元制"是世界公认的工学结合的典范，瑞士甚至实行"三元制"，丹麦实行工学交替，英国知名企业的学徒培训大受欢迎，澳大利亚、法国、美国等国的学徒培训也搞得有声有色，印度和南非通过立法发展学徒培训。另外，各国还普遍建立行业技能委员会，制定职业培训能力标准，指导开展学徒培训。

3. 重视职业教育教师能力标准建设

职业教育教师能力标准是一个国家对合格的职业教育教师专业能力的基本要求，是教师实施教育教学行为的基本规范，也是对职业教育教师培养、准入、培训、考核等工作的重要依据。美国的职业教师能力标准注重教师在帮助学生向工作和成人角色过渡中的能力，包括工作准备、管理和平衡各种角色、社会发展等方面，帮助学生实现从学习到工作的顺利过渡；欧盟标准突出教师质量保障、管理方面的能力要求；美国和欧盟的标准都非常强调建立合作关系，包括与同事的合作、与社会的合作、与其他教育机构的合作、与家长及社区的合作以及国际交流合作；澳大利亚的教师标准中有两个要素非常值得关注：国际教育管理的能力、开发并培养持续发展的能力。加强职业教育教师能力标准建设已成为未来国际职业教育发展的重要趋势。

四、挑战与展望：建设和发展
中国特色的高水平职业教育

技术技能人才是一个国家核心竞争力的体现，特别是对我们这样一个制造业大国而言，技术技能人才更是体现国家竞争力的核心因素。目前，我国的制造业占全球产出的 19.8%，比美国还高 0.4 个百分点，但我国还不是制造业强国，其中很重要的原因就是我们缺乏世界一流的高水平的技术技能人才。据统计，目前我国城镇企业共有 1.4 亿名职工，其中技术工 7000 万人。在技术工人中，初级工占 60%，中级工占 35% 左右，高级工仅占 5%。发达国家的情况正好相反，在发达国家，技术工人中的高级技工比例超过 35%，中级工占 50% 以上，初级技工不到 15%。这种反差不能不引起我们的重视。世界经济一体化，我国经济社会转型，产业结构优化升级，人才强国战略的实施，以及区域协调发展都离不开高技能人才的支撑。

世界各国的职业教育各具特色，但凡成功的职业教育模式，都有一个共同特征，就是与本国社会实际紧密结合，职业教育适宜社会环境的发展，才能有效地促进经济社会发展，提高人类生活质量和文明素质。联合国教科文组织在《关于职业技术教育与培训的第二届国际大会的建议》中指出："21 世纪的经济与社会将发生翻天覆地的变化，这就是要使更多的人接受职业教育，使职业教育能够满足人才资源开发的需要并能促使人们有效地进入工作世界。"[①] 1999 年，联合国教科文组织在汉城召开的第二届世界技术与职业教育大会的文件和主要发言都认为，"职业技术教育应该是所有国家发展日程的一个重要构成部分；必须重视教育培训和就业政策的紧密联系；职业技术教育不应该仅仅由需求驱动，也应该由发展需要驱动"，并认为"对经济影响最大的是职业技术教育的质量"。美国著名管理学家彼得·杜拉克（Peter F. Drucker）认为"技术人员是发达国家所能拥有的最实际、最能带给他们最长远竞争优势的一群人"。

但由于对创新人才的层次性和差异性缺乏关注，我国理论界一直未能将人才的创造力纳入研究视野，导致对占高等教育半壁江山的技能型人才的创造力研究处于缺失状态，严重影响了我国从人力资源大国迈向人力资源强国的进程，也不利于我国在知识经济时代综合国力的提升、经济的腾飞和产业的转型。现在，逐渐认识到，职业教育应该成为培养和输送大批技术技能人才的重要基地。

（一）我国职业教育面临的挑战与问题

1. 缺乏完备的法律保障体系

1996 年我国制定的《职业教育法》和 1998 年制定的《高等教育法》，标志着我国职业教育初步走上了依法治教的发展轨道。但是《职业教育法》主要侧重于中等职业教育，而《高等教育法》又主要针对的是普通高等教育所做的规定，涉及高等职业教育的条款非常有限，且缺乏配套的实施细则。从两部法律的条款内容来说，缺乏企业应分担职业教育的法律责任，缺少支持职业院校教师发展的刚性措施，学生实习安全缺乏相应的法律保障。10 余年来，随着职业教育的改革发展，这两部专项法律已不适应职教发展的需要，亟须进行修订完善。

2. 缺乏统筹职教系统的管理协调机制

一是缺乏统一的职业技能培养和认证机制，职业技能培养与认证体系

---

① 戴荣光. 联合国教科文组织第二届国际职业技术教育与培训大会关于职业技术教育与培训：展望 21 世纪的建议 [J]. 中国职业技术教育. 2000（5）.

的分离导致职业教育发展未能形成合力；二是缺乏严格有效的监督体系，发达国家大多设立了教育审议制度来加强对职业教育的监督，对职业教育的政策和措施及法规的实施效果进行全面、及时、有效的监督与调节，而我国目前还没有专门机构对职业教育进行审议和监督；三是缺乏行业企业深度参与的引导措施，实现企业教育资源共享面对诸多困难。

3. 职业教育人才培养通道不畅

目前，我国职业教育体系不完善，开放性不够，以中等职业学校为主的职教学制体系仍然相对封闭，不能很好适应技术技能型人才阶段性成长的规律要求，难以满足行业、企业对高技能人才的需求。特别是职业教育体系内部纵向衔接与横向沟通不畅，一方面，原有工业化背景下形成的教育体系，在层次、科类、布局结构上，不能很好地适应新型工业化和知识经济发展对人才结构和培养模式的要求，中等和高等职业教育在培养目标、专业设置、课程体系等方面还缺乏有效衔接，尚未设置本科层次高等职业教育。按政策规定，每年仅有 5% 的中职学校优秀毕业生能够进入高职院校学习，据统计，2009 年，全国仅有 3% 的中职学校毕业生升入高职院校，学生上升通道受限，成为职业教育发展的瓶颈。另一方面，职业教育与普通教育沟通乏力。目前，高职院校毕业生"专升本"比例控制在 5% 以内，据统计，2009 年，全国高职院校仅有 4% 的毕业生升入本科阶段学习。职业教育体系不完善，人才培养通道不畅，致使职业教育被降格为"低层次教育"和"断头教育"，影响学生学习的积极性，不利于高技能人才培养。

4. 职业教育投入占总投入比例出现下降态势

加大投入是大力发展职业教育的根本保证。近些年随着招生规模的不断扩大，我国职业教育经费投入实现总体增长，但是占全国教育经费总投入的比重却呈现下降趋势。2010 年，全国职业教育经费总量虽比上一年增长 13.6%，但低于同期全国教育经费增长率（18.5%）近 5 个百分点。与普通教育相比，职业教育经费国家投入强度反差明显。2010 年，全国普通教育国家财政性教育经费占 GDP 的比例为 3.66%，比上年有所增加。与之相比，同年全国职业教育国家财政性经费投入占 GDP 的比重仅为 0.36%。与国际相比较，这比欧洲国家低一倍，仅为德国和法国的 1/3 左右，而生均支出仅为发达国家平均的 1/6 左右，与个别发达国家相比差距更大，反映出生均支出与国家经济发展水平密切相关。

职业教育支撑着中国教育的半壁江山，然而在教育投入配置上存在的强烈反差，必然制约职业教育作为教育发展战略重点的有效落实。2000—2010 年，全国中等职业教育经费占全国教育经费的比例由 10.23% 下降到 6.94%，下降了 3.29 个百分点；2009 年，高等职业院校生均预算内教育事业费仅达到普通本科院校的 50% 左右。经费投入不足，致使职业教育办学条件较差，人才培养质量和水平不高。

与国际相比较，2008 年，我国中等职业教育支出仅占 GDP 的 0.2% 左右，这比欧洲国家低一倍，仅为德国和法国的 1/3 左右，而生均支出仅为发达国家平均的 1/6 左右，与个别发达国家相比差距更大，反映出生均支出与国家经济发展水平密切相关。

因此，加大国家财政性教育经费对职业教育的投入，逐步提高职业教育财政性投入在教育财政性投入中的比例，增加职业教育专项经费已势在必行。

5. 职业教育学历证书和职业资格证书体系缺乏对接

建立职业教育学历证书和职业资格证书沟通互认体制是世界各国通行的做法。而我国由于在职业教育证书体系上存在的多头管理，导致职业教育学历证书与职业资格证书沟通互认不畅的弊端。职业教育学历证书由教育部门管理，职业资格证书则由人力资源与社会保障部门审核、发放。不同种类的职业教育资格证书在内容要求上不统一，各类证书也互不相认，这种证书管理体制既影响了学生的利益，也不利于技能型人才的培养。

（二）未来职业教育改革重点与发展方向

国家"十二五"规划纲要提出，以科学发展为主题，以加快转变经济发展方式为主线，实现经济平稳较快发展、结构调整取得重大进展、科技教育水平明显提升、资源节约环境保护成效显著、人民生活持续改善、社会建设明显加强、改革开放不断深化等一系列经济社会发展目标，为职业教育改革发展提出了新的方向与要求。基于上述存在的主要问题，提出如下改革建议。

1. 成立统筹职业教育发展的国家管理机构

完善全国性职业教育统筹管理体制，使多部门联动起来是建立现代职业教育体系的重要环节之一。职业教育与经济发展的紧密联系，决定了其必须由教育、就业、经济等部门以及行业企业等密切合作，联动推进职业教育改革发展，才能保证职业教育规模、结构、质量与经济社会发展需求相匹配。

一是发挥职业教育部际联席会议制度的作用，统筹协调各有关部门研究制定并落实职业教育改革发展的重大决策。在此基础上，探索建立更高层次的统筹管理机构，统筹协调教育、就业、培训、经济、行业等工作，在社会用人制度、行业企业指导和参与制度、教师人事制度等方面改革力求有所突破，破解制约技能型人才培养、使用等方面的瓶颈问题。

二是建立专家咨询机构。在行业指导委员会的基础上，设立职业教育培训咨询委员会，由行业组织、大中型企业、相关部委专家组成，直接为国家层面职业教育统筹管理部门负责，对国家职业教育体系建设、国家技能人才培养规划、职业教育质量保障等方面开展调查、研究、评估，形成并发布重要决策咨询报告。

2. 建立以行业企业为依托的现代职业教育发展格局

发展职业教育，必须要有行业、企业等多元社会主体的共同参与，建立健全政府主导、行业指导、企业参与的办学机制，才能使所培养的技能型人才满足社会需求。一是要强化落实《教育部关于充分发挥行业指导作用推进职业教育改革发展的意见》（教职成〔2011〕6 号）要求，明确行业指导职责，提升行业指导能力，鼓励、引导行业举办职业教育，通过各种鼓励、支持性政策，提高行业参与、指导职业教育的积极性，提升行业指导的能力。二是加强职业教育校企合作法律法规建设，着手制订《职业教育校企合作促进条例》以及相应的实施细则，尽快明确多方参与主体包括政府、企业、学校、学生、教师的权利、义务和责任，为校企合作开展的相关培训、课程建设、学生实习实训、教师实践等各方面活动提供法律依据和有力保障。

3. 建立学校教育与职后教育一体化的终身职业教育体系

首先，促进普职融合与渗透。重视儿童早期职业教育，帮助孩子从小确立尊重劳动、关注技术进步的思想观念和习惯，通过综合实践活动、劳动技术等课程，培养孩子们的动手能力和使用工具、技术的基本方法。在高中教育阶段，一方面，要在课程设置上加强普职教育渗透；另一方面，在管理制度上，要设立普职教育交流的通道，让那些有潜力接受学术型教育的中职生有机会学习更多的文化课程；那些可能高中毕业后就业的学生有机会接受职业技术教育，并取得相应的职业资格证书。其次，促进纵向衔接与横向贯通。按照技术技能水平的划分，构建由低到高、纵向衔接的职业教育体系，使技能型人才获得不断向上发展、提升技术技能水平的通道。建立国家职业资格证书体系，逐步实行统一的资格框架，促进职业教育、培训与普通教育之间学分互认、课程互换，实现各类教育与培训的横向贯通和纵向衔接。

4. 建立以公共财政为主的多元经费保障制度

一是建立政府与行业企业和社会的共担机制，形成政府主导，行业、企业、社会和个人参与的经费投入体系；二是坚持政府主导，各级财政投入应成为职业教育经费保障的主渠道，建立职业教育生均拨款制度；三是统筹高等教育经费配置，逐步提高国家财政性教育经费对高等职业教育的投入；四是提高企业职工教育经费比例，建立企业成本补偿机制，落实企业足额提取职工教育培训经费的政策；五是建立健全职业教育学生资助政策体系，进一步提高学生资助标准和覆盖面；六是制定和完善职业教育税收优惠和金融支持政策。

5. 改革人才培养模式，进一步提高职教质量

适应经济社会发展变化，及时调整专业目录，使职业教育人才培养结构紧贴产业结构，人才知识结构紧贴岗位需求，增强职业教育人才培养的针对性和实效性。通过专业目录调整和实施，推动专业与产业、企业、岗位的对接。通过专业课程内容与职业标准对接，实现人才素质与岗位需求的衔接。围绕国家战略性新兴产业、现代农业、先进制造业特别是装备制造业、现代服务业和民族特色产业等发展要求，确定一批重点专业，推进

专业设置与课程体系建设的改革创新。

大力加强职业教育师资队伍建设。通过教师人事制度改革，拓宽职业教育教师来源渠道，吸引企业、行业中专业能手到职业院校任教或兼职。同时，政府可以出资购买教师企业实践岗位，让职业院校教师定期到企业学习和实践，及时了解、更新专业知识和实践技能，更好地培养学生。

总之，在新的历史时期，办好人民满意的职业教育，必须以创新思维、总揽全局的观念，按照技术技能人才成长规律，系统确立专业体系、课程体系、教材体系、教学模式、考试评价方式等，改变职业教育脱节、断层或重复的现象，科学布局中等职业教育、高等职业教育、应用型本科和高端技能型专业学位研究生等人才培养规格、梯次和结构，培养学生的职业道德、职业技能、就业创业能力以及综合职业素养，使之成为具有文化基础、专项技能、全面发展的高素质的技能人才。这不仅是未来职业教育发展的方向，也关乎着改善民生和社会建设的成效，职业教育改革发展任重道远。

第一章

职业教育发展的历史回顾

新中国成立 60 余年来，我国职业教育发展波澜壮阔，跌宕起伏。伴随着国家经济建设和社会发展，坚持不懈地开拓进取、改革创新。办学规模持续扩大，办学层次不断提高，办学形式更加丰富，办学水平逐步提升，以适应变化万千的经济社会发展需求和满足人民群众接受多样化教育的需要。为此，本章将重点梳理和回顾这段时期所走过的历程，从成就与教训中确立新的征程。

一、新中国职业教育的建立与发展

从广义的角度讲，伴随着劳动分工而出现的各种技能传授活动，都是职业教育的早期形式。因此，职业教育从诞生之日起，便与生产活动、经济发展存在着天然的、密切的联系。它担负着培养生产、服务、管理一线高素质劳动者和技能型、应用型人才的重大使命，并伴随着经济社会发展和科技进步不断丰富其内涵、完善其制度。

（一）经济建设急需培养大批技术人才

新中国成立后，百业待兴，国家经济建设和社会发展急需初中级管理人才和技术人才。这个时期，社会主义国营经济以较快速度发展，1949 年国营工业的生产总值仅占全国工业生产总值的 39% 左右，到 1952 年已上升到 50%，国家财经状况得到根本好转，工业总产值达 827 亿元，比 1949 年增长 77.5%[①]。随着经济建设快速发展，国家急需各种技术人才。1951 年 8 月周恩来指出："只要建设一开展，每年就需要中专以上的毕业生二十万人。"[②] 而当时全国原有高级职业学校尚处在初步改造和适应期间，"全国中等技术学校和学生人数，不及中等学校总数的十分之一，所占比重最小"[③]。根据 1951 年统计，普通中学学生占 90.6%，中等技术学校学生占 9.4%。中专每年能提供的毕业生只有两万多人，无论数量和质量都难以满足建设的需要。技术人员的供求差距悬殊。

1950 年 6 月 8 日，在全国高等教育工作会议上周恩来强调发展我国职业教育的重要性，他说："现在我们国家的经济正处在恢复阶段，需要人'急'，需要才'专'，这是事实。"[④] 因此"为了适应需要，可以创办中等技术学校"[⑤]。1952 年 3 月 31 日，周恩来签署发布的《关于整顿和发展中等技术教育的指示》中明确提出："我们的国家正在积极地准备进行大规模的经济建设。培养技术人才是国家经济建设的必要条件，而大量地训练与培养中级和初级人才尤为当务之急。"[⑥] 1953 年 9 月 8 日，他在中国人民政治协商会议第一届全国委员会第四十九次常委会上说："培养技术人才是一个重大的任务。要从各方面培养人才。除各种专门学校外，还要在工厂中培养技术工人。"[⑦]

1954 年，全国人大一届一次会议通过了第一部宪法。明文规定："国家举办各种学校，普及初等义务教育，发展中等教育、职业教育和高等教育，并应发展学前教育。"这是 1949 年以来国家大法首次明确赋予职业教

---

① 闻友信，杨金梅. 职业教育史 [M]. 海口：海南出版社，2002：37.

② 中央教育科学研究所. 周恩来教育文选 [M]. 北京：教育科学出版社，1984：31.

③ 中国教育大事典 [M]. 杭州：浙江教育出版社，1983：1683.

④ 同②，9 - 10.

⑤ 同②，31.

⑥ 同②，66.

⑦ 同②，110.

育以应有地位，具有十分重要的意义，也是我国职业教育迈出的第一步。

（二）职教学制地位和管理体制的确立

1949 年新中国成立初期，在接管、改造和恢复国民经济以及其后的国家建设工作中，都需要干部去主持，当时除了开办革命大学培训知识分子投入革命外，还必须造就大批思想好、有专业技术知识、懂建设的新型技术人才和管理人才。而且伴随新民主主义的政治制度和经济制度的建立，需要建立与之相适应的教育制度。特别是将旧学制下的职业学校接收、接管、整顿之后，就更需要明确新学制下职业教育的地位与作用。

1. 确立中等职业学校学制

1951 年 10 月 1 日，政务院颁布了《关于改革学制的决定》（以下简称《决定》）。《决定》指出："我国原有学制（即各级各类学校系统）有许多缺点，其中最重要的，是工人、农民的干部学校和各种补习班和训练班，在学校系统中没有应有的地位……技术学校没有一定的制度，不能适应培养国家建设人才的要求。"新学制对各级各类学校的学制分别作了新的规定，明确了技术学校，包括初级技术学校和各类技术学校及附设短期技术训练班或技术补习班的招生对象、入学条件及修业年限。

2. 建立技工教育制度

1953 年，政务院决定由劳动部门对技工学校进行统一管理，负责制定有关技工学校的方针、政策和规章制度；组织编写审定教学计划、教学大纲和教材，培训师资和提高教师水平；组织交流工作经验等。1954 年 4 月，劳动部制定《技工学校暂行办法（草案）》，对技工学校的管理体制、培养目标及学制、课程教学、机构设置及人员编制、经费开支等方面都作了具体的规定。《草案》的制定和试行标志着我国技工教育制度的初步建立。

3. 完善中专教育制度

1953 年 9 月，中央确定"整顿巩固、重点发展、提高质量、稳步前进"的文教工作总方针，要求继续调整中等技术学校，力求学校布局、专业设置与国防建设和经济建设相适应；同时，稳步进行教学改革，在不断提高质量的前提下，完成发展任务，反对只求数量不顾质量的形式主义。之后，从 1953 年 7 月到 1955 年 10 月，政务院和高等教育部先后颁布了一系列文件，对中等专业学校的专业设置、学习年限、招生对象、教学计划、学校组织与领导等方面都作了详细的规定，标志着我国社会主义中等专业教育制度的正式建立。

4. 建立职教管理体制

1952 年，政务院明确了各类中等技术学校的职责分工，建立以业务部门领导为主的管理体制。1953 年，政务院决定由劳动部对全国技工学校进行综合管理。技工学校的设置，由各产业部门根据需要来决定，并报劳动部或所在地劳动行政部门审查。1958 年，教育部设立中等专业教育司，综合管理全日制中等专业学校（中师除外），但全国技工学校的综合管理工作与学徒培训工作仍由劳动部负责。同年，中共中央批转劳动部党组《关于技工学校下放问题的请示报告》中提出：为了加强对技工学校的领导，便于地方统筹规划后备技工的培养，充分发挥技工学校的培训能力和生产潜力，中央各部委举办的技工学校，凡是培养适于地方统一分配的通用工种技术工人的学校，原则上都应该下放归地方管理；少数学校仍由中央主管部门管理①。

这个时期大力发展中等职业学校，一是解决 1949 年 12 月 23 日第一次全国教育会议提出的"改变旧社会劳动人民没有受教育机会的状况，解决教育为工农大众开门的问题"，并努力将《中华人民共和国宪法》第九十四条提出的"中华人民共和国公民有受教育的权利"落实到实践中去。二是为实现由落后的农业大国变为先进的工业化国家目标，满足国家经济建设和发展现代工业对各行各业的技术管理干部和技术工人的需求。

（三）各部门及行业举办中等职业教育

新中国成立初期，国家大规模经济建设，需要千百万技术工人，由于

---

① 黄尧. 21 世纪初中国职业教育宏观政策研究 [M]. 北京：高等教育出版社，2006：355 – 356.

当时全国职业学校数量极少，不足千所；特别是技工学校，全国仅有 3
所①；各类职业学校在校生不足 10 万，基础薄弱，校舍设备破旧，教育制
度、教学内容、课程设置和管理制度也不完善，这就意味着需要极大地投
入。如何妥善解决这一问题，党中央提出了充分发挥部门和行业的作用。
1951 年 8 月 10 日，周恩来明确提出：“各级各类学校都要由教育部包办是
不行的。因此，要分不同情况，由教育部和各业务部门分工去办，由中央
和地方分工去办。”“根据现代的需要和将来的发展……中等专业学校由各
业务部门或企业单位办理，教育部检查指导。”② 这个办学体制极大地调动
了从中央到地方各个部门、行业办学的积极性。若以 1952 年底中等职业学
校实有校数和 1950 年同类数字相比，工业、农业、林业、医药、财经等五
类学校都有大幅度增加，尤其医药类和工业类学校增加的最多（见图
1－1a）；五类学校在校学生数也有较大增长，工业类学校增幅约 284%，
农业类学校增幅约 187%，林业类学校增幅约 434%，医药类学校增幅约
197%，财经类增幅约 162 %（见图 1－1b）。几乎所有部门和行业都在参
与办学，从而促进职教事业有了可喜的进展。

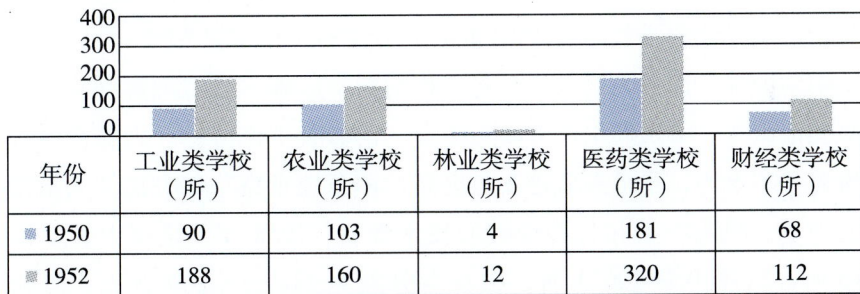

年份	工业类学校 （所）	农业类学校 （所）	林业类学校 （所）	医药类学校 （所）	财经类学校 （所）
1950	90	103	4	181	68
1952	188	160	12	320	112

图 1－1a　1950 年与 1952 年五类职业学校增加数量比较

【数据来源】闻友信，杨金梅. 职业教育史［M］. 海口：海南出版社，2002：38.

---

① 闻友信，杨金梅. 职业教育史［M］. 海口：海南出版社，2002：23.
② 中央教育科学研究所. 周恩来教育文选［M］. 北京：教育科学出版社，1984：31.

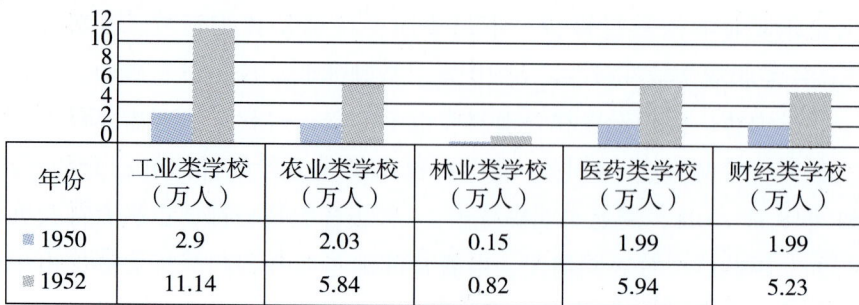

年份	工业类学校（万人）	农业类学校（万人）	林业类学校（万人）	医药类学校（万人）	财经类学校（万人）
1950	2.9	2.03	0.15	1.99	1.99
1952	11.14	5.84	0.82	5.94	5.23

图 1 – 1b **1950 年与 1952 年五类职业学校在校生数量增长比较**

【数据来源】闻友信，杨金梅. 职业教育史［M］. 海口：海南出版社，2002：38.

（四）两种教育制度与两种劳动制度并举

在"鼓足干劲，力争上游，多快好省地建设社会主义"总路线的推动下，1958 年 5 月，刘少奇在政治局扩大会议上提出了两种教育制度和两种劳动制度的主张，指出："中国应该有两种主要的学校制度和工厂农村的劳动制度，即一种是全日制的学校制度和全日制的工厂、机关劳动制度，一种是半工半读的学校教育制度和半工半读的工厂劳动制度。"1958 年 9 月，中共中央、国务院《关于教育工作的指示》确立了"教育必须为无产阶级政治服务，必须同生产劳动相结合"的教育工作方针。为加快各行各业所需人才培养，要求采取普及与提高"两条腿走路"的办法，大量创办农业中学、职业中学和各种形式的技术学校。1958 年，全国中专学校为3113 所，职业中学 20023 所，在校生分别为 147 万、200 万人；但到了1960 年，两年的时间里，中专学校数骤增至 6225 所，职业中学增加到22597 所，在校生分别增至 221. 6 万人和 230. 2 万人。

两种教育制度和两种劳动制度的出现是中国教育史上一大创举，也是职教史上辉煌的篇章。但短时间内规模迅速扩张带来的质量问题日渐显露。此后，教育部采取了一系列统筹规模发展与质量提高的举措，力求普职教育保持合理结构、健康发展。经过 3 年的整顿，到 1963 年，全国中专学校数已降至 1335 所，职业中学下降为 4303 所。但同时又带来城市大量初中毕业生不能升学，缺乏必要的职业训练，难以就业的问题。对此，中共中央、国务院转发教育部《中小学教育和职业教育七年（1964—1970）规划要点（初步草案）》，要求城市举办各种类型的职业学校。随后两年，职业中学数量再次大幅回升，到1965年已经增加到61626所，在校生规模也从1963年30.8万增加到443.3万。一方面为提高初中毕业生就业技能做出了重要贡献，另一方面也存在办学效益低下问题，职业中学校均在校生规模不足百人（见表1-1）。

表1-1 **1958—1965年中等教育发展概况**

年份	学校数（所）			在校生（万人）			中职在校生占比（%）
	中专	职业中学	普通高中	中专	职业中学	普通高中	
1958	3113	20023	4144	147.0	200.0	117.9	74.6
1959	3706	22302	4144	149.5	219.0	143.5	72.0
1960	6225	22597	4690	221.6	230.2	167.5	73.0
1961	2843	7260	4431	120.3	61.2	153.3	54.2
1962	1514	3715	4434	53.5	26.7	133.9	37.5
1963	1335	4303	4303	45.1	30.8	123.5	38.1
1964	1611	15108	4149	53.1	112.3	124.7	57.0
1965	1265	61626	4112	54.7	443.3	130.8	79.2

【数据来源】国家统计局. 新中国50年统计资料汇编［M］. 北京：中国统计出版社，1999.

二、改革开放后职业教育的恢复与壮大

1977年8月，党的第十一次代表大会宣告"文化大革命"结束。1978年12月，党的十一届三中全会做出"把全党工作重点转移到社会主义现代化建设上来"的战略决策，改革开放由此揭开序幕，开创了建设有中国特色社会主义道路的新篇章，我国开始进入一个新的历史发展阶段。

1982年9月，党的十二大提出党在新的历史时期的总任务，提出到20

世纪末使全国工农业生产总值翻两番的奋斗目标。1983 年，邓小平题词"教育要面向现代化，面向世界，面向未来"，明确了教育工作改革和发展的指导思想，职业教育也进入了前所未有的发展时期。

（一）国民经济高速发展需要培养科技人才

1978 年 4 月 22 日，邓小平在全国教育工作会议上提出，"教育事业必须和国民经济发展的要求相适应"，强调"我们的国民经济是有计划、按比例发展的，我们培养培训专家和劳动后备军，也应当有与之相适应的周密计划，应该考虑各级各类学校发展的比例，特别是扩大农业中学、各种中等专业学校、技工学校的比例"。同年 12 月，党的十一届三中全会强调，要解决国民经济重大比例失调问题，调整经济结构，改革经济管理体制，在自力更生基础上积极发展对外经济合作，努力采用世界先进技术和先进设备，并大力加强实现现代化所必需的科学和教育工作。自此，中专、技工教育也恢复统一招生考试，恢复"文革"前行之有效的规章制度（如学制调整、教师管理、学生学籍管理及学校内部各项管理制度）以及教材编审制度和出版发行办法。

1980 年 2 月 23 日，党的十一届五中全会召开，提出向四个现代化进军的伟大号召。在实现四个现代化的新长征中，建设一支宏大的、坚持社会主义方向、具有专业知识和专业能力的知识分子队伍，已成为当务之急和长远的战略任务。据统计，改革开放之初，6—18 岁儿童和青少年每年有 2400 万人上学，而高校年仅招生 30 万人左右，加上中专招生约 50 万人，合计约占在学人数的 3.2%，要实现四个现代化，显然这个比例太小。同时，企业干部和职工队伍科学文化素质不高，一些企业懂得业务的领导干部不足三分之一，技术干部只占职工总数的 1.6%。因此，要根据四个现代化发展的需要，改革中等教育结构，大力发展职业教育，满足社会各方面对人才的需要，已成为历史的必然。

（二）大力兴办职业高中

20 世纪 80 年代，职业教育得到恢复和发展，但不适应社会主义现代化建设需要的被动局面仍未扭转。国家以经济建设为中心，对外开放，经济、教育、文化、科技等领域体制全面改革，世界范围的新技术革命正在兴起，世界各国普遍重视职业教育等形势，使原有教育体制弊端更为明显，如中等教育结构单一，职教基础薄弱，教育思想、内容、方法脱离实际，落后于现代教育与科学技术的发展。为此，1980 年 10 月国务院批转教育部、国家劳动总局《关于中等教育结构改革的报告》提出"三个并举"，普通高中增设职教课，部分高中改办职业（技术）学校、职业中学、农业中学，各行各业举办职业（技术）学校，有条件的大中城市试办职业技术教育中心，积极发展技工学校，努力办好中专，要求高中阶段的职教比大大增长。

在国家政策推动下，高中阶段两类教育的结构逐渐趋向合理。1980 年，全国中专学校 3069 所，职业中学 3314 所，在校生共计 169.7 万人。经过十几年发展，到 1997 年，全国已有中专学校 4143 所，职业中学 10047 所，在校生共计 977.3 万人，占高中阶段教育在校生比重由 1980 年的 14.9% 上升至 1997 年的 53.5%，中等教育发展逐步达到一个相对合理的结构（见图 1–2a 和图 1–2b）。

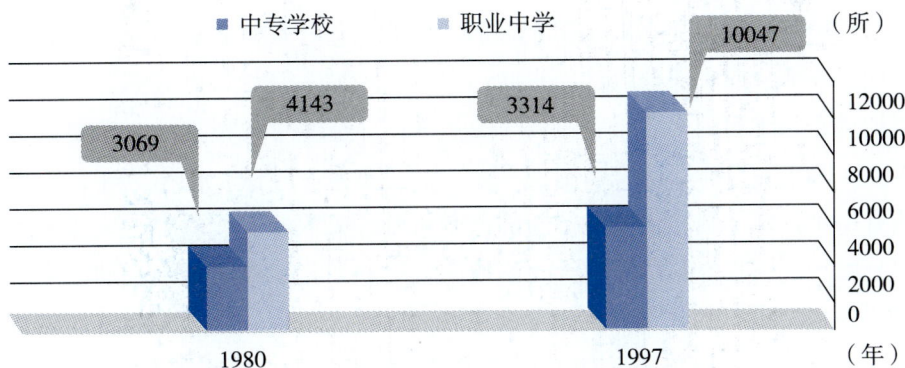

图 1–2a　17 年间中等职业学校在校生数量的增长情况

【数据来源】根据《中国教育统计年鉴》（1980 年、1997 年）整理而来。

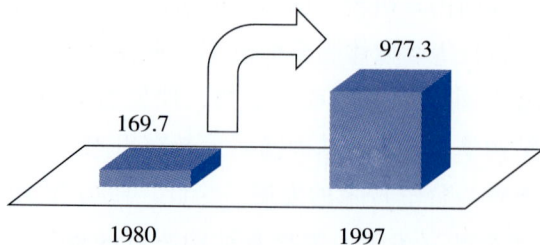

图1-2b 17年间中等职业学校在校生数量的增长情况（万人）

【数据来源】根据《中国教育统计年鉴》（1980年、1997年）整理而来。

（三）试办高等职业教育和民办职业教育

20世纪80年代初，国家实行"划分收支、分级包干"财政管理体制，在促进增产节约、增收节支方面取得了显著的成效。1980年年底，国民经济第五个五年计划完成。四个现代化建设迫切需要人才，但国家统一分配的普通高校毕业生不仅在数量上难以满足地方需要，在培养目标上也不适应地方需求，与地方经济建设急需一线生产、服务、管理的实用型、技艺型、实干型人才严重脱节。

1980年3月，财政部召开财政教育规划会议，要求各省市对所需大学毕业生要部分或大部分自给。为此，有些大中城市开始试办高职，主动为当地培养一线实用人才，职业大学应运而生。这些学校根据地方需要设置专业，基本为专科层次，学制也不划一，主要是三年制，也有两年，少数还有一年和四年制。学校实行新的办学机制，采取走读、收费、毕业生不包分配、企校联合办学等重大改革措施，突破了我国普通高校长期以来国家"一包二统"的体制，突破了改革开放以前大学生一律按国家计划公费培养，包上学、包住校、包毕业分配的传统格局，在高等学校中独树一帜。

1980年，各地共建立了7所职业大学，如南京金陵职业大学、合肥联合大学、武汉江汉大学就是其中最早创办的一批。这种短期职业大学一诞生，就显示出强大的生命力。到1984年全国就已发展到82所，总共开设专业 200 个以上，遍及各主要行业，在校学生 4.7 万人，毕业生 8260 人①。职业大学的迅速兴起，是中国教育结构改革中的一件大事，对高等教育改革和职业教育发展具有极其深远的影响。

民办职业教育是我国职业教育中的一支重要力量。《中华人民共和国职业教育法》（以下简称《职教法》）第二十一条规定，"国家鼓励事业组织、社会团体、其他社会组织及公民个人按照国家有关规定举办职业学校、职业培训机构"，极大地调动了社会团体和民间力量兴办职业教育的积极性，他们结合本身特点及社会需求，大办职教，为职教增添了光彩和力量。在国内，能够形成社会办学规模的是由各民主党派举办的、分布于各地的职教机构，他们自力更生，精心办学，专业设置较广，办学水平较高。1998 年，全国共有民办职业中学 700 所，占全国职业高中总数的 6.73%，在校生数占全国职业高中在校生总数的 17.2%；举办各种短期培训的民办教育机构 3 万多所，还有民办高校 1209 所（其中国家批准学历的 21 所）也在积极兴办职业教育②。

民办职业教育的发展，适应了社会各方面，尤其是农村、乡镇企业、集体企业等对人才多样化的需求，也反映了社会各界办学兴教的极大热情和广大社会成员强烈求学的迫切愿望。民办职业教育扩大了职教规模，为社会提供了大量入学求知的机会，也为下岗、转岗人员的再就业创造了条件。

（四）职教立法　有力推动职业教育法制建设

职业教育法制建设是现代职业教育发展的重要标志之一，也是国家干预和管理职业教育的重要手段。1996 年 5 月，在职教界发生了一件具有里程碑意义的大事，推动职教发展的根本大法——《职业教育法》正式颁布。该法分为总则、职业教育体系、职业教育的实施和保障条件及附则共五章四十条。1998 年，国家教委、国家经贸委和劳动保障部联合发布了

---

① 闻友信，杨金梅. 职业教育史［M］. 海口：海南出版社，2002：111－112.
② 同①，256.

《关于实施职业教育法，加快发展职业教育的若干意见》（以下简称《若干意见》），两者共同构成职业教育法制建设的核心内容。主要体现为四点：一是它为各省、自治区、直辖市制定配套法规和实施细则提供了法律依据；二是它对有效地解决职业教育发展中的重大问题做出了原则规定和科学界定，为进一步改革和发展提供了保障；三是推动落实了社会各种集团和力量兴办职业教育的权利和责任；四是建立和强化了实施职业教育的有关法律监督制度，保证了依法执行的实效性①。

《职教法》的颁布，标志着我国职业教育走上了制度化、法制化的轨道。以《职教法》为核心，与 1986 年制定的《义务教育法》、1993 年制定的《教师法》、1998 年制定的《高等教育法》、2002 年制定的《民办教育促进法》、2008 年制定的《就业促进法》等，共同构成了职业教育的法律体系。

三、21 世纪中国职业教育的改革与发展

进入 21 世纪，世界正在经历着深刻的变革，政治多极化、经济全球化的趋势在曲折中发展，科技进步日新月异，综合国力竞争日趋激烈。加入世界贸易组织之后，我国正在以更加开放的姿态参与世界经济竞争，改革开放出现了新局面。我国政府提出要在本世纪前 20 年集中力量，全面建设惠及十几亿人口的更高水平的小康社会，使经济更加发展、民主更加健全、科教更加进步、文化更加繁荣、社会更加和谐、人民生活更加殷实。在实现全面建设小康社会的进程中，职业教育承担着培养高素质劳动者和实用人才、提升劳动者就业和创业能力，对于改善民生、促进社会建设具有十分重要的意义和作用。加快职业教育改革步伐，将职业教育纳入我国教育工作的战略重点，是 21 世纪初我国职业教育发展的重要特点。

---

① 黄尧. 职业教育学——原理与应用 [M]. 北京：高等教育出版社，2009：545.

（一）提升职教办学水平

21 世纪初，是我国职业教育迅速发展的时期，也是深化职业教育改革、加大教育结构调整力度的时期。

1. 确立职业教育的战略地位，完善多元办学的体制机制

2002 年以来，国家先后三次召开全国职业教育工作会议，出台了一系列政策措施。先后颁布了《国务院关于大力推进职业教育改革与发展的决定》、教育部等七部门《关于进一步加强职业教育工作的若干意见》和《国务院关于大力发展职业教育的决定》，明确了新时期职业教育的地位作用、目标任务和政策措施。职业教育成为经济社会发展的重要基础和教育工作的战略重点。进一步深化职业教育管理体制改革，初步形成了"在国务院领导下，分级管理、地方为主、政府统筹、社会参与"的管理体制和政府主导、依靠企业、充分发挥行业作用、社会力量积极参与，公办与民办共同发展的多元办学格局。建立了职业教育部际联席会议制度，进一步加强了对职业教育工作统筹协调的力度。

2. 扩大职业教育发展规模

21 世纪初，国家确立了以服务为宗旨、以就业为导向的职业教育办学方针；提倡探索新型的职业教育人才培养模式，大力推行工学结合、校企合作。与此同时，强调完善两个体系，即根据国家关于"十五"期间教育事业的整体安排，大力促进职前与职后教育培训的贯通，努力构建中、高等职业教育衔接，与普通教育、成人教育相互沟通、协调发展的职业教育体系；以 50 个职业教育师资培养培训基地为基础，进一步完善职业教育师资培养培训体系①。逐步完善劳动预备制度，推进职业资格证书的实施，确立学历证书和职业资格证书并重制度。推进教育教学改革，加强职业学校信息化建设。

"十一五"期间，我国中等职业教育年平均招生保持在 800 多万的规模，高等职业教育年平均招生保持在近 200 万的规模，累计输送 3600 多万

---

① 黄尧. 21 世纪初中国职业教育宏观政策研究 ［M］. 北京：高等教育出版社，2006：10.

中职毕业生和 1300 多万高职毕业生，显示了大规模培养高素质劳动者和技能型人才的能力①，在中央政府的大力推动下，中、高等职业教育发展规模迅速扩大，分别占据了中等、高等教育的半壁江山，为普及高中阶段教育和促进高等教育大众化做出了重大贡献。

3. 加强职业教育基础能力建设

为适应经济体制转变，应对教育改革发展过程中出现的新情况、新问题，"十五"期间职业教育在以下几个方面进行了重大调整。（1）调整职业教育相对单一的办学模式。在实行以初中后分流、高中阶段职业教育为主的同时，因地制宜，向初中阶段和高中后教育和培训延伸。在广大农村和西部地区，职业学校还面向初中阶段普通教育的辍学生，向他们传授生产、生活中的实用技术。（2）调整职业教育体系的内部结构，扩大高等职业教育规模，大力开展各种形式的职业培训。调整中等职业学校布局结构，加强骨干示范性学校建设，提高职业学校办学效益；调整职业学校专业结构，深化职业教育教学改革，提高教学质量。（3）调整职业教育管理模式，建立与社会主义市场经济相适应的职业教育运行机制。政府将职业学校的管理方式由直接管理向运用立法、政策导向、质量评估等宏观调控方式转变。同时，充分发挥行业协会等社会中介组织在职业教育管理中的作用；扩大学校办学自主权，促进职业学校面向社会和市场自主办学，支持、引导职业学校形成新的运行机制，增强学校在市场经济中生存和发展的能力。（4）调整职业教育投资机制，鼓励社会力量兴办职业学校和职业培训机构，探索有利于吸引更多学生接受职业教育的激励办法。2005 年，《国务院关于大力发展职业教育的决定》中提出：实施职业教育示范性院校建设计划，在整合资源、深化改革、创新机制的基础上，中央专项投入重点支持建设 1000 所左右示范性中等职业学校和 100 所左右示范性高职院校，对项目学校采取定额补助的支持方式，原则上西部地区中等职业学校，每所拟按 300 万—400 万元予以支持；对中部地区每所拟支持 300 万

---

① 数据根据《中国教育统计年鉴》整理而来。以下若是以该统计年鉴而来的数据，不再逐一说明。

元左右，对东部地区每所支持 200 万元左右。教育部、人力资源社会保障部、财政部在 2010 年 5 月 22 日的《实施国家中等职业教育改革发展示范学校建设计划的意见》中决定，从 2010 年到 2013 年，中央财政对每所中职示范校拿出 1000 万，重点支持 1000 所国家示范性中等职业学校建设，以此带动全国中等职业学校深化改革、加快发展、提高质量、办出特色，进一步提高中等职业教育的市场针对性、国家贡献率和社会吸引力。

（二）培养高技能人才成为国家人才队伍建设的重点

2003 年，我国召开第一次全国人才工作会议提出了"高技能人才"概念，明确其属于人才队伍的重要组成部分。2010 年，经党中央、国务院批准颁布《国家中长期人才发展规划纲要（2010—2020 年）》（以下简称《人才规划纲要》），明确了将高技能人才作为国家人才队伍建设的重点，赋予了高技能人才极为重要的战略地位和加快培养高技能人才的重大使命。同时，明确了高技能人才队伍建设目标，即适应走新型工业化道路和产业结构优化升级的要求，以提升职业素质和职业技能为核心，以技师和高级技师为重点，形成一支门类齐全、技艺精湛的高技能人才队伍。到 2015 年，高技能人才总量达到 3400 万人。到 2020 年，高技能人才总量达到 3900 万人，其中技师、高级技师达到 1000 万人左右（见图 1－3）。

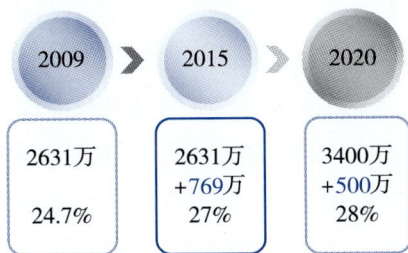

2009	2015	2020
2631万 24.7%	2631万 +769万 27%	3400万 +500万 28%

图 1－3　未来 8 年高技能人才培养目标

2011 年 7 月 6 日，中央组织部、人力资源和社会保障部发布《高技能人才队伍建设中长期规划（2010—2020 年）》（以下简称《高技能人才规划》），这是中国第一个高技能人才队伍建设中长期规划。该规划对高技能人才做了明确界定："高技能人才是指具有高超技艺和精湛技能，能够进行创造性劳动，并对社会做出贡献的人，主要包括技能劳动者中取得高级技工、技师和高级技师职业资格的人员。"截至 2011 年年底，全国技能劳动者总量约 1.19 亿人，其中高技能人才约 3117 万①。据统计，2011 年全国新培养高技能人才 282 万人，比 2010 年增长 13.5%。其中，新培养高级技师 7.2 万人、技师 28.7 万人、高级工 246.4 万人，高技能人才培养规模不断扩大②。

（三）进入建设现代职业教育体系新阶段

《职业教育法》第十二条规定："国家根据不同地区的经济发展水平和教育普及程度，实施以初中后为重点的不同阶段的教育分流，建立、健全职业学校教育与职业培训并举，并与其他教育相互沟通、协调发展的职业教育体系。"经过几十年的改革实践，我国已经基本建立了适应各地、各业经济发展和劳动力需求的，包括职业学校教育与职业培训在内的初、中、高等职业教育体系（见图 1-4）。初级职业教育主要存在于中国经济欠发达的农村地区，学制 3—4 年，培养具有某种初步的职业基础知识和一定职业技能的从业人员。中等职业教育主要由中等专业学校、技工学校和职业高中组成，学制 3 年，是我国职业教育的主体，在培养初、中级应用型人才方面发挥着主导作用。高等职业教育学制 2—3 年，主要培养中、高级专业技术人才和管理人才。实施高等职业教育的主体主要有高等职业技术学院、职业大学、普通专科学校、普通高校、成人高校等。

2010 年 7 月，党中央、国务院召开了新世纪以来第一次全国教育工作会议，颁布了《教育规划纲要》，要求适应全面建设小康社会、建设创新型国家的需要，坚持育人为本，以改革创新为动力，以促进公平为重点，以提高质量为核心，推动教育事业科学发展，加快我国从教育大国向教育

---

① 赵超. 我国技能劳动者总量达 1.2 亿高技能人才约 3117 万 [N]. 北京日报，2012-12-09.

② 王宝杰. 年终特稿：2011 年全国技能人才培养工作盘点 [N]. 中国劳动保障报，2012-01-11.

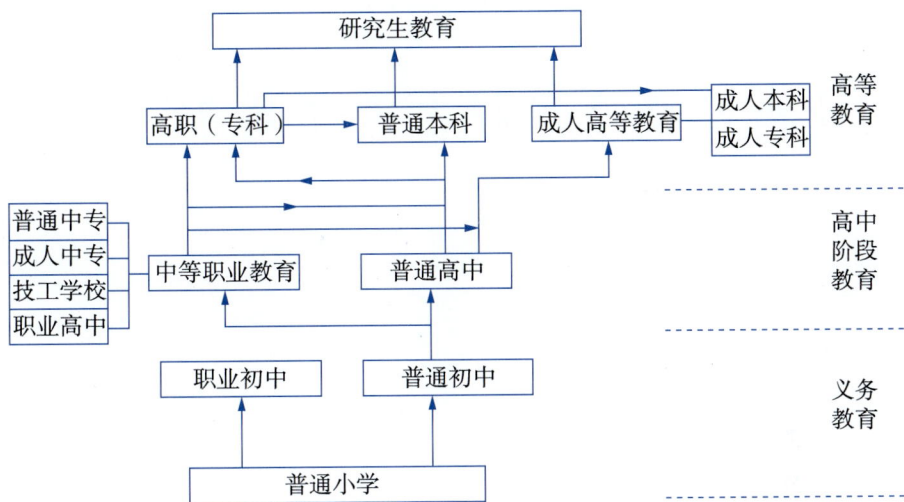

图 1-4 中国职业教育体系简图

强国、从人力资源大国向人力资源强国迈进的步伐，为新时期教育改革发展明确了重点和方向。在《教育规划纲要》指引下，职业教育改革发展进入了提升质量、促进公平、完善体系的内涵发展新时期。

2011 年，国家启动了《关于建设现代职业教育体系服务经济发展方式转变的决定》和《现代职业教育体系建设规划（2012—2020 年）》起草、编制工作，这是唯一一项纳入国家"十二五"系列专项规划中的教育类规划，进一步凸显了职业教育在服务于国家产业结构调整、经济发展方式转变中的战略地位，我国职业教育发展已步入体系建设的新阶段，《教育部2012 年工作要点》要求"大力发展职业教育。加快构建现代职业教育体系。编制国家现代职业教育体系建设专项规划。加快完善职业教育国家制度。深化校企合作、产教结合，加强行业指导。研究制定推进集团化办学意见，支持职业院校与行业、企业组建职业教育集团。优化职业教育层次结构，加强中等职业教育、高等职业教育与职业培训的统筹管理和综合协调"。

第二章

职业教育发展规模与人才培养

改革开放 30 多年特别是进入 21 世纪以来，职业教育在主动服务经济社会发展，适应社会需求过程中，不断拓展服务对象和范围，面向人人办学；职业教育招生规模持续扩大，中等和高等职业教育年招生规模超过 1100 万人，在校生超过 3100 万，占到了高中阶段和高等教育的半壁江山，每年开展各种类型的职业培训达 1.5 亿人次，中国已建成了世界上最大规模的职业教育。职业教育坚持大力推行工学结合、校企合作、顶岗实习等人才培养模式，积极推进集团化办学，人才培养的类型结构、层次结构更加合理，形成了大规模培养技能型人才的能力。

一、面向人人的中国职业教育

随着我国职业教育规模的迅速扩大，办学条件的不断改善，政府发展职业教育的指导方针越来越明确，人们对职业教育在现代社会发展中的地位和作用的认识不断提升。

（一）职业教育的服务对象不断扩大

1. 政策目标和发展方向的明确规定

在 2010 年 1 月中旬，温家宝总理在《教育规划纲要》征求意见座谈会上指出：职业教育是面向人人、面向社会的教育，是实现人的尊严、择业自由和全面发展的终身教育。从长远来看，保持国家经济社会的长期、稳定、可持续发展，必须培养高素质的产业大军；造就几代人的素质，必须把职业教育放在更加突出的位置。

职业教育坚持面向人人办学，丰富了教育选择机会，保障了人民群众依法享有接受良好教育的权利。初步形成了面向社会各个方面，面向各个阶层，面向大众的开放式的教育体系；初步构建起学校职业教育与职业培训并举、中高等职业教育并重的职业教育体系，为各行各业培养、输送了数以千万计的高素质劳动者和高技能人才。

2. 经济发展方式转变和产业结构调整的需求

当前我国工业化城镇化快速发展，人均 GDP 已超过 5000 美元，城镇化率达到 51.27%，"十二五"期间每年将有 800 万农村劳动力转移到城镇。同时，随着经济发展方式的转变和产业结构的调整，招工难和就业难并存的就业结构性矛盾日益突出，技工短缺尤其是高技能人才严重短缺的现象在全国范围普遍存在，在制造业发达的地区尤其严重，已经不能满足经济发展需要。要促进充分就业，维护社会的稳定，就必须提高劳动者职业技能和就业能力。

职业教育肩负着为全面建设社会主义小康社会培养数以千万计的专门人才和数以亿计的高素质劳动者的重任，增强三次产业从业人员岗位适应能力，特别是提高新生代产业工人城镇生活和就业能力，从而提升产业工人素质，促进产业结构升级和经济增长方式转变是职业教育面临的历史使命。

3. 终身教育理念的体现

党的十六大提出了新时期教育改革发展的宏伟目标。这就是要在 21 世纪头 20 年的重要战略机遇期，进一步推进教育创新，深化教育改革，加快教育发展步伐，逐步"形成比较完善的现代国民教育体系……人民享有接受良好教育的机会，基本普及高中阶段教育，消除文盲。形成全民学习、终身学习的学习型社会，促进人的全面发展。加强职业教育和培训，发展继续教育，构建终身教育体系"。职业教育坚持面向人人办学，为不同能力特点、不同学习需求的人群提供了更多的学习和成才的机会。数据显示，2001—2012 年，我国各级各类职业院校毕业生达 7265 万人，中国制造业从业人员受教育年限从 2005 年的 11 年增加至 2010 年的 13，职业教育对我国主要劳动人口平均受教育年限增长的贡献率为 21%[①]。

（二）职业教育的办学方式更加多元

1. 引导有力的政策实施

1996 年，颁布实施的《职业教育法》指出：县级以上地方政府应举办发挥骨干和示范作用的职业学校、职业培训机构，对农村、企业、事业组织、社会团体、其他社会组织，以及公民个人依法举办的职业学校和职业培训机构给予指导和扶持。

2002 年，《国务院关于大力推进职业教育改革与发展的决定》中规定：要整合和充分利用现有各种职业教育资源，打破部门界限和学校类型界限，积极发挥市场机制的作用，提高办学效益，优化职业学校布局结构，防止职业教育资源流失。

2010 年，中央颁布实施的《教育规划纲要》针对职业教育发展提出：坚持学校教育和职业培训并举，全日制和非全日制并重。

2. 形成了多类型、多层次和多模式办学格局

政府明确提出了要采用多形式和多模式来发展我国职业教育的政策，引发了我国职业教育在类型结构、层次结构和办学模式等方面的深刻变革。

类型结构方面，我国的职业教育可以分为学校职业教育和职业培训，学校职业教育包含初等学校职教、中等学校职教、高等学校职教，职业培训包含农村职业培训和城镇职业培训。

层次结构方面，中等职业教育积极面向应往届初高中毕业生、返乡农民工、进城农民工、退役士兵、生产服务一线职工、下岗失业人员等城乡劳动者。高等职业教育逐步深化以单独招生为主要形式的招生考试制度。

---

① 刘红. 职教十年：中国特色职业教育发展之路 [J]. 中国职业技术教育，2012 (31).

2011 年，中等职业学校招生 813.9 万人、高等职业教育招生 324.9 万人，中职面向人人招生，招收非应届初中毕业生 100 万人，占招生总人数的 12%；高职采取单独招生、对口招生、五年一贯制、注册入学等方式录取学生规模超过招生总数的 17%。

目前各类职业院校的办学方式更为宽泛。除原有的政府办学方式外，还有公办民助、民办、校企联办以及中外合作办学等多种方式。

二、职业教育支撑着中国教育的半壁江山

经过多年的建设，我国职业院校人才培养规模获得了长足发展，为提高劳动者人均受教育年限做出了贡献。截至 2011 年，全国中等职业院校发展到 1.3 万所，占高中阶段总量的 48.89% 以上；全国高职院校发展到 1280 所，占全国高校的 53% 以上。中职和高职院校年招生规模超过 1100 万人，在校生超过 3100 万，分别占高中阶段教育和高等教育的半壁江山，人才培养规模获得长足发展。

2005—2011 年，中职招生人数占普通高中阶段招生总数的比例从 43% 提高到 49%，助推高中阶段教育毛入学率从 2005 年的 52.7% 提高到 2011 年的 84%；高职院校招生人数占全国普通高校招生的比例一直保持在 47% 左右，高等教育毛入学率也从 2005 年的 21% 提高到 2011 年的 26.9%[①]，为我国加快普及高中阶段教育和高等教育大众化步伐，提高劳动者人均受教育年限做出了贡献。

（一）在重组优化中发展的中职学校

中等职业学校教育是在初中教育的基础上实施的高中阶段的职业教育，主要培养具有全面素质和综合职业能力，在生产、服务、技术和管理一线工作的技能型人才和劳动者。目前我国中等职业学校实施机构有普通

---

① 教育部发展规划司. 中国教育统计年鉴 2005 ［M］. 北京：人民教育出版社，2006.

中等专业学校、职业高中、技工学校和成人中专四类。

衡量中等职业学校发展规模包括中等职业教育的学校数、在校生人数、招生人数等。截至 2011 年，全国中等职业学校发展到 13093 所，其中普通中专 3753 所、成人中专 1614 所、职业高中 4802 所、技工学校 2924 所，比上一年减少 779 所。总体而言，中等职业学校总数呈下降趋势。但在此状态下，民办中等职业学校占全国中等职业学校比重越来越大，从 2005 年的 17% 增长到 2011 年的 28%（这里不包括技工学校），增加了 11 个百分点，办学主体呈现多元化。示范校建设成效显著，推动了中等职业教育办学质量的快速提升。

1. 办学规模保持稳定，办学主体呈现多元化

根据 2002 年印发的《国务院关于大力推进职业教育与改革发展的决定》，中等职业教育发展主要走内涵发展的路子，挖掘现有学校的潜力，在现有办学规模的基础上重组优化。

（1）中等职业学校总数呈下降趋势

截至 2011 年，全国中等职业学校发展到 13093 所，比上一年减少 779 所，其中普通中专 3753 所、成人中专 1614 所、职业高中 4802 所、技工学校 2924 所。总体而言，中等职业学校总数呈下降趋势（见图 2 - 1），2011 年比 2005 年减少 1373 所，下降最快的是成人中专和职业高中，而普通中专一直保持增长态势，技工学校数量基本保持平稳（见图 2 - 2）。

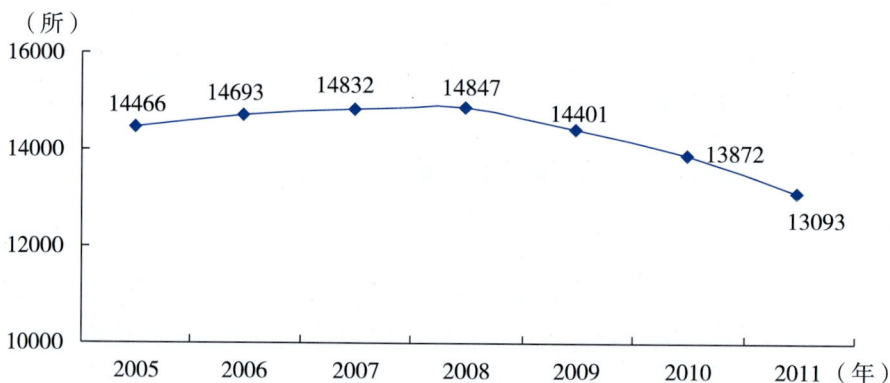

（所）

图 2-1　2005—2011 年中等职业学校数量变化情况

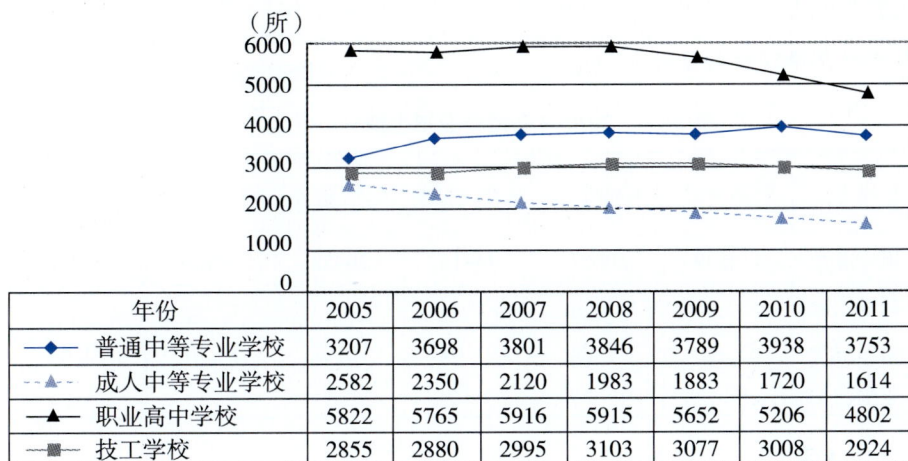

年份	2005	2006	2007	2008	2009	2010	2011
普通中等专业学校	3207	3698	3801	3846	3789	3938	3753
成人中等专业学校	2582	2350	2120	1983	1883	1720	1614
职业高中学校	5822	5765	5916	5915	5652	5206	4802
技工学校	2855	2880	2995	3103	3077	3008	2924

图2-2　2005—2011年各类中等职业学校数的变化情况

（2）招生人数先升后降

截至2011年，全国中等职业学校招生、在校生和毕业生规模均比上年出现不同程度的下降；因初中毕业生减少且普通高中招生增加，中等职业学校招生自2004年大发展以来首次出现下降（见表2-1）。

表2-1　2005—2011年中职和普通高中招生规模变化情况　　（万人，%）

年份	中职学校招生	比上年增长	普通高中招生	比上年增长
2005	655.7	—	877.7	—
2006	747.8	14.1	871.2	-0.7
2007	810.0	8.3	840.2	-3.6
2008	812.1	0.3	837.0	-0.4
2009	868.5	6.9	830.3	-0.8
2010	870.4	0.2	836.2	0.7
2011	813.9	-6.5	850.8	1.7
年均增长率（%）	3.7		-0.5	

2010年，新增的六大类专业招生情况见表，轻纺食品类专业招生最多，为11.85万人；其次是公共管理与服务类专业，招生9.80万人；司法

服务类专业招生最少，为 2.94 万人；其次是休闲保健类专业，招生 3.42 万人（见表 2 - 2）。

表 2 - 2 **2010 年新增专业招生情况** （人，%）

新增专业	轻纺食品	石油化工	体育与健身	司法服务	休闲保健	公共管理与服务类
招生总数	118539	50857	44413	29428	34160	97997
其中：应届初中毕业生占比	79.43	77.28	91.09	76.02	83.81	73.64

（3）民办中等职业学校所占比重加大

1996 年颁布的《教育法》中第二十一条明确指出："国家鼓励事业组织、社会团体、其他社会组织及公民个人按照国家有关规定举办职业学校、职业培训机构。"职业教育办学主体多元化的提出，推动学校关注市场需求变化，不断提高和完善人才培养的结构、培养的规格、学制的设置、课程的选择等，也推动了职业学校功能多样化发展。

从整体上看，全国中等职业学校数量不断减少，但在此状态下，民办中等职业学校占全国中等职业学校比重越来越大，从 2005 年的 17.4% 增长到 2011 年的 28.1%，增加了 10.7 个百分点（见表 2 - 3）。

表 2 - 3 **2005—2011 年公办与民办中等职业学校（机构）规模** （所，%）

年份	公办		民办	
	学校数	占总数的比例	学校数	民办所占比例
2005	9594	82.6	2017	17.4
2006	9254	78.3	2559	21.7
2007	8879	75.0	2958	25.0
2008	8510	72.5	3234	27.5
2009	8126	71.8	3198	28.2
2010	7741	71.3	3123	28.7
2011	7313	71.9	2856	28.1

注：未含技工学校数据（以后中等职业学校有关数据均同）。

2. 示范校建设成效显著

2010 年，为大力推进中等职业教育改革创新，全面提高中等职业教育办学质量，经国务院批准，教育部、人力资源社会保障部、财政部三部委联合下发了《关于实施国家中等职业教育改革发展示范学校建设计划的意见》（以下简称《意见》）。《意见》提出将选择部分中等职业学校进行改革创新示范，总体目标定为："从 2010 年到 2013 年，中央财政重点支持1000 所中等职业学校改革创新，形成一批代表国家职业教育办学水平的中等职业学校，大幅度提高这些学校办学的规范化、信息化和现代化水平，使其成为全国中等职业教育改革创新的示范、提高质量的示范和办出特色的示范，在中等职业教育改革发展中发挥引领、骨干和辐射作用。"国家中等职业教育改革发展示范学校建设计划实施步骤为："从 2010 年起实施，项目计划期为 4 年。2010 年，支持第一批 300 个左右示范学校项目建设。2011 年，支持第二批 400 个左右示范学校项目建设；同时，研究制订示范学校验收办法。2012 年，支持第三批 300 个左右示范。学校项目建设；开展示范学校项目建设成果验收；2013 年，评估总结建设计划实施工作。"

根据《教育部　人力资源社会保障部　财政部关于实施国家中等职业教育改革发展示范学校建设计划的意见》（教职成〔2010〕9 号）、《教育部办公厅　人力资源社会保障部办公厅　财政部办公厅关于申报 2010 年度国家中等职业教育改革发展示范学校建设计划项目的通知》（教职成厅函〔2010〕34 号）和《教育部办公厅　人力资源社会保障部办公厅　财政部办公厅关于公布"国家中等职业教育改革发展示范学校建设计划"第一批立项建设学校名单的通知》（教职成厅〔2011〕1 号）精神，2010—2011年，国家认定示范性中等职业学校 662 所，其中东部地区最多，254 所，其次是西部地区 191 所（见表 2 – 21）。示范性中等职业学校的建设，有力地推动了中等职业学校布局结构调整，促进了中等职业教育整体培养能力的提高，对我国职业教育快速健康发展发挥了重要作用。

表 2 – 4　国家示范性中职学校区域分布情况　　（所）

区域 年份	东北	东部	西部	中部	总计
2010	23	115	75	72	285
2011	33	139	116	89	377
总计	56	254	191	161	662

【数据来源】根据教育部官网数据统计而来。

（二）高等教育大众化进程中的高职教育

高等职业教育作为高等教育的重要组成部分，主要进行专科学历层次教育；其目标是为生产、建设、服务、管理一线培养高技能人才。20 世纪末，我国加快高等教育向大众化发展的步伐，在此过程中，高职院校担负着重要的使命，云集了当时的办学质量较好的普通高等专科学校、成人高校、普通中专、本科院校等几路大军一起发展高等职业教育，从而实现了数量的突破，加快了我国高等教育大众化的进程。我国高等职业教育分布广泛、覆盖全面、数量庞大、贡献巨大，在人力资源强国建设中具有不可替代的作用。

1. 办学规模不断扩大

高等职业教育是我国高等教育中的新类型，也是职业教育的高级阶段。由于与经济社会的发展紧密联系，诞生之后就得到突破性发展，目前其规模已占高等教育的半壁江山。

（1）高职院校的数量增长逐步减缓

随着我国高等教育大众化既定目标的提出和大众化进程速度的加快，截至 2011 年，我国高职院校发展到 1280 所，占全国高校的 53% 以上。2005—2011 年间，高职院校年均增长率 2.7%，2011 年比 2005 年增加 189 所（见图 2 -3）。从增长率的情况来看，2006 年为增长速度最快的一年，这一年度的增幅达到 5.1%。至此之后，虽然高职院校的总数不断保持增长，其增长率是在逐渐下降，2009 年至 2011 年增幅保持在 2.6%—2.7%之间（见图 2 -3）。

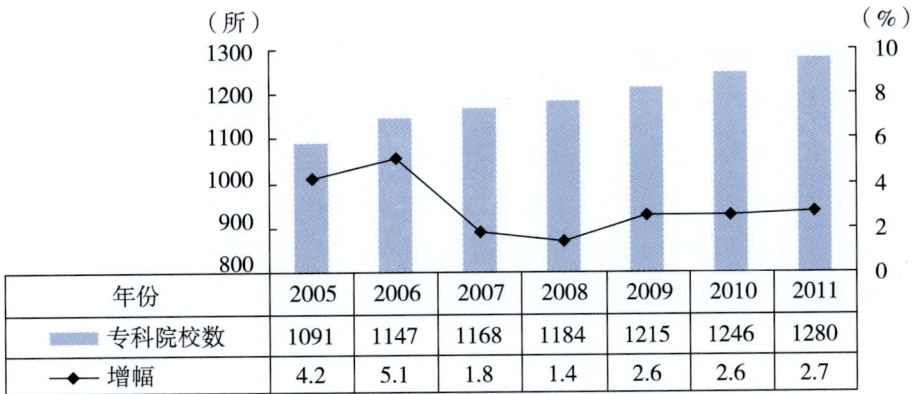

年份	2005	2006	2007	2008	2009	2010	2011
专科院校数	1091	1147	1168	1184	1215	1246	1280
增幅	4.2	5.1	1.8	1.4	2.6	2.6	2.7

图 2-3　2005—2011 年高职院校数量及增幅

（2）高职院校的招生人数逐年递增

"十一五"期间，国家对高等教育发展采取的政策是提高质量、优化结构，扩大高等职业教育招生规模。要求 2010 年使高等职业教育招生规模占高等教育招生规模的一半以上。在这一方针指导下，2005—2011 年间，高职院校招收专科生的数量呈现逐年递增态势。2011 年，全国专科招生数达 324.9 万人，比上一年增加 14.4 万人，增长 4.6%，专科占比为 47.7%，比上一年提高 0.8 个百分点。

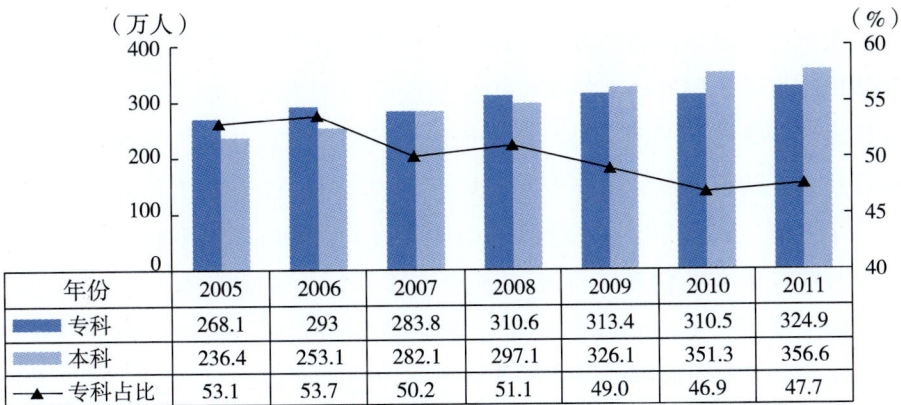

年份	2005	2006	2007	2008	2009	2010	2011
专科	268.1	293	283.8	310.6	313.4	310.5	324.9
本科	236.4	253.1	282.1	297.1	326.1	351.3	356.6
专科占比	53.1	53.7	50.2	51.1	49.0	46.9	47.7

图 2-4　2005—2011 年普通高校本专科招收数及专科生占比

（3）高职院校办学主体灵活多样

随着我国市场经济体制改革的成功推进，我国高等职业教育逐渐实现以政府为办学主体的一元化办学体制向多元化办学体制的转变。截至 2011 年，在我国 1280 所高职院校中，公办院校 972 所，占全国总数的 76%；民办院校 308 所，占全国总数的 24%。2005—2011 年，我国民办高职院校占比始终保持在 20% 以上，并保持增长态势，年均增长率为 5.5%，比公办高职院校的年均增长率高出 3.6 个百分点（见图 2-5）。

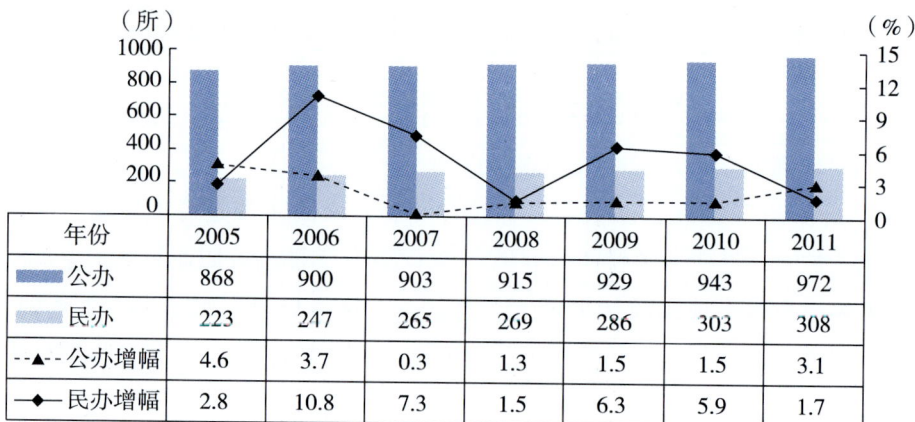

年份	2005	2006	2007	2008	2009	2010	2011
公办	868	900	903	915	929	943	972
民办	223	247	265	269	286	303	308
公办增幅	4.6	3.7	0.3	1.3	1.5	1.5	3.1
民办增幅	2.8	10.8	7.3	1.5	6.3	5.9	1.7

图 2-5 2005—2011 年公办与民办高职院校的数量比较

我国公办高职院校的办学主体除了各级政府及其相关部门外，还包括其他国家机关、国有企事业单位等。从全国范围来看，如今我国公办高职院校大部分是由"三改一补"转型而成。所谓"三改一补"是指四条办学途径：一是改革高专，将高专办成规范化的高职；二是扩大原有职业大学的办学规模，联合办学；三是将有条件的成人高校办出高职特色；四是发挥少数重点中专的优势，办高职班或直接升格为高职学院。在办学过程中，国家根据社会、市场需要可宏观调控办学方向、招生人数、专业设置、培养方式等。我国公办高职院校主要以地方政府举办为主，截至 2011 年，地方政府举办院校 969 所，其中教育系统的 395 所，为 2005 年以来数量最多的；非教育系统的 574 所（见表 2-5）。

表2－5　**2005—2011年各级政府举办高职院校的数量**　（所）

年份	中央部委	地方部门		
		小计	教育部门	非教育部门
2005	7	861	329	532
2006	6	894	336	558
2007	5	898	320	578
2008	5	910	326	584
2009	5	924	334	590
2010	3	940	312	628
2011	3	969	395	574

2. 形成三级精品课程体系　覆盖高职院校所有专业

课程开发是专科院校教育教学改革的关键。为了切实推进教育创新，深化教学改革，促进现代信息技术在教学中的应用，共享优质教学资源，全面提高教育教学质量，教育部自2003年启动国家级精品课程建设。2007年，教育部专门制定了高职院校精品课程评审标准，引领高职院校与行业企业合作建设开展课程建设，着力学生职业能力培养，突出高职教育特色。2008年，教育部再次修订高职精品课程评审标准，更加突出了高职教育校企合作、工学结合的特点和高职课程的开放性、职业性和实践性。

（1）高职院校精品课程数量稳定增长

从2003年到2010年期间，教育部共评选出国家级精品课程3862门，共有746所高校的课程获评国家精品课程。截至2010年，已累计建设高职精品课程1000余门，覆盖高等职业教育所有专业大类。在国家精品课程建设的带动下，各地、各高职院校加强了课程建设的力度，形成了国家级、省级、校级三级精品课程建设体系。提升了高职院校整体课程体系建设水平，在高等教育领域产生了广泛的影响。

2003—2007年间，高职院校国家级精品课程数量增长幅度较大，2008年以后，高职院校获得国家级精品课程的数量相对稳定在200门左右（见图2－6）。

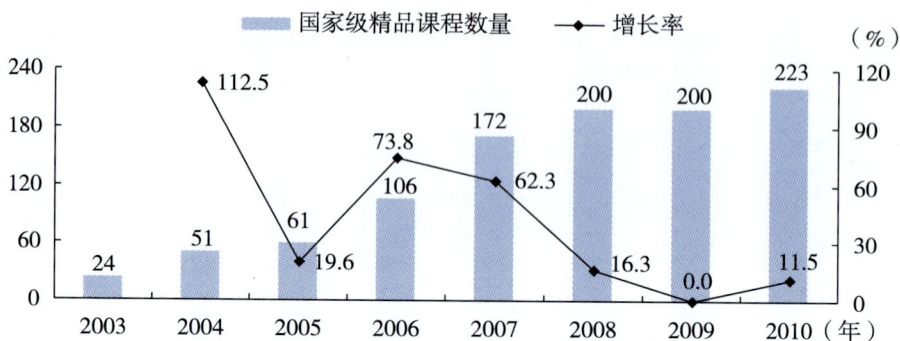

图 2 - 6　高职院校国家级精品课程数量变化情况

　　国家级精品课程的数量，在各省间的分布极不均衡。就 2003—2010 年间国家级精品课程在各省的分布情况来看，排名第一的是山东省有 137 门，其次是浙江省为 123 门。在排名前 7 的省份中，有 6 个是东部省份。而在排名最后的 10 个省份中有 7 个为西部省份，分别为宁夏、青海、内蒙古、甘肃、新疆、贵州和云南；有 2 个东部省份，海南和福建；1 个中部省份，安徽。最后 10 个省份的国家级精品课程数量之和为 57 门，不到排名第一的山东的一半（见图 2 -7）。

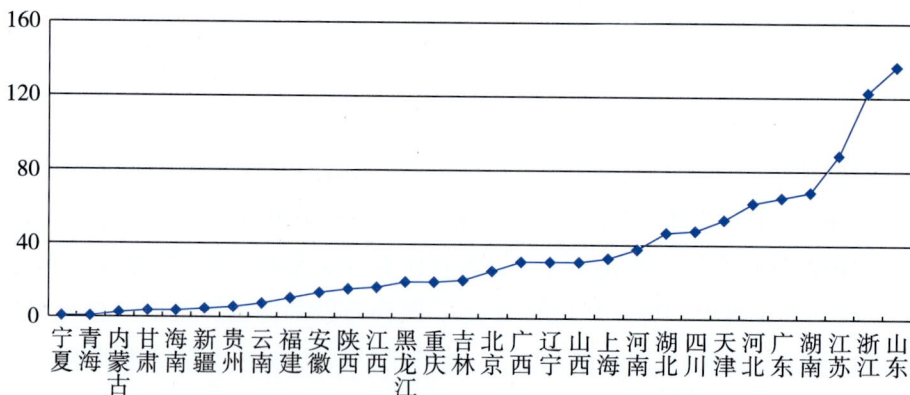

图 2 -7　2003—2010 年间各省国家级精品课程数量分布情况

从 2010 年国家级精品课程的分布来看，山东和浙江依然占据前两名的位置。当年，海南、内蒙古和青海等三个省份没有新增加的国家级精品课程。在当年有新增国家级精品课程的省份中，排名最后的五个省份均为西部省份，分别为甘肃、贵州、宁夏、陕西和新疆。（见图 2-8）

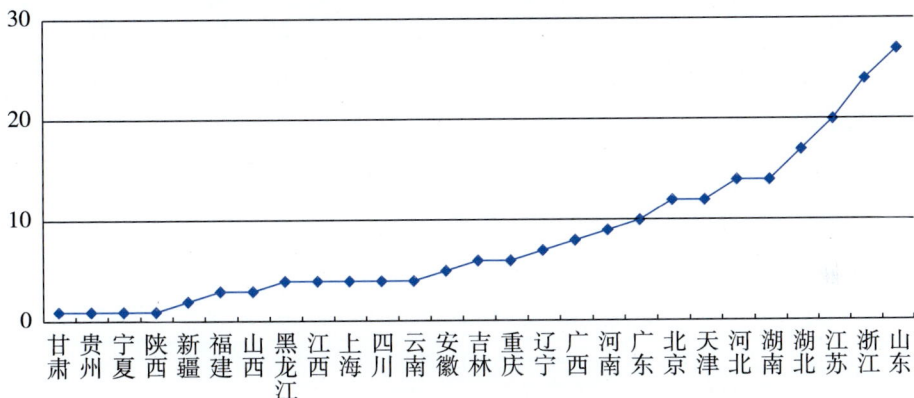

图 2-8　2010 年国家级精品课程各省分布情况

（2）高职院校国家级教学成果奖地区差异明显

高等教育教学成果奖，是国务院确定的国家级奖励，从 1989 年开始，每 4 年评选一次，截至 2009 年已进行了 6 届。教学成果奖的一等奖和二等奖由教育部批准，特等奖由国务院批准。1987 年开始，国家教委每 4 年进行一次高等学校国家级教材奖励。原定于 1996 年进行的第三次国家级教材奖与国家级教学成果奖"并轨"。教学成果奖的获奖成果充分展现了高等学校重视教学建设、重视教学改革、重视人才培养工作所取得的成绩，代表了目前我国高等教育教学工作的最高水平。目前，国家级教学成果奖已被视为与国家科技成果三项奖励并列的国家级奖励。

教学成果奖授予在高等教育教学工作中做出突出贡献，取得显著成果的集体和个人。教学成果要注重实用性，所解决的问题要有针对性，不要空泛。要能够针对目前高等教育教学改革中存在的问题，提出有效解决问题的方法，实施效果显著，具有创新点和应用推广效果。其中，高等职业教育成果要符合"校企合作、工学结合"的改革指导思想，能够彰显"做中学，做中教"的高职教育教学改革特点①。

表 2–6　国家级教学成果奖数量（2001 年、2005 年和 2009 年）

省份 ＼ 年份	2001	2005	2009	总计
浙江		1	21	22
广东	2	4	12	18
天津	2	3	9	14
江苏	1	1	9	11
河南	2	4	4	10
黑龙江			9	9
湖南	3	2	3	8
山东		1	7	8
辽宁	2	2	2	6
河北			5	5
四川		2	3	5
上海			4	4
北京		1	2	3
湖北		1	2	3
陕西		1	2	3
重庆			3	3
安徽			2	2
福建		1	1	2
广西			2	2
甘肃		1		1

---

① 教育部关于认真做好第六届高等教育国家级教学成果奖励工作的通知（教高函〔2009〕8 号），附件 1：第六届高等教育国家级教学成果奖励办法，教育部高等教育国家级教学成果奖励网站〔EB/OL〕.〔2009 – 02 – 19〕（2012 – 07 – 05）. http：//www. jxcg. edu. cn/cat/2/item/1844/.

续表

年份 省份	2001	2005	2009	总计
贵州	1			1
海南			1	1
吉林			1	1
江西			1	1
南京		1		1
新疆			1	1
云南			1	1
总计	13	26	107	146

在最近三届教学成果奖中，高等职业教育共计评选出国家级教学成果奖 146 项，其中 2009 年奖励数量最多，达到了 107 项。在各省中，获奖最多的是浙江省，三年累计获得 22 项高等职业教育国际级教学成果奖。其次为广东省，获得 18 项（见表 2–6）。

（3）科学有效地加强专业教学资源库建设

为了集成示范高职院校专业建设和课程开发成果，面向全国高职院校共享优质教学资源，教育部启动了国家共享型专业教学资源建设项目，主要由专业教学资源库建设、公共服务平台建设两部分组成。

2010 年 6 月，教育部已正式建设数控技术、汽车检测与维修、道路与桥梁工程技术等 11 个专业开展高等职业教育专业教学资源库立项将设工作。按照"共建共享、边建边用"的原则，数控技术、汽车检测与维修、道路与桥梁工程技术等 3 个专业必须于 2010 年 12 月底前，模具设计与制造、建筑工程技术、应用化工技术、物流管理、会计、护理、眼视光技术等 7 个专业必须于 2011 年 6 月底前，完成项目建设工作，并开展至少 3 个月的应用推广。同时建立科学有效的专业教学资源库建设、应用与运行管理机制，实现资源库内容的持续更新，确保每年更新比例不低于 10%。2011 年，教育部还选择若干个专业开展高等职业教育专业教学资源库立项建设工作。前两期建设工作完成，预期将建成 200 门左右专业核心课程，包括约 1000 个小时的视频文件、5000 个动画、200 个仿真教学软件、25000 个图片、2500 个教学课件、2000 个案例、1000000 道题在内的教学资源库。

（4）启动国家骨干性高职院校建设计划

为贯彻落实《教育规划纲要》关于建设现代职业教育体系的要求，教育部发布《关于推进高等职业教育改革创新，引领职业教育科学发展的若干意见》，提出高等职业教育要以提高质量为核心，以增加特色为重点，以合作办学、合作育人、合作就业、合作发展为主线，努力建设中国特色、世界水准的高等职业教育。从 2010 年开始，教育部、财政部在建设 100 所国家示范性高职院校的基础上，实施进一步推进国家示范性高职院校建设计划，中央财政投入 20 亿元，分三批建设 100 所骨干高职院校。截至 2012 年，除上一年度立项的 40 个骨干院校工作持续推进以外，又增加了新立项的 30 所骨干建设院校（见表 2 - 7）。

表 2 - 7　2010—2012 年国家骨干性高职立项建设区域分布情况

区域 年份	东北	东部	西部	中部	总计
总计	7	44	26	24	101
2010	3	15	11	11	40
2011	2	13	8	7	30
2012	2	16	7	6	31

为了促进教学资源库在最大范围内容发挥作用，将同时建设全国高职院校骨干教师培训网络，提高教师利用优质教学资源和现代信息技术进行教学设计及教学实施能力，从而为提高教学质量夯实基础。

三、坚持以培养技术技能人才为己任

职业教育是培养高素质劳动者和技能型人才的教育，与经济发展最为紧密，与提高产业竞争力关系最为直接。但在现实发展过程中，却出现了以下的现象：一方面，党和国家高度重视职业教育，经济社会发展需要职业教育，另一方面，社会对职业教育的认同度仍然不高；一方面，就业市场技能型人才短缺，另一方面，大学、职业院校毕业生就业难的问题依然存在。职业院校毕业生对口就业率不高，相当一部分毕业生就业的岗位是非技术性岗位。一方面，最近几年，是我国初中毕业生生源高峰，中等职业教育面临新的发展机遇；另一方面，职业院校招生举步维艰，生源大战愈演愈烈。

这几种现象同时存在，原因是多方面的。从内部来看，职业教育的人才培养与就业市场的人才需求不对接，市场需求尚未转化为有效的职业教育需求。就业市场出现的"技工荒"并不是劳动力数量短缺造成的，是一种结构性短缺。在企业急需高技能人才和技术工人的背景下，职业院校毕业生并没有出现供不应求的状况。这迫使我们对职业教育的人才培养模式作一些反思。

（一）五种创新人才培养模式

伴随着职业教育规模的不断扩大，在党中央、国务院高度重视和大力推动下，职业教育的人才培养模式也取得了进一步的发展和创新，呈现出多元化的发展趋势。其中有五种人才培养模式在不同时期和地区被广泛认同和接受，它们是：五阶段周期循环模式（简称"五阶段模式"）、产学结合模式、订单式人才培养模式、职业教育集团化模式、以就业为导向的人才培养模式。

一是五阶段周期循环模式。"五阶段模式"是将国外先进的中职教学模式与我国国情相结合，从"市场调查与分析、职业能力分析、教学环境的开发、教学的实施、教学管理与评价"等五个阶段入手，进行深入的理论与实践研究，在全面总结经验的基础上，综合运用教育学、心理学、教育技术学、课程设计理论和一般系统理论、营销学、技术经济学、质量管理学等现代科学理论，设计开发的一套较为完整的、适应我国社会主义市场经济特点的人才培养模式。

二是产学结合模式。从 20 世纪 80 年代开始，在学习和借鉴德国的双元制模式的基础上，我国逐渐形成了产学研结合的人才培养模式。该模式是通过学校与企业分工协作，把理论教学，技能培训和实践教学两阶段的任务分别由学校和企业来承担，将理论与实践紧密结合，由学校、企业合作培养应用型技术人才。

三是订单式人才培养模式。职业学校按照企业要求定向培养其所需的人才，其优点在于：就业目标明确，针对性强，集中精力、财力和时间，有目的、有计划地将学生打造成企业所需人才，大大调动了学生的学习积极性。企业不需要对所接受的人才进行再次培训，节约了人力资本，极大地调动了企业参与的积极性。学校以接受企业"订单"的形式按需按量求培养人才，使学生就业得到极大保障，提高了毕业生就业率，也极大地调动校方的积极性，为教学资源的配置和人才培养的模式打开了新思路。就以上三点来看，订单式人才培养模式可以强化校企双方的合作基础，建立互惠互利的运作机制，极大地提升了学生的就业精准度。

四是职业教育集团化模式。是指以一个或几个办学实力较为雄厚的职业院校为核心，以契约或资产为联结纽带，由若干个具有独立法人资格的职业院校和相关企事业单位组成的职业教育办学联合体，其内涵是把职业教育领域中较分散的办学实体以集团形式有机地联合起来，形成规模较大的办学联合体，并以规模优势实现资源的共享和经营的优化，提升办学的规模效益和社会效益。

五是以就业为导向的人才培养模式。是指以提高毕业生的就业率和就业质量为目标，以市场所需要的人才素质为出发点和归宿点，建立与社会就业价值导向相适应的教学体系。

（二）五种人才培养模式的优势

一是充分重视市场在人才培养中的导向作用。在专业设置、人才培养目标定位、人才能力素质分析、课程体系构建等方面，都强调对市场人才需求信息的调查和分析，在充分掌握市场需要的前提下构建人才培养模式。

二是以职业能力的培养和形成设计人才培养方案。五种模式都强调从职业岗位（群）对人才的要求入手，分析适应职业岗位应具备的职业能力，并将各项能力具体化，形成技能模块，并以此设计课程模块，形成课程体系和整体培养方案。

三是强调通过产学研结合的途径培养高职人才。在人才的培养途径上，五种模式都将产学研结合作为基本途径，强调通过生产实践培养学生的职业能力。

四是企业参与人才培养的全过程。从专业设置、培养目标、课程体系、教学过程和实践环节以及人才质量的评价，都要求企业人员参与其中，全方位、全过程介入人才的培养，保证高职人才的应用型特征。

五是实施双证制。在人才培养的终端设计中，把毕业证和职业资格证作为对学生毕业的基本要求，鼓励学生获取毕业证的同时，获得相关行业的职业资格证。同时，把职业资格认证的相关课程纳入课程体系中。

六是强调双师型教师在人才培养中的作用。在师资队伍建设中，结合我国人才流动机制不健全的情况，高职院校都十分重视双师型教师的培养和引进工作，重视其在人才培养中的地位和作用。

（三）五种人才培养模式的不足

一是形式多于内容，政策支持力度不够。多数职教集团的合作仍停留在口号和形式上，地方政府部门在集团组建过程中没有发挥应有的引导和支持作用：政府在协调学校、行业企业和中介机构各方面协力开展集团化办学的力度还不够。我国部分地区产学合作教育形同虚设，学校和企业、行业间还不能达成"默契"。

二是"订单式"人才培养模式面临着深层的矛盾和问题。首先,"订单式"人才培养模式中的校企合作基础受到社会大环境的影响。目前,我国总体上处在一种就业市场疲软的状况,几乎很少存在短线专业,人才的相对过剩是一个普遍现象。在这种情况下,用人单位对人才具有较大的挑选余地,因此,从企业角度出发去积极主动寻求合作伙伴开展"订单式"培养的热情不是很高。相反,面对竞争日益激烈的就业市场,学校为了提高就业率,寻求"订单式"合作培养的积极性却很高。在合作双方积极性不对等的情况下要开展"订单式"培养,其难度很大,连续性不高,难以形成一种长效机制。其次,"订单式"人才培养模式受到合作企业经营风险的约束。企业的经营状况良好,市场扩张的能力就强,表现为对人才的需求量大,"订单式"培养的人才也就不愁没有岗位,一旦企业经营处于一种萎缩状况,按"订单式"培养的人才就业就成为问题。因为高职学生的培养周期一般需要 3 年,在长达 3 年的时间里,企业出现了经营风险而导致对人员需求的下降,则这种风险将直接转嫁到学生身上。由于"订单式"培养方案是按照企业的要求制定的,针对性较强,专业能力过窄,学生转岗的困难很大。最后,"订单式"人才培养模式受到学生就业双向选择的约束。企业与学校的协议一般是在学生开始专业学习之前就确定的,其中,关于对毕业生的接收是协议的重点内容。在专业学习之初,学生可能看好该企业,但是到了就业阶段,如果有些学生找到了自己更加理想的单位需要毁约,这将对企业造成很大的损失。

三是职业教育在以就业为导向方面存在问题。近年来,在职业院校毕业生就业问题上,有岗无人和有人无岗、无业可就和有业不就、高级蓝领奇缺和职业学院毕业生就业率低,这三对矛盾现象突出。一方面许多企业高薪聘请不到自己需要的人才,而另一方面许多毕业生却又找不到适合自己的岗位,大量岗位缺人干,众多毕业生没事干,直接反映出我国的职业教育在以就业为导向方面存在种种问题。

四、职业院校的就业率持续增长

党中央和国务院始终把就业问题作为民生之本，高度重视。国务院总理温家宝在 2008 年 3 月 5 日在十一届全国人大一次会议上所作的政府工作报告中说："我们要用百倍的努力，把就业这项关系民生之本的大事做好。"伴随着职业教育规模的扩大，职业院校毕业生数量也不断增多，职业院校学生就业问题已成为一个值得关注的问题和衡量职业教育质量的一个重要指标。

（一）中小型企业与民营企业成为中高职毕业生就业的主渠道

中国职业教育的发展，改善了我国的人才培养结构，每年有上千万获得中等以上技术技能的毕业生进入就业市场，大大缓解了产业结构调整升级过程中出现的劳动力供求失衡矛盾。

2011 年，全国高职毕业生半年后就业率达到 89.6%[1]。据统计，2011 年，全国高职毕业生的 60% 在 300 人以下规模企业就业，有 30% 的高职毕业生在 50 人以下规模企业就业[2]。2011 年，全国中等职业学校毕业学生平均就业率为 96.71%，所有就业人员中，第一产业就业人员占 12.74%，第二产业占 37.34%，第三产业占 49.92%。

职业院校的毕业生进入民营企业就业，成为推动中小微型企业产业聚集发展和民营经济发展的有生力量，缓解了就业结构性矛盾。

（二）传承民族文化与民间技艺，推进特色区域经济发展

当前我国经济正处于工业化加速推进的关键时期，正在从"制造业大国"向"制造业强国"转变，产业结构不断优化升级。由传统制造业向现

---

[1]　麦克斯研究院．中国大学生就业报告［M］．2009—2012．北京：社会科学文献出版社，2009、2010、2011、2012．

[2]　刘红．职教十年：中国特色职业教育发展之路［J］．中国职业技术教育，2012（31）．

代制造业的转型需要快速的技术创新和生产流程改造，这些新技术都需要技术技能人才迅速吸收和掌握。

据不完全统计，全国中等和高等职业院校共开设各类民族文化和民间工艺特色 50 多种，培养并建设了一大批非物质文化遗产的继承人和传播基地，在发展各民族传统文化和民间技艺方面发挥重要作用。在全国 100 所骨干高职院校中，有 50 多所学校位于经济相对欠发达的地县城市，是支撑这些地区现代化建设的重要人才基地。全国中等职业学校毕业生（不含技工学校）就业去向情况为：到各种所有制企事业单位就业的毕业生占就业学生的 77.26%，与 2010 年（77.96%）相比有所下降；合法从事个体经营的毕业生占 13.36%，比 2010 年（12.84%）有所增加；升入高一级学校的毕业生占 9.38%，与 2010 年（9.19%）相比有所回升。

（三）各行各业就业形势看好

1. 就业率持续增长，加工制造类专业毕业生就业率最高

根据教育部网站的数据，2011 年，全国中等职业学校毕业学生平均就业率为 96.71%（其中，中等专业学校、职业高中、成人中等专业学校三类中等职业学校毕业生平均就业率为 96.69%，技工学校毕业生平均就业率为 96.9%），比 2010 年略有提升（见图 2-9）。2011 年，就业情况最好的专业是加工制造类，就业率高达 97.8%；其次是交通运输类，就业率为 97.11%；旅游服务类、信息技术类和财经商贸类的就业率处于平均水平以上；医药卫生类、土木水利类、教育类的就业率达到了 96% 以上；其他专业就业率在 94% 以上。

（％）

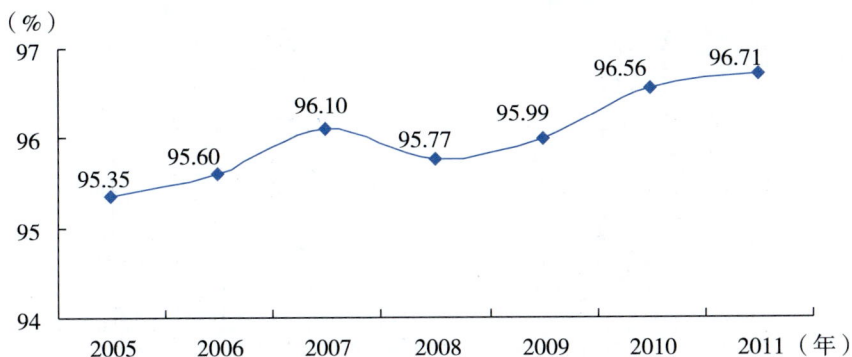

图 2 - 9　2005—2011 年全国中等职业学校毕业学生平均就业率变化情况

【数据来源】数据根据教育部网络上各年相关文件整理而来。

2011 年，高职高专院校毕业生半年后的就业率为 89.6％，比 2010 年提高 1.5 个百分点，为近几年新高（见图 2 - 10）。

（％）

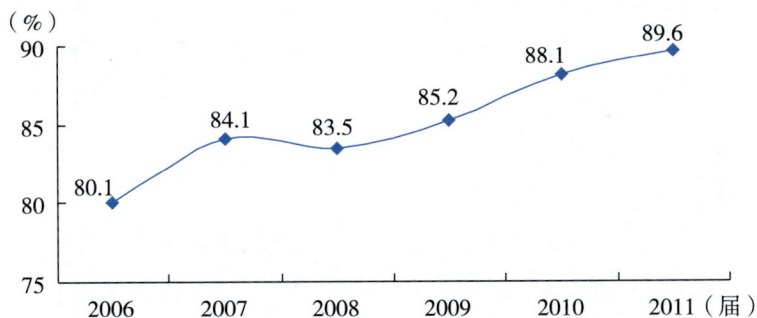

图 2 - 10　2006—2010 届高职高专院校毕业生半年后就业率变化情况

麦克斯研究院. 中国大学生就业报告［M］. 2009—2012. 北京：社会科学文献出版社，2009、2010、2011、2012.

2. 学生就业满意率并不乐观

2011 年 11 月，教育部职业教育与成人教育司在 10 个城市的 146 所中等职业学校（包括职业高中、普通中专、技工学校），开展了毕业生就业质量抽样调查工作。签订就业合同的人数占就业学生比例为 94.41％，75.04％的就业学生起薪在 1000—2000 元之间（见表 2 - 8）。

表 2 - 8 **2011 年全国 10 个城市中等职业学校毕业生就业质量基本情况**

项目	数量	比例（%）
签订就业合同期限	1 年及以内	40.06
	1—2（含）年	32.47
	2—3（含）年	15.07
	3 年以上	6.81
起薪（元/月）	1000 元以内	6.03
	1000—1500 元	38.76
	1500—2000 元	36.28
	2000 元以上	19.02

表 2 - 8 中，146 所被调查中等职业学校毕业生中，签订 1 年及以内期限就业合同的人数所占比重最大。就业后的签约情况不理想显示了用人单位和职业院校毕业生双方的满意度都不高。

高职高专院校毕业生半年后月收入比本科院校毕业生低 480—680 元（见图 2 - 11），而 3 年后月收入差距更为突出，相差 1240—1820 元，每月比本科院校少 25%—34%。2008 届高职高专院校毕业生 3 年后月收入在 3000 元以下的比例最大，为 33.9%（见图 2 - 12），远远大于本科院校（15.4%）；而 5000 元以上的比例为 22.1%，远远小于本科院校 45.7%。

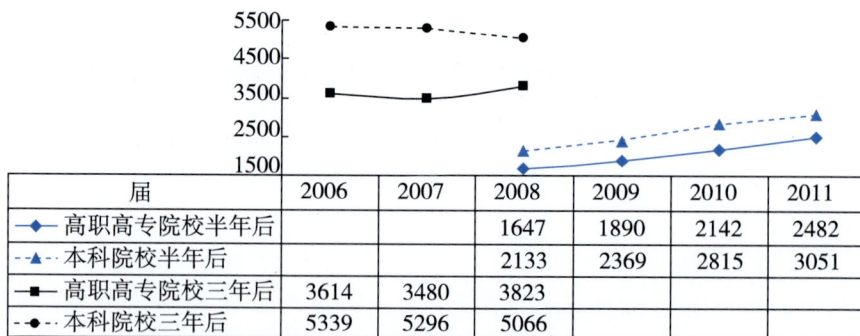

届	2006	2007	2008	2009	2010	2011
高职高专院校半年后			1647	1890	2142	2482
本科院校半年后			2133	2369	2815	3051
高职高专院校三年后	3614	3480	3823			
本科院校三年后	5339	5296	5066			

图 2 - 11 **2006—2011 届高职高专院校毕业生与本科院校毕业生半年后月收入与三年后月收入变化情况**

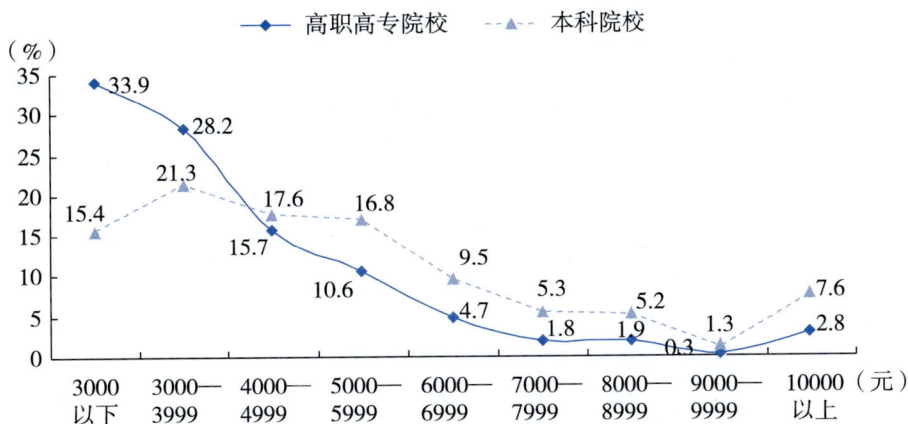

图 2 – 12　2008 届高职高专院校毕业生与本科院校毕业生三年后月收入分布情况

麦克斯研究院. 中国大学生就业报告［M］. 2009—2012. 北京：社会科学文献出版社，2009、2010、2011、2012.

职业院校毕业生就业后起薪水平相对低，而且对加薪或晋级的前景预期很低，即对就业前景不很乐观。就业稳定性不高，2011 年，高职高专院校毕业生离职率高达 52%（见图 2 – 13），远远高于本科毕业生的离职率29%。就业起薪水平低和对初次就业前景信心不足是就业质量问题的核心部分，是造成其他就业质量问题的重要根源之一。

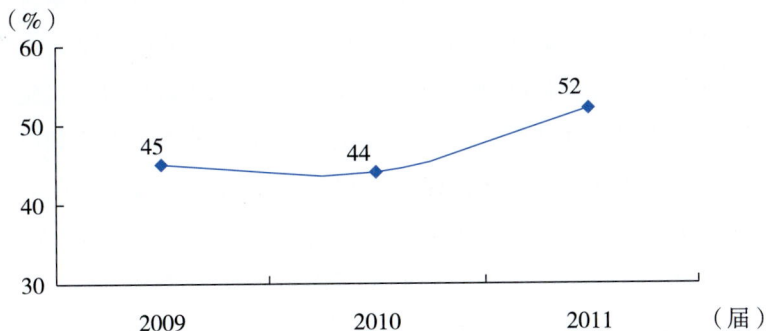

图 2 – 13　2009—2011 届高职高专院校毕业生半年内的离职率

麦克斯研究院. 中国大学生就业报告［M］. 2009—2012. 北京：社会科学文献出版社，2009、2010、2011、2012.

第三章

职业院校教师队伍建设

职业学校教师队伍建设是关系到职业教育发展的核心问题之一，一直受到国家的高度重视。胡锦涛同志在清华大学建校100周年庆祝大会上的讲话中强调："要把加强教师队伍建设作为教育事业发展最重要的基础工作来抓。"2011年12月，在全国职业教育师资工作会议上鲁昕副部长也提出："师资队伍建设是提高技能型人才培养质量、完善现代职业教育体系的关键性因素，推动职业教育科学发展必须把师资队伍建设摆在突出的位置。"

建设高素质专业化教师队伍是推动职业教育科学发展的根本保证。教育大计，教师为本。有好的教师，才有好的教育。新世纪以来，在党和国家高度重视下，通过加强师德规范、建立师资培养培训基地、实施教师素质提高计划、开展教师在职攻读硕士学位、建立教师企业实践制度等一系列重大举措，职业教育教师队伍建设取得了显著成绩。教师队伍规模不断扩大，整体素质明显提升，为职业教育改革发展提供了有力的人才保障。当前我国职业教育改革发展正处在重要战略机遇期，建设一支高素质专业化的教师队伍，对于提高技能型人才培养质量、完善现代职业教育体系、推动职业教育科学发展具有十分重要的意义。

一、中职学校教师队伍结构逐步优化

衡量中等职业学校教师队伍的情况不但包括教职工、专任教师、校外教师、双师型教师和女性教师的规模，更重要的是教师队伍的结构，即教师的学历结构、职称结构和年龄结构等。2011年，我国中等职业学校教职工规模达到94.51万人，专任教师规模达到68.94万人，其中，中等职业学校生师比为25.75，高级职称教师的比例达到22.05%，专任教师以中青年为主，40岁以下专任教师占专任教师总规模的63.63%，专业课教师占专任教师的比例为52.71%，双师型教师比例达到23.70%，女性专任教师规模达34.17万人[①]。

但我国中等职业学校教师队伍也还面临着很多问题，如按照相关规定要求，中等职业学校教师缺口达24.7万人，中等职业学校本科以上专任教师的比例仍然较低，比普通高中低10.34个百分点。由于没有适合的职称评定制度，中等职业学校高级职称专任教师仅为普通高中规模的38.60%。

（一）教职工规模相对稳定

教职工数是指在学校（机构）工作并由学校（机构）支付工资的教职工人数，人员包括在编人员和聘用人员。在编人员即根据原人事管理制度，人事关系和档案均在学校的人员。聘任制人员即人事制度改革后，高校（机构）招聘录用的长期、全时工作人员。聘任制人员的人事关系在学校但档案不在学校。本报告中指的教职工数包括校本部教职工、科研机构人员、校办企业职工、其他附设机构人员。

1. 教职工总数持续下降

2011年，中等职业学校教职工总数为94.51万人。从教职工的总数变化情况来看，从2005年开始逐渐增加，到2008年达到最高值97.34万人，

---

① 教育部发展规划司. 中国教育统计年鉴 [M]. 北京：人民教育出版社，2011.

2007—2008 年度，中等职业学校教职工还有 1.82% 的增长。但从 2009 年起，教职工总数开始下降，2009 年、2010 年和 2011 年分别下降 0.4 万人、1.28 万人和 1.15 万人，分别比上一年下降 0.41%、1.33% 和 1.21%。

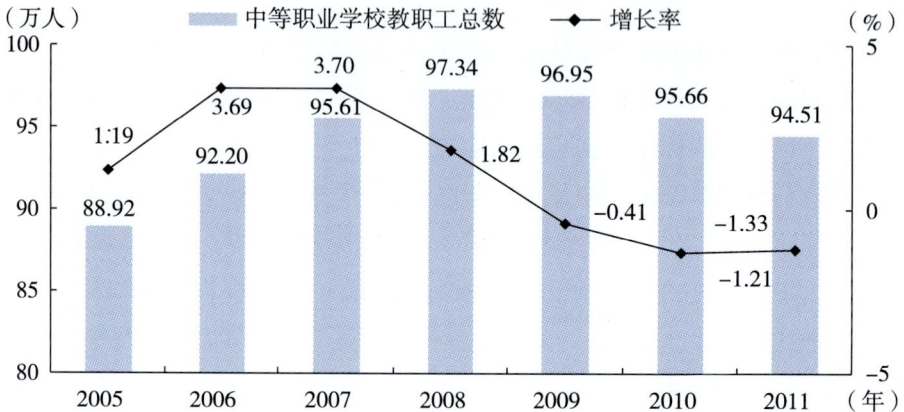

图 3-1　2005—2011 年中等职业学校教职工总数及变化

从教职工总数上来看，普通中专和成人高中是中等职业学校规模最大的两个类型。在 2010—2011 年度，其他机构教职工减少数量最多，减少了 1.10 万人，成人中专的教职工数也减少了 0.41 万人。与此相对，职业高中的教职工总数则在 2010—2011 年度有了较大发展，新增 0.35 万人，达到 40.67 万人的规模。普通中专教职工数没有变化。

表 3-1　中等职业学校教职工总数变化　　（万人，%）

类型	2010	2011	变化	变化百分比
普通中专	43.50	43.50	0.00	0.00
成人中专	8.53	8.13	-0.41	-4.99
职业高中	40.32	40.67	0.35	0.86
其他机构	3.30	2.20	-1.10	-49.78

2. 中等职业学校教职工规模西部地区相对较小

中等职业学校教职工的规模既与各省人口的总规模有关系，区域分布上也存在规律。2010 年，中等职业学校教职工规模在 7 万人以上的有河南和山东，其中河南以 8.32 万人的规模排第一，山东为 7.88 万人紧接其后。在 5—7 万人规模方面，东部地区有河北、广东和江苏，西部地区有四川。中等职业学校教职工规模小于 1 万人的省份有海南、宁夏、青海和西藏。从区域分布的情况来看，东部地区中等职业学校教职工的规模较大，西部地区规模相对较小。

表 3 - 2　2010 年全国分区域中等职业学校教职工规模

分档	东部	中部	西部
7 万人以上	山东省	河南省	
>5 万人且≤7 万人	河北省、广东省、江苏省		四川省
>3 万人且≤5 万人	浙江省、辽宁省	湖南省、湖北省、安徽省、山西省	陕西省、广西壮族自治区
>1 万人且≤3 万人	福建省、北京市、上海市、天津市	吉林省、江西省、黑龙江省	云南省、内蒙古自治区、甘肃省、重庆市、贵州省、新疆维吾尔自治区
≤1 万人	海南省		宁夏回族自治区、青海省、西藏自治区

当然，教职工规模与各省的人口有密切的关系。人口超过 8000 万的广东、山东、河南、四川中等职业学校教职工规模都较大，而人口在 2000 万人以下的北京、天津、海南、宁夏、青海和西藏中等职业学校教职工数量相对较少。但人口因素并不是决定性因素，如第六次人口普查中人口最多的广东省，其中等职业学校教职工数就低于山东省和河北省，后者人口规模仅为广东省的 70% 左右。

3. 教职工高级职称比例较少

中等职业学校教职工的职称情况分为正高级、副高级、中级、初级和无职称五种类型。从 2011 年中等职业学校教职工的职称分布情况来看，正高级职称的比例最少，仅为 0.68 万人，占 0.72%；副高级职称人数为 17.70 万人，占 18.73%。中级职称人数最多为 33.15 万人，占 35.08%。初级职称和无职称的比例分别为 25.60% 和 19.86%。从职称分布的情况来看，中等职业学校教职工中高级职称比例较低，而初级职称和无职称的较高。

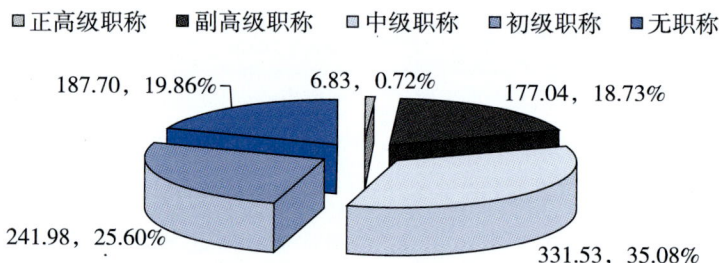

正高级职称　■副高级职称　□中级职称　■初级职称　■无职称

187.70，19.86%　　6.83，0.72%　　177.04，18.73%

241.98，25.60%　　331.53，35.08%

图 3 - 2　**2011 年中等职业学校教职工职称分布**　　（千人）

（二）专任教师规模略有增加

中等职业学校需要依靠高质量的专任教师、校外教师等共同努力提高教育质量。因此，教育部《关于"十二五"期间加强中等职业学校教师队伍建设的意见》（教职成〔2011〕17 号）明确提出："教育规划纲要发布之后，我国职业教育改革发展进入到加快建设现代职业教育体系、全面提高技能型人才培养质量的新阶段。实现职业教育科学发展，进一步保证规模、调整结构、加强管理、提高质量，对中等职业学校教师队伍建设提出了更高的要求。面对新的形势和要求，中等职业学校教师队伍要进一步扩大规模、优化结构、提高素质，加快解决生师比过高、'双师型'教师和兼职教师比例偏低、教师实践教学能力不足的问题。因此，必须要把中等职业学校教师队伍建设摆在职业教育事业发展更加重要的位置，采取切实有力的措施，加强规划，加大投入，深化改革，努力开创职业教育教师工作的新局面。"

2011 年，教育部和财政部先后出台《关于实施职业院校教师素质提高计划的意见》和《关于进一步完善职业教育教师培养培训制度的意见》提出，2011—2015 年组织 45 万名职业院校专业骨干教师参加培训，其中中央财政重点支持培训 10 万名，省级培训 35 万名，提高教师的教育教学水平特别是实践教学和课程设计开发能力；支持 2 万名中等职业学校青年教师到企业实践，提高教师的产业文化素养和专业技能水平；支持职业院校设立兼职教师岗位，优化职业院校教师队伍的人员结构；支持国家职业教育师资基地重点建设 300 个职教师资专业点，开发 100 个职教师资本科专业的培养标准、培养方案、核心课程和特色教材，加强基地的实训条件和内涵建设，完善适应教师专业化要求的培养培训体系。特别是对于从事职业教育教学工作 2 年以上、35 岁以下的中等职业学校专业课教师和实习指导教师将进行更多的培训。这意味着加强职业教师队伍内涵建设将是"十二五"期间促进职业教育体系发展的重要内容。

2005—2011 年间，我国中等职业学校专任教师的数量在不断上升，专任教师占教职工总数的比例持续提高，但增长速度逐步放缓。从中等职业学校专任教师数量的发展情况来看，还不能满足我国职业教育发展的需求，还没有达到 2010 年修订的《中等职业学校设置标准》关于生师比的要求。

1. 专任教师数量略有增加

经过前几年快速发展，中等职业学校专任教师的规模逐渐稳定，数量波动减小。中等职业学校专任教师的规模在 2005—2008 年间有一个快速的上涨，随后在 2008—2011 年间增长速度逐渐放缓。在 2005 年，我国中等职业学校专任教师总数为 58.87 万人，在 2005—2008 年间平均以 5.5% 的速度增长，到 2008 年上升到 67.42 万人的规模。2008 年之后，专任教师总数的增长速度开始逐步放缓，从 2007—2008 年度的 2.99%，下降到 2008—2009 年度的 1.18%。2009 年，中等职业学校专任教师的规模达到一个高点 68.22 万人。在 2009—2010 年度，中等职业学校专任教师的规模下降了 0.18 个百分点，这主要与部分中等教育类型教职工总数下降有关。2011 年度，专任教师数增加了 0.84 万人，相较于 2010 年增加 1.23%，超过 2009 年。

（万人）　　　 中等职业学校专任教师数　　 　增长率 　　　　（％）

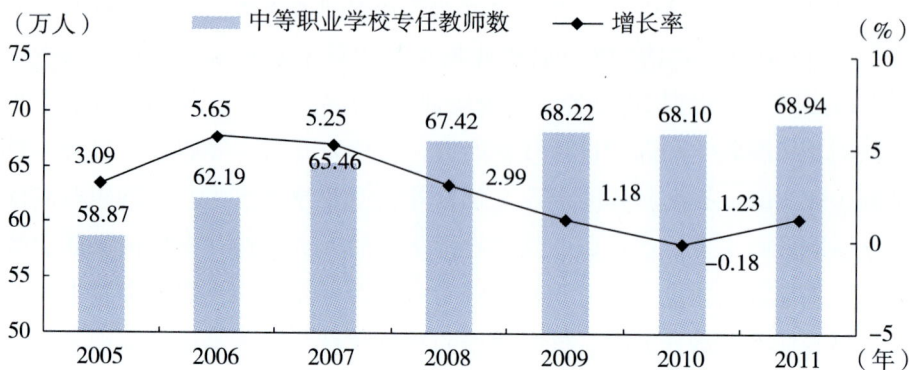

图 3 － 3　**2005—2011 年中等职业学校专任教师总数及变化**

2011 年，全国中等职业学校专任教师为 68.9 万人，比上年增加 0.8 万人。从区域看，西部地区增长最为明显，增加 0.7 万人；中部增加 0.3 万人；东部地区专任教师数略有下降。

表 3 － 3　**2010—2011 年全国分区域中职学校专任教师变化**　　（万人）

地区	2010	2011	比上年增长
全国	68.1	68.9	0.8
东部	29.1	29.0	－ 0.1
中部	22.2	22.5	0.3
西部	16.8	17.5	0.7

注：因四舍五入，全国数据不等于各地区数据加合。

从 2010—2011 年度中等职业学校四种类型学校专任教师的变化情况来看，普通中专和职业高中的专任教师数在增加，分别增加 0.89 万人和 0.85 万人；成人中专和其他机构中的专任教师在减少，分别减少 0.18 万人和 0.72 万人。普通中专专任教师 2010—2011 年度增加 2.93％。其他机构专任教师减少的比例最高，达到 48.65％。

表3－4　**2010—2011 年各类型中等职业学校专任教师变化**　（万人，%）

类　型	2010	2011	变化百分比	人数
普通中专	29.50	30.39	2.93	0.89
成人中专	5.70	5.52	－3.26	－0.18
职业高中	30.70	31.55	2.69	0.85
其他机构	2.20	1.48	－48.65	－0.72

下面将详细分析各类型中等职业学校专任教师的数量变化情况。

（1）普通中专专任教师增长速度波动较大

普通中专专任教师在 2005—2011 年间的增长速度出现了一个低谷，2010 年提速后，2011 年再次出现下降，总体保持持续增加态势。2005—2006 年度，普通中专专任教师的年度增长速度达到 12.90%，是 2006—2011 年间增长的最高年度幅度。虽然在 2008—2009 年度增长幅度下降到 4.16%，但很快在 2009—2010 年度增长速度又恢复到与 2006—2007 年度持平的 8.36%，2010—2011 年度增长速度下降到最低的 2.99%。总体来看，普通中专专任教师规模是中等职业学校类型中唯一持续保持增长的类型，这使得普通中专专任教师的规模从 2005 年的 20.30 万人稳步增长到 2011 年度的 30.39 万人，总计增加了 10.09 万人。

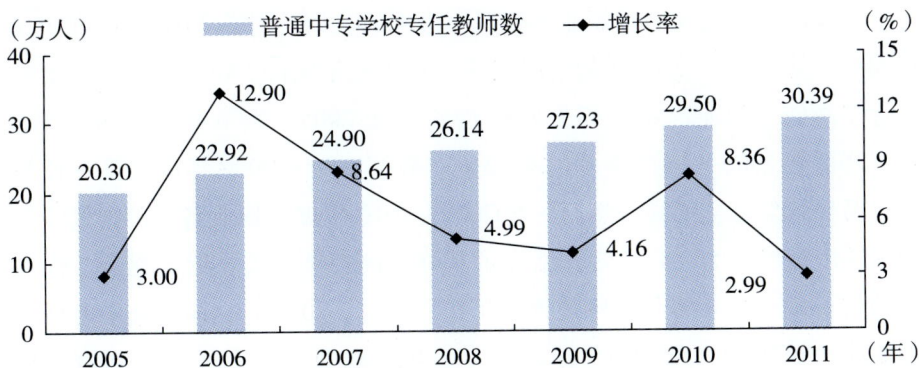

图3－4　**2005—2011 年普通中专专任教师规模变化及增长率**

（2）成人中专专任教师规模逐步下降

成人中专专任教师的规模在 2006—2011 年持续下降，下降的幅度每年有较大变化。2007—2008 年度下降的幅度最小，为 1.41%；2009—2010年下降的幅度最大为 8.96%，2010—2011 年度回落到 3.14%。整体来看，成人中专专任教师的规模在持续下降，从 2005 年的 7.50 万人下降到了2011 年的 5.52 万人，共计减少了 1.98 万人。2011 年成人中专专任教师规模为 2005 年的 73.60%，减少超过四分之一。

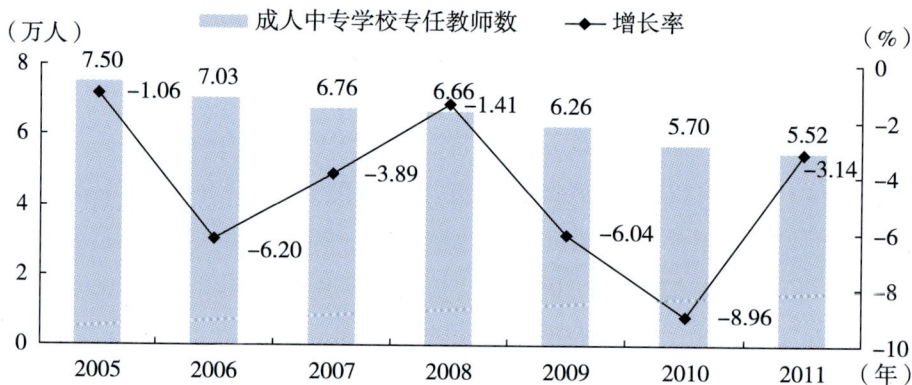

图 3－5　**2005—2011 年成人中专专任教师规模变化及增长率**

（3）职业高中专任教师规模增长波动较大

职业高中长期是中等职业学校规模最大的类型，但在 2010 年出现明显的拐点。从 2005—2011 年的情况来看，在头五年保持了稳定增长，但增长率逐年降低。职业高中专任教师的增长率从 2005—2006 年度的 4.73%，逐步降低到 2006—2007 年度的 4.33%。截至 2008—2009 年度，其专任教师规模仍然保持正增长。然而，在 2009—2010 年度，职业高中专任教师的增长速度突然变为 －4.52%，结束了其规模的持续增长，形成拐点。仅在2010 年，职业高中专任教师规模低于普通中专。2009 年，职业高中专任教师规模达到顶点，为 32.15 万人。2011 年，职业高中专任教师数恢复增长，相较于 2010 年增加 0.85 万人。截至 2011 年，职业高中专任教师数为31.55 万人，比 2005 年增加 3.3 万人。

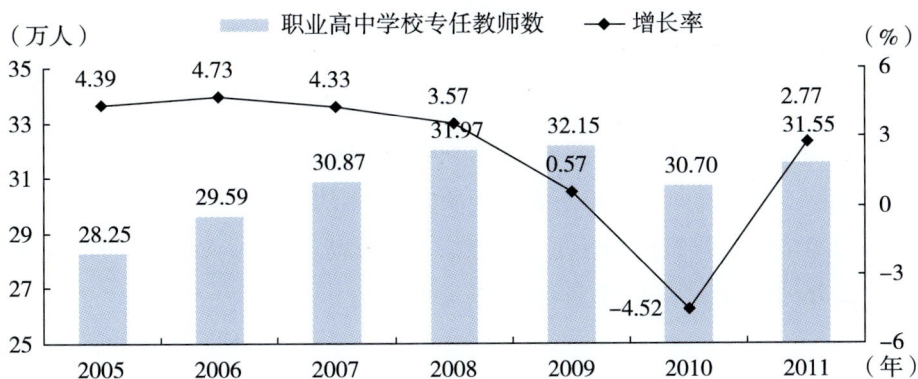

图 3 - 6　**2005—2011 年职业高中专任教师规模变化及增长率**

（4）其他机构专任教师规模出现急剧下降

其他机构专任教师的规模在中等职业学校四种类型中是规模最小的一类。2005—2011 年间，其他机构专任教师的变化情况起伏较大，最高的 2006—2007 年度增幅达 10.56%，最低的 2010—2011 年度减少了 32.49%。在 6 年间，有 4 年中其他机构的专任教师规模都呈负增长，最近两年还在减少。2011 年，其他机构专任教师仅 1.48 万人，相较于 2005 年减少了 1.34 万人，减少了近 48%。

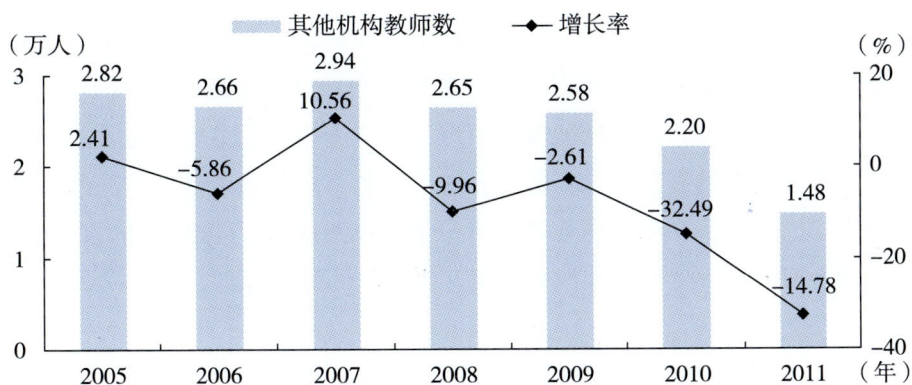

图 3 - 7　**2005—2011 年其他机构专任教师规模变化情况及增长率**

2. 专任教师占教职工总数比例持续上升

中等职业学校专任教师占教职工总数的比例提高意味着教师队伍从数量上有所改善。虽然中等职业学校专任教师的规模在从 2005 年起逐步上升并 2009 年达到高峰，2010 年时略有下降，但在 2011 年总规模再次扩大。与此同时，专任教师占教职工的比例从 2005 年的 66.21% 稳定地逐步上升到 2011 年的 72.94%，共计上升 6.73 个百分点。其中，2010—2011 年度上升 1.76 个百分点，是近 5 年来上升幅度最大的一年。

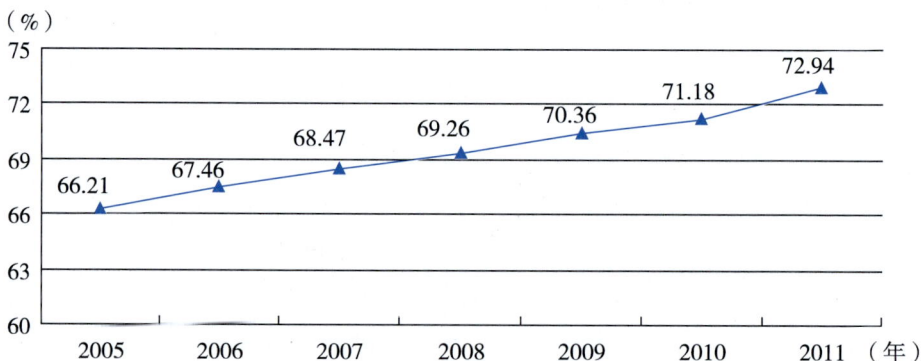

图 3-8　2005—2011 年中等职业学校专任教师占教职工的比例

就中等职业学校专任教师规模来看，河南和山东仍然是最大的两个省份，分别以 6.04 万人和 5.55 万人排名全国前两名。在区域分布方面，东部地区中等职业学校规模相对较大，专任教师 3 万人以上的省份有河北、江苏、广东和浙江，西部地区仅有四川。在 7 个中等职业学校专任教师规模在 3 万人以上的省份中，东部地区占了 5 个。中部地区职业教育规模相对差距不大。在 7 个中等职业学校专任教师规模在 1 万人以下的省份中，东部地区有北京、上海、天津和海南，西部地区有青海、宁夏和西藏。

表 3 - 5　2010 年全国分区域中等职业学校专任教师规模

分档	东部	中部	西部
5 万人以上	山东省	河南省	
>3 万人且≤5 万人	河北省、江苏省、广东省、浙江省		四川省
>1 万人且≤3 万人	辽宁省、福建省	湖北省、湖南省、安徽省、山西省、江西省、吉林省、黑龙江省	陕西省、广西壮族自治区、云南省、甘肃省、内蒙古自治区、重庆市、贵州省、新疆维吾尔自治区
≤1 万人	北京市、上海市、天津市、海南省		青海省、宁夏回族自治区、西藏自治区

3. 生师比首次出现下降

从中等职业学校生师比的变化情况来看，2006—2010 年间一直呈上升态势，从 2006 年的 23.94 上升到了 26.68。这其中的原因主要是因为近年来中等职业学校在校生规模的迅速增加，而专任教师数量的增加相对滞后导致。2011 年，全国中等职业学校在校生规模达到 2205.3 万人，比上年减少 33.2 万人，中等职业学校生师比下降到 25.75：1，比上年下降了0.93。2005 年、2006 年中等职业学校连续两年扩招，很多地区高中阶段教育的职普比基本达到 1：1，但随后的几年中等职业教育出现了招生难的问题。因此，2010—2011 年生师比的下降部分源自中等职业学校在校生规模的减少。

2010—2011 年度是至 2006 年中等职业学校生师比的首次下降，但这一数据仍然比 2006 年生师比的 23.94 高出 1.81。当前，我国中等职业学校生师比数据距离教育部 2011 年 7 月修订的《中等职业学校设置标准》规定的生师比 20：1 存在较大差距。

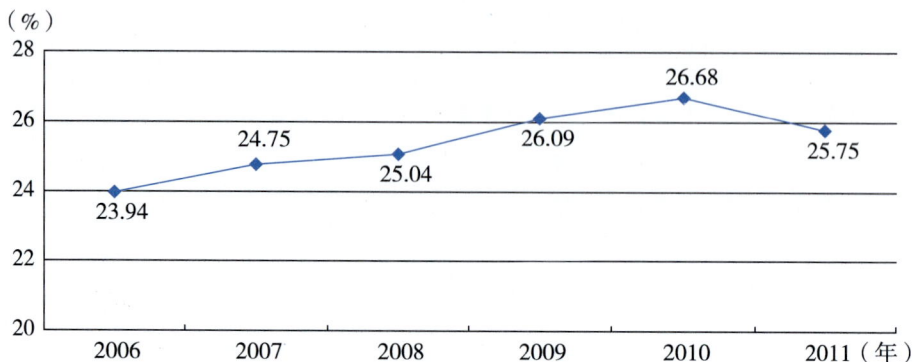

图 3 - 9   2006—2011 年中等职业学校生师比变化

2001 年，教育部发布的《中等职业学校设置标准（试行）》中缺少对中等职业学校生师比的规定，这与当时中等职业教育发展的状况有关。进入新世纪以来，我国中等职业教育有了很大的发展，中等职业教育的发展环境也发生了很大的变化。为在新形势下进一步促进中等职业学校建设，加强对中等职业学校的管理，教育部对《中等职业学校设置标准（试行)》进行了修订，颁布了《中等职业学校设置标准》，新标准提出了师生比 1：20 的硬性规定。

《中等职业学校设置标准》的颁布对于我国中等职业学校的发展提出了更高的要求，是未来一段时间中等职业教育专任教师配备的发展目标。各地在师资配备上面临的情况存在较大差异。分区域看，西部地区生师比最高，为 29.5：1，中部地区为 25.4：1，东部地区相对较低，为 23.8：1。也即是说，在满足中等职业学校生师比要求这一方面，西部面临的困难最大，中部次之，东部困难最小。从 2010—2011 年度的情况来看，中部地区生师比减少的数量最多为 1.7，西部次之为 1.1，东部最小为 0.3。

表 3 - 6   2010—2011 年全国分区域中等职业学校生师比变化

地区	2010	2011	变化
全国	26.7	25.8	- 0.9
东部	24.1	23.8	- 0.3

续表

地区	2010	2011	变化
中部	27.1	25.4	−1.7
西部	30.6	29.5	−1.1

分地区看，2011年，东部地区的天津、辽宁、上海和中部地区的吉林、黑龙江5个省中职学校生师比低于20∶1，全国有10个省市中职学校生师比超过30∶1，分别为东部的福建、广东、海南；中部的江西；西部的广西、四川、贵州、西藏、青海、宁夏。

（三）中等职业学校专任教师结构不断优化

1. 高级职称专任教师比例不断提高

根据教育部2010年颁布的《中等职业学校设置标准》中的规定，"专任教师中，具有高级专业技术职务人数不低于20%"。从2011年全国中等职业学校专任教师职称分布来看，拥有正高级职称的专任教师所占比例为0.71%，拥有副高级职称的专任教师比例为21.34%，合计为22.05%，略高于相关标准。

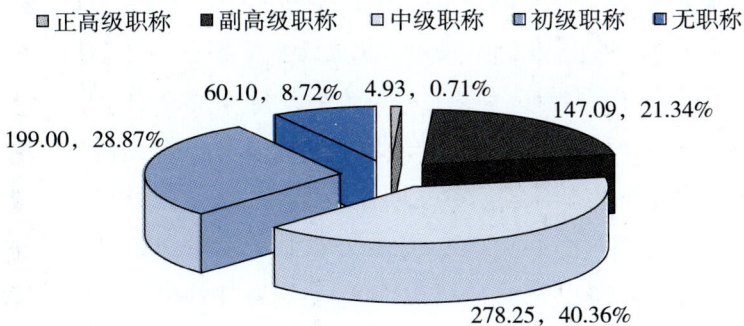

图3-10 **2011年中等职业学校专任教师职称分布** （千人）

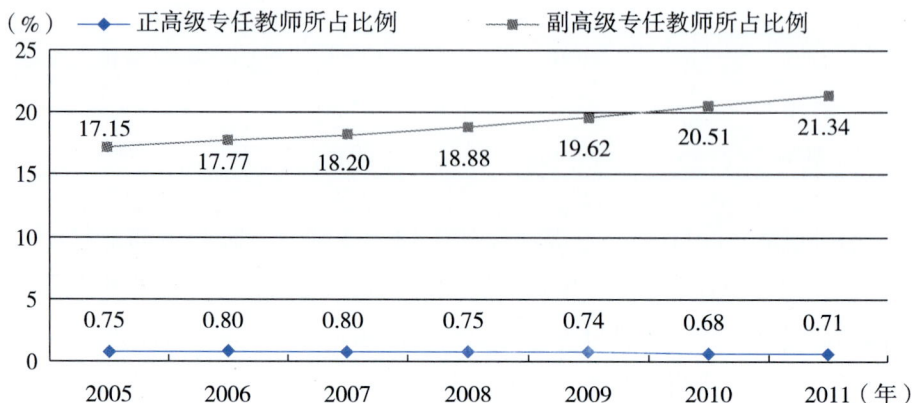

图 3-11 中等职业学校专任教师高级职称比例变化

2005—2011 年拥有副高级职称专任教师的比例在持续增加。从获得高级职称教师占专业教师比例的变化情况来看，从 2005 年的 17.15% 稳定上升到 2011 年的 21.34%，上涨幅度分别为 0.62%、0.43%、0.68%、0.74%、0.89% 和 0.83%，上涨幅度最大的是 2009—2010 年度。

与此形成对比的是，中等职业学校专任教师拥有正高级职称的比例逐渐下降，2011 年略有回升。2007—2010 年度，中等职业学校专任教师拥有正高级职称的比例分别下降了 0.05%、0.01% 和 0.08%。2011 年正高级职称的专任教师比例回升到 0.71%，仍处于较低水平。

2011 年，教育部颁布《关于"十二五"期间加强中等职业学校教师队伍建设的意见》提出，"规范中等职业学校教师职务（职称）序列，建立体现职业教育特点的教师职务（职称）评聘办法，积极探索在中等职业学校设立正高级教师职务（职称），提升教师职业发展空间。调整优化中等职业学校教师职务（职称）结构比例"。这对加强中等职业学校专任教师发展，提高教师队伍质量有极大的促进作用。

在中等职业学校的不同类型之间，专业教师的职称分布也存在着差异。整体来看，由于正高级职称专任教师的比例过低，四种中等职业学校类型的正高级职称比例都为 1% 以下。而中级职称的比例在四种中等职业学校类型中所占比例均为最高，变化范围从成人中专的 45.45% 到普通中

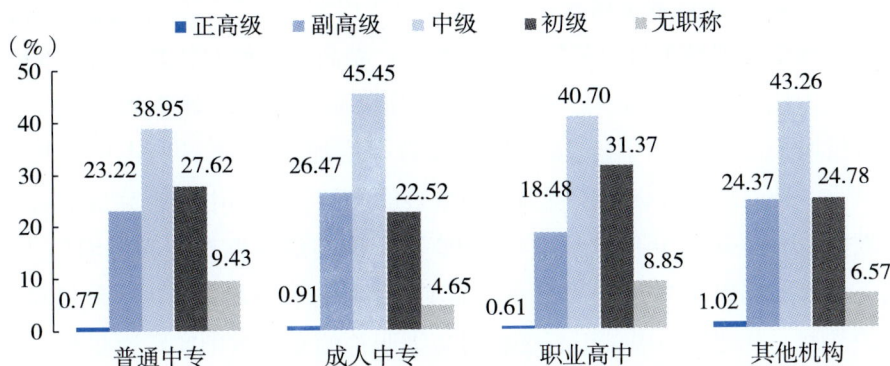

图 3 – 12　2011 年各类中等职业学校机构专任教师职称分布

专的 38.95% 不等。在普通中专、职业高中和其他机构中，初等职称的专任教师所占比例均为第二，成人中专的专任教师中拥有副高级职称的专任教师所占比例为 26.47%，高于初级职称专任教师比例 22.52%，也就是说，成人中专专任教师的职称水平相对较高。同时，成人中专专任教师中未评职称的比例也是最低的。职业高中初级职称专任教师所占比例为 31.37%，为四种职业教育类型中初级教师职称比例最高。

表 3 – 7　2010—2011 年度中等职业学校拥有高级职称专任教师比例变化　（%，人）

类别		2010	2011	变化百分比	实际数量
普通中专	正高级	0.72%	0.77%	0.05	223
	副高级	22.67%	23.22%	0.55	3687
成人中专	正高级	0.72%	0.91%	0.19	90
	副高级	24.99%	26.47%	1.48	372
职业高中	正高级	0.61%	0.61%	0.00	40
	副高级	17.44%	18.48%	1.04	4747
其他机构	正高级	1.00%	1.02%	0.02	– 68
	副高级	22.78%	24.37%	1.59	– 1390

从拥有高级职称专任教师的比例变化情况来看，2010—2011 年间不同类型的中等职业学校所面临的情况存在差异。普通中专正高级职称专任教

师 2010—2011 年度数量增长了 223 人，所占比例提高 0.05%，是正高级职称专任教师增加最多的中等职业学校类型；副高级职称专任教师增加 3687 人，所占比例提高 0.55%。职业高中正高级职称专任教师 2010—2011 年度数量增长了 40 人，副高级职称专任教师增加 4747 人，所占比例提高 1.04%，是副高级职称专任教师增加最多的类型。成人中专正高级职称专任教师 2010—2011 年度数量增长了 90 人，副高级职称专任教师增加 372 人，所占比例提高 1.48 个百分点，是副高级职称专任教师所占比例提高最快的类型。其他机构中，正高级和副高级职称的专任教师实际数量均有下降，但其所占比例分别有所增加，说明在该类型中，其他职称类型的专任教师数量下降更多。总体来看，除其他机构外，其余三种中等职业学校类型专任教师的高级职称教师的数量和所占比例均有上升。

2. 专任教师学历结构持续改善

依据 1993 年颁布的《中华人民共和国教师法》规定，"取得高级中学教师资格和中等专业学校、技工学校、职业高中文化课、专业课教师资格，应当具备高等师范院校本科或者其他大学本科毕业及其以上学历；取得中等专业学校、技工学校和职业高中学生实习指导教师资格应当具备的学历，由国务院教育行政部门规定"。对于实习指导教师的学历要求，国家教委于 1996 年 7 月 11 日颁布了《国家教委关于取得中等职业学校实习指导教师资格应当具备的学历的规定的通知》（教职〔1996〕9 号），规定："根据《中华人民共和国教师法》授权，考虑到中等专业学校、技工学校和职业高中（简称中等职业学校）实习指导教师的岗位职责以及现阶段实习指导教师来源的实际情况，现规定取得中等职业学校实习指导教师资格，应当具备各类中等职业学校、普通高级中学毕业及其以上学历。但对于确有特殊技艺者，经省级教育行政部门核准，其学历要求可以适当放宽。"

2011 年，教育部出台的《关于"十二五"期间加强中等职业学校教师队伍建设的意见》（教职成〔2011〕17 号）中明确提出"专任教师中，学历达标率超过 95%，研究生层次教师比例逐步提高"。这是对中等职业学校专任教师学历结构最新的发展目标。

■博士学历　■硕士学历　■本科学历　■专科学历　■高中及以下学历

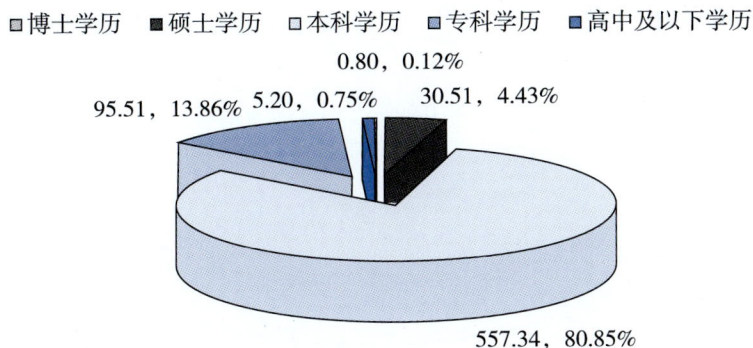

图3-13　**2011年中等职业学校专任教师学历分布　（千人）**

从专任教师学历的分布情况来看，中等职业学校专任教师中比例最大的为本科学历的专任教师，达到80.85%。获得博士或硕士学位的专任教师占中等职业学校专任教师的比例分别为0.12%和4.43%，合计为4.55%，所占比例仍然较低。专任学历层次教师的比例为13.86%，高中阶段以下学历教师所占比例为0.75%。

由于数据的原因，各类型中等职业教育专任教师学历结构目前仅获得2010年数据。以下的分析中各类中等职业教育专任教师学历情况与全国中等职业教育教师学历情况的对比均为2010年。

普通中专专任教师学历结构优于中等职业学校专任教师平均学历水平。2010年，普通中专专任教师中本科学历占79.24%。拥有博士或硕士学位的专任教师占普通中专专任教师的比例分别为0.10%和5.85%，合计为5.95%。普通中专专任教师中研究生以上学历所占比例均高于中等职业学校的平均水平。普通中专专任中专科学历层次教师的比例为13.81%，低于中等职业学校专任教师平均水平2.08个百分点；高中阶段以下学历教师所占比例为0.99%，高于中等职业学校专任教师平均水平0.17个百分点。

□博士学历　■硕士学历　□本科学历　■专科学历　■高中及以下学历

0.31，0.10%

2.94，0.99%　　　　17.27，5.85%

40.74，13.81%

233.78，79.24%

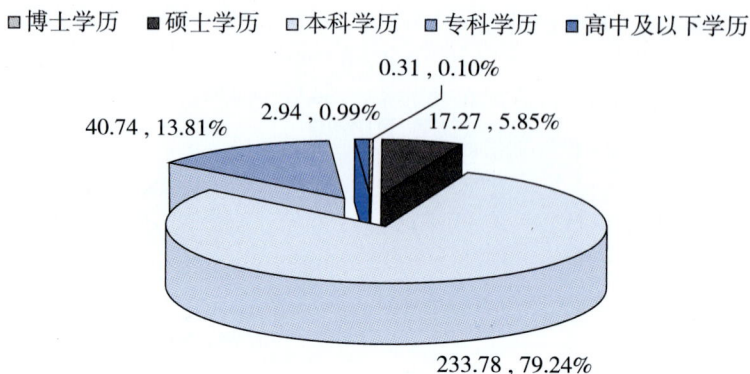

图 3 – 14　**2010 年普通中专专任教师学历分布**　（千人）

2010 年，成人中专专任教师学历结构低于中等职业学校专任教师平均学历水平。成人中专中本科学历的专任教师占到 72.80%。拥有博士或硕士学位的专任教师占成人中专专任教师的比例分别为 0.05% 和 2.37%，合计为 2.42%，均低于中等职业学校专任教师学历的平均水平。成人中专专任教师中专科学历层次的比例为 23.76%，高于中等职业学校专任教师平均水平 7.87 个百分点；高中阶段以下学历教师所占比例为 1.01%，高于中等职业学校专任教师平均水平 0.19 个百分点。

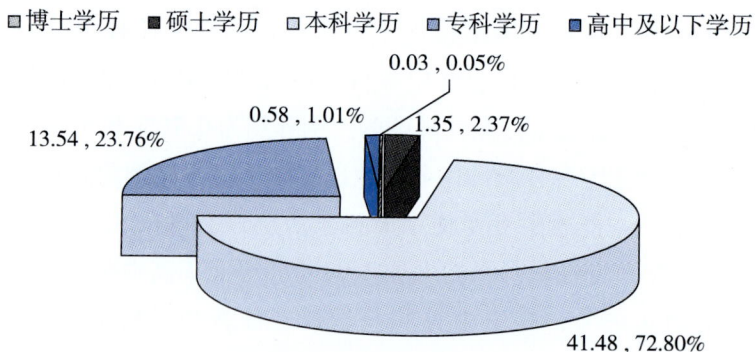

□博士学历　■硕士学历　□本科学历　■专科学历　■高中及以下学历

0.03，0.05%

0.58，1.01%　　　　1.35，2.37%

13.54，23.76%

41.48，72.80%

图 3 – 15　**2010 年成人中专专任教师学历分布**　（千人）

职业高中 2010 年专任教师中研究生学历教师比例偏低，本科学历比例最高。职业高中本学科学历的专任教师占到达到 80.54%，是中等职业学校类型中比例最高的。拥有博士或硕士学位的专任教师占职业高中专任教师的比例分别为 0.06% 和 2.12%，合计为 2.18%，均低于中等职业学校专任教师学历的平均水平。职业高中专任教师中专科学历层次的比例为 16.65%，高于中等职业学校专任教师平均水平 0.76 个百分点；高中阶段以下学历教师所占比例为 0.63%，低于中等职业学校专任教师平均水平 0.19 个百分点。

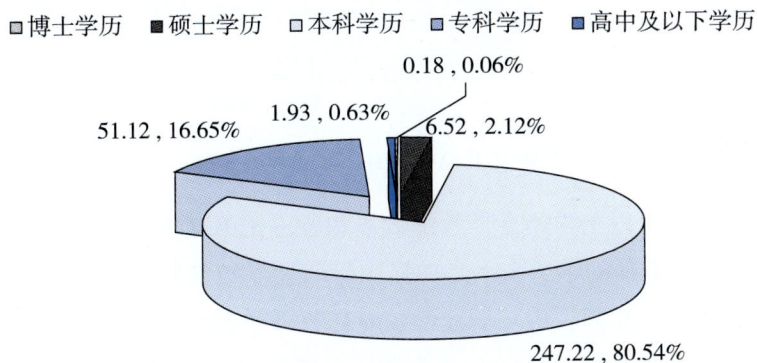

图 3-16　**2010 年职业高中专任教师学历分布**　（千人）

其他机构专任教师中研究生学历比例较高，专任教师学历达标压力较小。其他机构中本学科学历的专任教师占到 78.99%。拥有博士或硕士学位的专任教师占其他机构专任教师的比例分别为 0.07% 和 7.56%，合计为 7.63%，是中等职业学校拥有研究生以上学历专任教师比例最高的类型。其他机构专任教师中专科学历层次的比例为 12.87%，低于中等职业学校专任教师平均水平 3.03 个百分点；高中阶段以下学历教师所占比例为 0.51%，高于中等职业学校专任教师平均水平 0.31 个百分点。

博士学历　■硕士学历　□本科学历　■专科学历　■高中及以下学历

0.02，0.07%

2.83，12.87%　　0.11，0.51%　　　　　　1.66，7.56%

17.36，78.99%

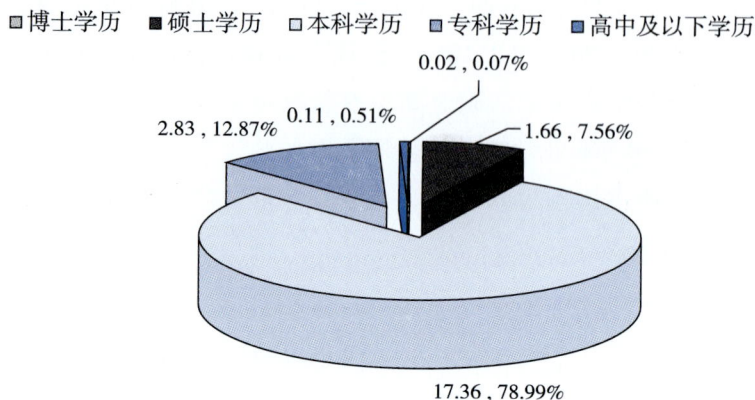

图 3 - 17　**2010 年其他机构专任教师学历分布　（千人）**

（1）研究生以上学历专任教师数量和所占比例逐年提高

提高专任教师的学历水平是加强中等职业学校教师队伍建设的重要方面。2005—2011 年间，中等职业学校专任教师中研究生以上学历的数量和所占比例均逐步提高。研究生以上学历专任教师的数量从 2005 年的 0.93 万人逐年上升到 2011 年的 3.13 万人，增加了 2.21 万人。研究生以上学历专任教师占专任教师的比例从 2005 年的 1.57% 逐年稳步上升到 2011 年的 4.55%，累计上涨了 2.98 个百分点。

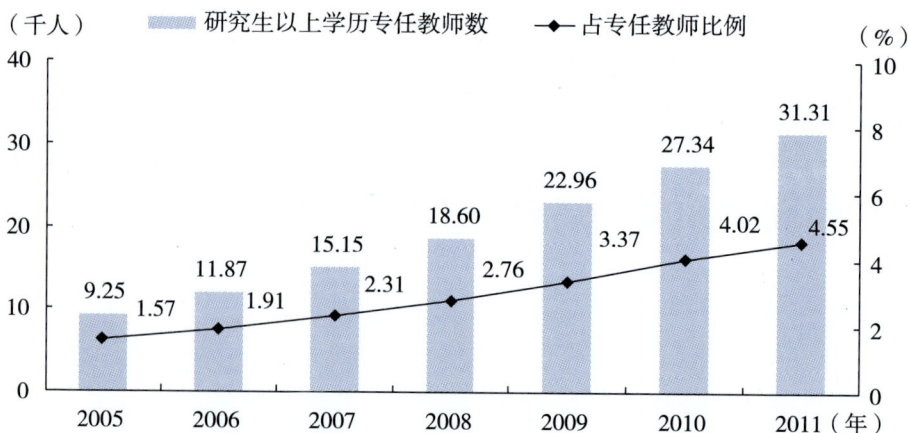

（千人）　　研究生以上学历专任教师数　　　占专任教师比例　　（%）

年份	研究生以上学历专任教师数（千人）	占专任教师比例（%）
2005	9.25	1.57
2006	11.87	1.91
2007	15.15	2.31
2008	18.60	2.76
2009	22.96	3.37
2010	27.34	4.02
2011	31.31	4.55

图 3 - 18　**中等职业学校研究生以上学历专任教师数量比例变化**

（2）研究生以上学历专任教师相对集中于东部地区

从中等职业学校中研究生以上学历专任教师数量在各省的分布来看，东部地区显著好于中部地区，也好于东北地区，西部地区垫底。从 2010 年研究生以上学历专任教师的区域分布来看，江苏省排名第一，是唯一超过 3000 人的省份。其次为山东省和广东省。研究生以上学历专任教师规模超过 1000 人的省份仅有七个。此外，海南、青海和西藏自治区三个省份的研究生以上学历专任教师规模低于 100 人。

表 3 - 8　2010 年研究生以上学历专任教师规模分区域排序

分档	东部	中部	西部	东北
3000 人以上	江苏省			
>2999 人且≤2000 人	山东省、广东省			
>2000 人且≤2999 人		河南省		
>1000 人且≤1999 人	河北省	湖北省		辽宁省
999 人以下	浙江省、上海市、北京市、福建省、天津市、海南省	湖南省、江西省、山西省、安徽省	四川省、广西壮族自治区、陕西省、云南省、内蒙古自治区、甘肃省、重庆市、贵州省、新疆维吾尔自治区、宁夏回族自治区、青海省、西藏自治区	吉林省、黑龙江省

（3）研究生以上学历专任教师普通中专数量最多，其他机构比例最高

从研究生以上学历专任教师的规模来看，普通中专规模最大，2010 年达到 1.76 万人，其次是职业高中的 0.67 万人。从研究生以上学历专任教

师占专任教师的比例来看，比例最高的为其他机构，2010 年达到 7.63%，其次为普通中专的 5.96%。2009—2010 年度，研究生以上学历专任教师增长人数最多的是普通中专，为 0.34 万人，其次为职业高中，仅有成人中专的研究生以上学历专任教师规模出现下降。2009—2010 年度，各类中等职业学校研究生以上学历专任教师的比例都有所增加，最多的为其他机构，为 1.53%；其次为普通中专，为 0.76%。由于专任教师规模有很大下降，成人中专在研究生以上学历专任教师数量下降的情况下，其占专任教师的比例仍然提高了 0.19 个百分点。

表 3 – 9　**2009—2010 年度研究生以上学历专任教师变化**　（千人，%）

类型	2009		2010		变化	
	人数	百分比	人数	百分比	人数	百分比
普通中专	14.16	5.20	17.58	5.96	3.42	0.76
成人中专	1.40	2.24	1.38	2.43	− 0.02	0.19
职业高中	5.82	1.81	6.70	2.18	0.88	0.37
其他机构	1.57	6.10	1.68	7.63	0.10	1.53

（4）中等职业学校专科及以下学历专任教师逐年减少

2005—2011 年间，中等职业学校专任教师学历状况不断优化，但专任教师学历达标仍需努力。中等职业学校专科及专科以下学历专任教师数量从 2005 年的 16.58 万人逐年下降到 2011 年的 10.07 万人，专科及专科以下学历专任教师所占比例从 2005 年的 28.16% 逐步下降为 2011 年的 14.61%，共计下降了 13.55 个百分点。要在 2016 年达到《关于"十二五"期间加强中等职业学校教师队伍建设的意见》对中等职业学校教师学历达标要求，还需加大提升中等职业学校专任教师学历的力度，同时保证新近专任教师的学历达标。

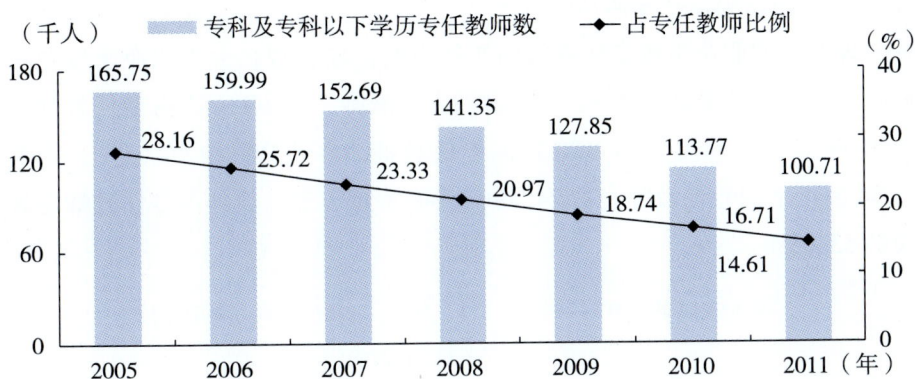

图 3-19　2005—2011 年中等职业学校专科及专科以下学历专任教师规模及比例变化

（5）专科及以下学历专任教师的规模，职业高中最多，成人中专比例最高

在中等职业学校四种类型中（除去技工学校），职业高中的专科及以下学历专任教师的数量最多，2010 年达到 5.31 万人，其次是普通中专的4.37 万人。从专科及以下学历专任教师占专任教师的比例来看，比例最高的为成人中专，2010 年达到 24.77%，其次为职业高中的 17.28%。2009—2010 年度，各类中等职业学校的专科及以下学历专任教师规模都在减少，最多的是职业高中 1.02 万人，其次为成人中专 0.21 万人。2009—2010 年度，各类中等职业学校专科及以下学历专任教师的比例也都有所减少，最多的为职业高中，为 2.33%；其次为普通中专，为 1.67%。

表 3-10　2009—2010 年度专科及以下学历专任教师变化　（千人,%）

	2009		2010		变化	
	人数	百分比	人数	百分比	人数	百分比
普通中专	44.85	16.47	43.67	14.80	−1.18	−1.67
成人中专	16.21	25.91	14.12	24.77	−2.10	−1.13
职业高中	63.07	19.62	53.05	17.28	−10.02	−2.33
其他机构	3.72	14.42	2.94	13.38	−0.78	−1.04

3. 专任教师以中青年为主

现有中等职业学校专任教师的年龄结构比较合理。中等职业学校专任教师中，占比例最高的为 31—40 岁的专任教师，26.99 万人占专任教师总数的 39.15%；其次为 41—50 岁的专任教师，占到总数的 28.55%；再次为 30 岁以下的专任教师，占 24.48%，40 岁以下专任教师占专任教师总规模的 63.63%。

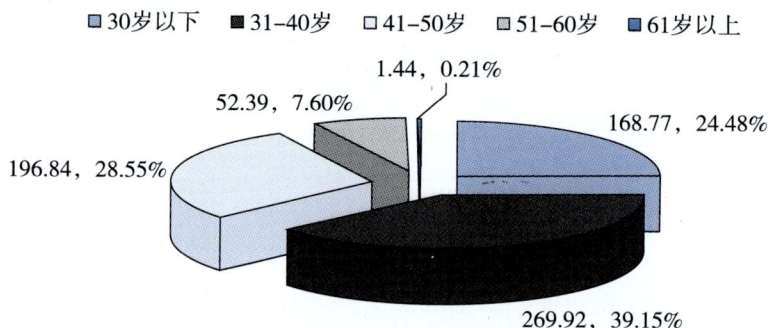

图 3-20　2011 年中等职业学校专任教师年龄分布　（千人）

普通中专和职业高中年轻专任教师所占比例较大，成人中专年龄较大专任教师比例较高。普通中专 30 岁以下专任教师比例高出平均水平 1.67%；职业高中 31—40 岁专任教师比例高出平均水平 2.68%；成人中专 51—60 岁专任教师比例高于平均水平 4.95%。

表 3-11　2011 年各类中等职业学校专任教师年龄分布　（%）

年龄	总计	普通中专	成人中专	职业高中	其他机构
30 岁以下	24.48	26.15	12.9	24.94	23.67
31—40 岁	39.15	36.79	37.41	41.83	37.19
41—50 岁	28.55	28.76	36.92	26.82	30.15
51—60 岁	7.6	8.07	12.55	6.22	8.76
61 岁以上	0.21	0.23	0.21	0.19	0.24
合计	99.99	100	99.99	100	100.01

中等职业学校专任教师中按照所教学科分类分为文化基础课、专业课和实习指导课三种类型。从 2011 年的情况来看，中等职业学校中文化基础课教师的数量逐渐稳定，专科课教师的数量和比例稳步提升，实习指导课教师的规模较小且波动相对较大。

4. 文化基础课教师规模逐渐稳定

文化基础课专任教师是中等职业学校专任教师的重要组成部分。文化基础课教师的规模变化是一个先增后减再增加的过程：从最小规模的 2005年 28.22 万人逐步增加，到 2008 年达到顶点 30.68 万人，随后其总规模开始逐步下降，2010 年时接近 2006 年的水平，为 29.70 万人。2011 年，文化基础课教师又增加到 30.05 万人。文化基础课教师占专任教师的比例则是持续下降，从 2005 年占专任教师 47.94% 逐年下降到 2010 年的43.61%，再到 2011 年的 43.59%。2005—2011 年间共计下降了 4.35 个百分点，每年下降的比例分别为 1.01%、0.64%、0.99%、0.90% 和0.02%，2010—2011 年度变化较小。

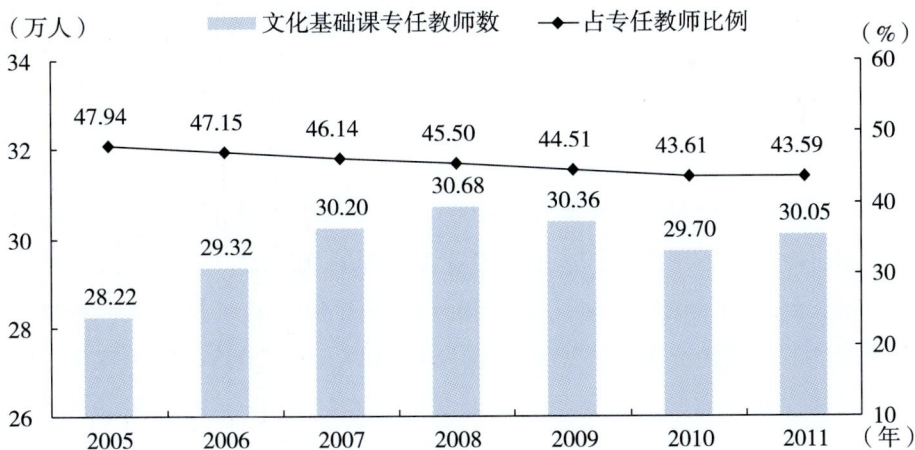

图 3-21 2005—2011 年文化基础课教师规模及占专任教师比例变化

2009—2010 年度，除普通中专外，其他各类中等职业学校文化基础课教师的数量和比例都在减少。从专任教师中文化基础课教师的规模来看，职业高中规模最大，2010 年达到 14.65 万人，其次是普通中专的 11.09 万人，规模最小的是其他机构。从文化基础课教师占专任教师的比例来看，最高的为职业高中，2010 年达到 21.51%，其次为普通中专的 16.28%。2009—2010 年度，各类中等职业学校的文化基础课专任教师规模除普通中专外都在减少，减少最多的是职业高中 1.07 万人，其次为其他机构 0.20 万人，普通中专文化基础课教师增加了 0.79 万人。2009—2010 年度，各类中等职业学校文化基础课专任教师比例减少最多为其他机构，达到2.69%；其次为职业高中，达到 1.53%，普通中专文化基础课教师增加 1.18%。

表 3 – 12   2009—2010 年度文化基础课教师规模及
占专任教师总量变化 （千人,%）

类型	2009		2010		变化	
	人数	百分比	人数	百分比	人数	百分比
普通中专	102.98	15.10	110.83	16.28	7.85	1.18
成人中专	31.17	4.57	29.43	4.32	− 1.75	− 0.25
职业高中	157.20	23.04	146.49	21.51	− 10.71	− 1.53
其他机构	12.26	11.90	10.21	9.21	− 2.04	− 2.69

5. 专业课教师的数量继续增加

中等职业学校专业课教师规模 2005—2011 年间保持了稳定增长，增长速度超过专任教师规模增长速度。专业课教师的规模从 2005 年的 28.92 万人，增长到 2011 年的 36.34 万人，累计增加 7.44 万人。从专业课教师占专任教师的比例情况来看，2005 年仅为 49.13%。在 2005—2011 年间，专业课教师占专任教师的比例保持稳步增长态势，2010 年达到 52.91%，5 年间增加了 3.78 个百分点，2011 年专业课教师占专任教师的比例略有下降，为 52.71%。从专业课教师占专任教师的规模和比例同步逐年提高的情况来看，专科课教师的增长速度超过了专任教师的规模增长速度。

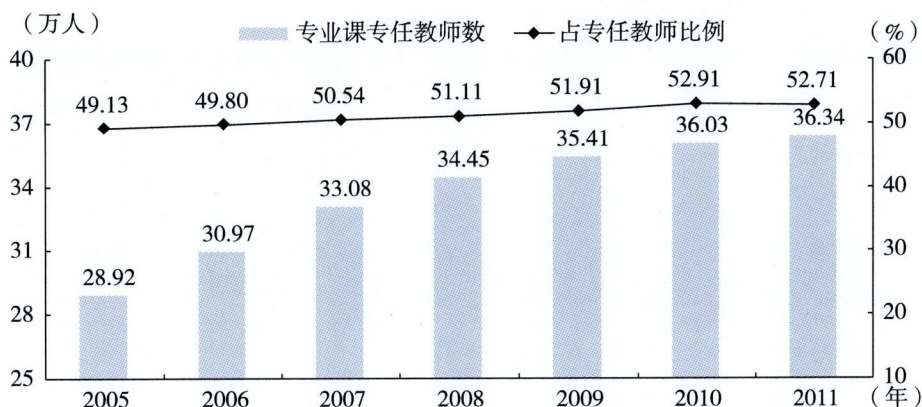

图 3-22 **2005—2011 年专业课教师规模及占专任教师比例变化**

2011 年，中等职业学校各专业的专业课教师变化不大。规模最大的前三个专业分别是信息技术类、加工制造类和财经商贸类，分别有 69.32 万人、52.62 万人和 36.47 万人。这三类专业课教师合计占到中等职业学校专业课教师的 43.60%。在 2010—2011 年度，这三类专业占专业课教师的比例分别下降了 0.48%、0.11% 和 0.01%。在所有 19 个专业中，2010—2011 年度专业课教师增长幅度最大的是教育类，增加了 0.79%，其次是体育与健身，增加 0.58%；下降最多的是其他类，下降 0.99%，其次为信息技术类，下降 0.48%。

表 3-13 **2010—2011 年专业课教师中各专业教师所占比例及变化** （千人，%）

专 业	各专业教师人数		各专业教师占专业课教师比例	
	2011	2010	2011	相较于 2010
信息技术类	69.32	70.46	19.08	−0.48
加工制造类	52.62	52.57	14.48	−0.11
财经商贸类	36.47	36.20	10.04	−0.01
文化艺术类	32.89	32.88	9.05	−0.07
教育类	31.71	28.60	8.73	0.79
医药卫生类	26.00	26.61	7.16	−0.23

续表

专　　业	各专业教师人数		各专业教师占专业课教师比例	
	2011	2010	2011	相较于2010
农林牧渔类	21.71	20.62	5.98	0.25
其他	19.06	22.46	5.25	-0.99
旅游服务类	16.08	15.99	4.42	-0.01
交通运输类	14.10	12.84	3.88	0.32
体育与健身	14.03	11.81	3.86	0.58
土木水利类	9.43	9.13	2.60	0.06
公共管理与服务类	5.86	5.25	1.61	0.15
轻纺食品类	3.55	4.26	0.98	-0.21
能源与新能源类	3.52	3.47	0.97	0.00
石油化工类	2.41	2.14	0.66	0.07
资源环境类	2.03	2.16	0.56	-0.04
司法服务类	1.41	0.94	0.39	0.13
休闲保健类	1.18	1.90	0.32	-0.20

　　在普通中专中，专业课教师最多的是信息技术类，占到总数的17.45%，其次是加工制造类为14.57%，接下来依次为医药卫生类11.39%，财经商贸类10.98%。在成人中专中，专业课教师最多的是教育类占到总数的24.94%，其次为农林牧渔类为15.35%，接下来依次为信息技术类12.60%和财经商贸类10.80%。职业高中专业课教师最多的为信息技术类，达到23.32%，其次是加工制造类为15.90%，其余专业的专业课教师所占比例均低于10%。其他机构中专业课教师最多的是信息技术类，为16.87%，其次为教育类14.59%，接下来依次为加工制造类11.93%，医药卫生类11.32%，文化艺术类10.08%（见表3－14）。

表 3-14　**2010 年 4 种类型专业课教师中各专业教师所占比例（人，%）**

专业类	普通中专		成人中专		职业高中		其他机构	
	人数	比例	人数	比例	人数	比例	人数	比例
专业课教师总计	171503		25864		151763		11153	
农林牧渔类	6774	3.95	3969	15.35	9537	6.28	343	3.08
资源环境类	1323	0.77	200	0.77	606	0.40	28	0.25
能源与新能源类	2047	1.19	349	1.35	1026	0.68	52	0.47
土木水利工程类	5156	3.01	639	2.47	3193	2.10	139	1.25
加工制造类	25294	14.75	1815	7.02	24131	15.90	1330	11.93
石油化工类	1038	0.61	80	0.31	917	0.60	103	0.92
轻纺食品类	1859	1.08	257	0.99	2050	1.35	91	0.82
交通运输类	6144	3.58	555	2.15	5829	3.84	307	2.75
信息技术类	29934	17.45	3260	12.60	35385	23.32	1882	16.87
医药卫生类	19540	11.39	1447	5.59	4358	2.87	1263	11.32
休闲保健类	836	0.49	68	0.26	944	0.62	50	0.45
财经商贸类	18837	10.98	2793	10.80	13670	9.01	903	8.10
旅游服务类	6115	3.57	756	2.92	8784	5.79	336	3.01
文化艺术类	16265	9.48	1006	3.89	14480	9.54	1124	10.08
体育与健身	6714	3.91	323	1.25	4367	2.88	402	3.60
教育类	12382	7.22	6451	24.94	8142	5.36	1627	14.59
司法服务类	511	0.30	90	0.35	292	0.19	50	0.45
公共管理与服务类	2324	1.36	269	1.04	2549	1.68	112	1.00
其他	8410	4.90	1537	5.94	11503	7.58	1011	9.06

　　对规模过万人的专业课教师的分布情况进行分析中发现，尽管成人中专业课教师所占比例很高，但农林牧渔类主要在职业高中，其次为普通中专。加工制造类、信息技术类专业课教师都主要在普通中专和职业高中，这两个专业的专科教师均超过 2 万人，其他机构中加工制造类专业课教师所占比例也较高，但规模较小。财经商贸类和文化艺术类专业课教师也主要集中于普通中专和职业高中，这两个专业的专业课教师人数均在 1—2 万

人左右。医药卫生类、教育类专业课教师主要集中于普通中专。

6. 实习指导课教师规模波动较大

中等职业学校实习指导课教师数量较少，因此波动较大。2005—2011年间，实习指导课教师规模从 1.72 万人稳步增长，2010 年规模略有下降，2011 年规模再次提高为 2.55 万人。从实习指导课教师的增长速度来看，2005—2010 年间起伏较大。

2006—2007 年间，实习指导课教师增长率最高达到 14.63%，但在2010 年则跌至 −2.92%，2010—2011 年度大幅反弹到 7.44%。在 2009 年之前，每年的增长率保持 5% 以上的增长，但年度之间的变化率较大，特别是 2007—2008 年度出现了 9.46 个百分点的跌幅。

从实习指导课教师占专任教师的比例来看，保持了稳中有升。2005 年占专任教师的 2.92%，截至 2011 年为 3.70%。但总体来看，实习指导课教师数量偏少。

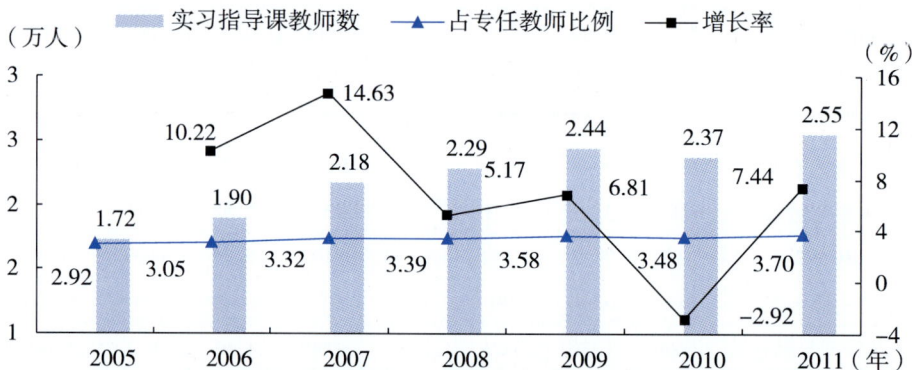

图 3－23 **2005—2011 年中等职业学校实习指导课教师规模、占专任教师比例及增长率**

2009—2010 年度，多数中等职业学校实习指导课教师的规模和所占百分比在减少。普通中专实习指导课教师增加 445 人，但所占比例降低0.20%。成人中专实习指导课教师减少 433 人，所占比例降低 0.43 个百分点；职业高中实习指导课教师减少 648 人，所占比例降低 0.07%；其他机构实习指导课教师减少 78 人，所占比例升高 0.11%。2010 年，从实习指导课教师占专任教师的比例来看，普通中专最高，为 4.30%；最低的为其他机构，为 2.77%。

表 3－15　2009—2010 年度实习指导课教师数量及占专任教师总量变化　（人，%）

类型	2009		2010		变化	
	人数	百分比	人数	百分比	人数	百分比
普通中专	12255	4.50	12700	4.30	445	−0.20
成人中专	2120	3.39	1687	2.96	−433	−0.43
职业高中	9373	2.92	8725	2.84	−648	−0.07
其他机构	686	2.66	608	2.77	−78	0.11

（四）校外教师及双师型教师比例不断增加

校外教师和双师型教师是职业学校的特色，这些教师往往具备专业技能，是发展职业教育的重要支撑力量。

1. 校外教师规模逐渐稳定

校外教师是学校聘请校外的教师和退休教师（含本校退休教师），聘期为一学期以上。校外教师往往具有经验、实践的优势，聘请他们是职业教育的特点之一。2005—2011 年中等职业学校校外教师的规模已经逐渐稳定。2005—2007 年，校外教师的规模处于增长阶段，从 8.23 万人增加到 10.04 万人，两年内增加 1.81 万人。截至 2011 年，校外教师的规模稳定在 10.23 万人。

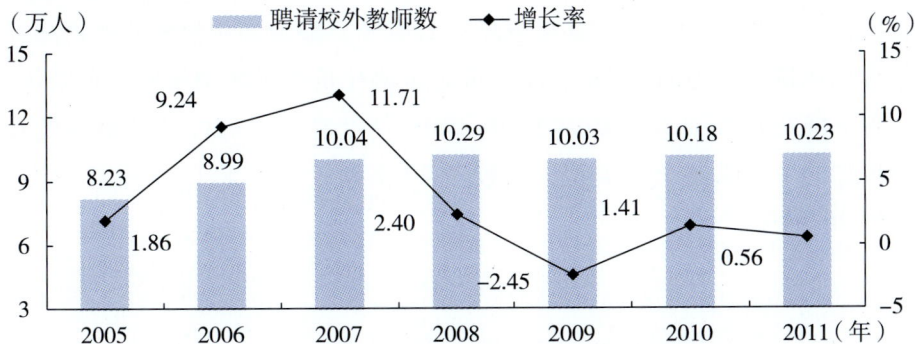

图 3－24　2005—2011 年中等职业学校校外教师数量及增长率

（1）校外教师中高级职称的比例高于专任教师，同时无职称的比例也较高

从2011年的情况来看，中等职业学校聘请校外教师中拥有正高级职称的比例为3.55%，高于专任教师2.84个百分点；拥有副高级职称的比例为21.88%，高于专任教师0.54个百分点；合计高级职称比例比专任教师高3.38个百分点。同时，校外教师中无职称的比例高于专任教师10.24个百分点。

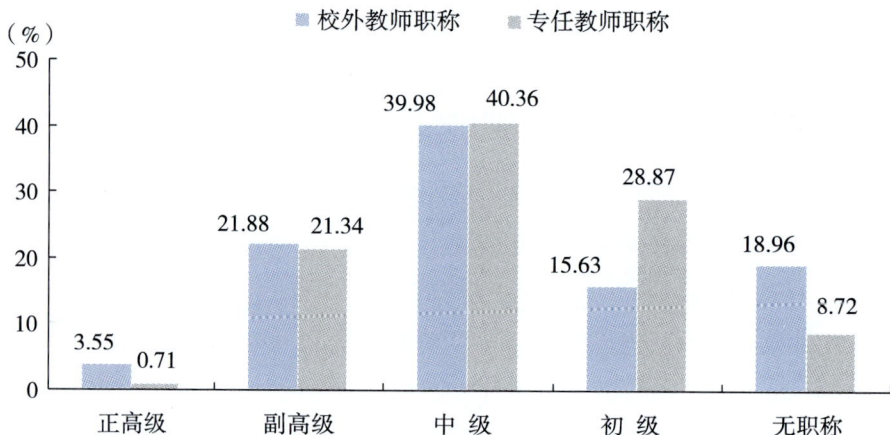

图 3-25　**2011 年中等职业学校校外教师职称情况对比**

尽管2010年比例有所下降，33.10%的成人中专校外教师高级职称比例仍然是各类中等职业学校中最高的。其他机构的高级职称校外教师比例仅次于成人中专，2010年下降了1.47%。职业高中的校外教师高级职称比例最低，为18.94%，2010年职业高中的校外教师规模没有变化，比例下降0.80%。普通高中2009—2010年度高级职称校外教师规模有所增加的中等职业学校类型，相较于2009年，提高了1.26个百分点，达到26.04%。

表 3-16 **2009—2010 年度校外教师拥有高级职称的比例变化** （人，%）

类型	2009		2010		变化	
	人数	百分比	人数	百分比	人数	百分比
普通中专	10499	24.78	12006	26.04	1507	1.26
成人中专	8612	33.94	7860	33.10	-752	-0.84
职业高中	5246	19.74	5246	18.94	0	-0.80
其他机构	1614	32.06	1285	30.59	-329	-1.47

（2）校外教师中研究生以上学历比例优于专任教师

校外教师中拥有博士学历的比例为 0.58%，高于专任教师 0.50 个百分点；拥有硕士学历的比例为 6.80%，高于专任教师 2.86 个百分点：合计研究生以上学历比例比专任教师高 3.36 个百分点。校外教师中本科学历的比例低于专任教师 10.73 个百分点。因此，从教师学历水平来看，校外教师略低于中等职业学校专任教师。

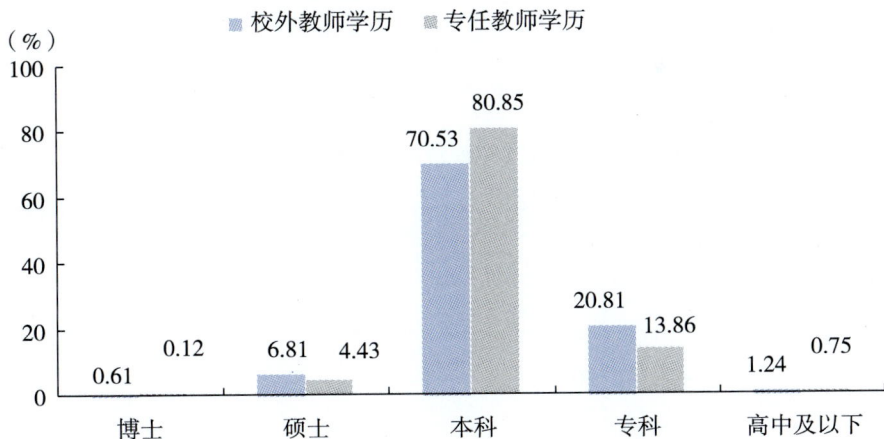

图 3-26 **2011 年中等职业学校校外教师与专任教师学历对比**

2. 双师型教师比例进一步提高

"双师型"复合人才是推动中等职业教育可持续发展的关键。2006—2011 年间，全国中职学校双师型教师比例不断提升。2006 年，双师型教师所占比例仅为 14.26%，到 2011 年则达到 23.70%。在这 6 年时间里，双师型教师的比例提高了 9.44 个百分点。但对照《中等职业学校设置标准》提出的双师型教师不低于 30% 的比标准，仍然存在很大差距。

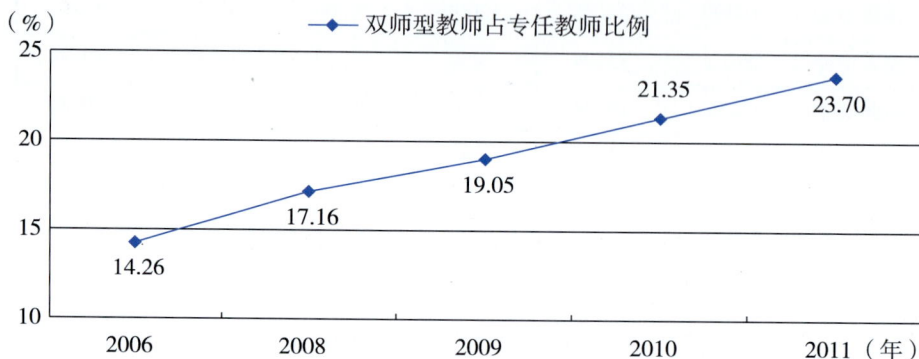

（%）

双师型教师占专任教师比例

- 14.26
- 17.16
- 19.05
- 21.35
- 23.70

2006　　2008　　2009　　2010　　2011（年）

图 3－27　**2006—2011 年双师型教师占专任教师比例变化**

2011 年，全国中职学校双师型教师比例为 23.7%，比上年提高 2.4 个百分点，东、中、西部地区这一比例分别为 26.6%、21% 和 22.4%，分别比上年提高 3 个、2.5 个和 1.1 个百分点。东部地区双师型教师的比例和增长速度都快于中部地区和西部地区。

表 3－17　**2011 年全国分区域中职学校双师型教师比例变化情况　（%）**

地区	2010	2011
全国	21.4	23.7
东部	23.6	26.6
中部	18.5	21.0
西部	21.3	22.4

分省看，广西、浙江和江苏这一比例已超过 30%。东部的大部分省市、中部的湖南、安徽，以及西部的宁夏、青海和新疆，双师型教师比例已经超过 25%，在"十二五"期间达到 30% 的目标应该没有问题。但东部的河北、中部的山西、黑龙江、河南、吉林，西部的西藏、甘肃、内蒙古、云南、陕西等 10 个省区低于 20%，这些地区的难度较大。

表 3 – 18　**2011 年中职学校双师型教师比例地区分布**

分档	东部	中部	西部
>30%	浙江、江苏		广西
>25 且≤30%	北京、天津、福建、山东、广东	湖南、安徽	宁夏、青海、新疆
>20 且≤25%	上海、辽宁、海南	湖北、江西	四川、重庆、贵州
>15 且≤20%	黑龙江、吉林、河北	河南	内蒙古、云南、陕西、甘肃
≤15%		山西	西藏

特别是山西和西藏这两个省份，双师型教师的比例低于 15%。这说明这两个省份中等职业学校绝大部分专业课教师是从事理论教学，缺乏带领学生操作实践的专业技能指导教师，这不符合培养与经济建设相适应、动手能力强的中职教育的培养目标。

（五）女性教师发挥越来越重要的作用

在我国，女性的社会地位也得到很大提升，这在中等职业学校女性扮演着越来越重要的作用中可以得到充分的体现。2011 年，中等职业学校教职工中女性的数量达到 43.90 万人，占教职工总数的 46.45%。女性专任教师规模达 34.17 万人，占专任教师总数的 49.38%。中等职业学校中，女性专任教师高级职称的比例低于平均水平 2.67 个百分点，但差距在逐步缩小。从 2010 年的情况来看，获得博士学位女性教师的比例略低于中等职业学校专任教师中获得博士学位的比例，但获得硕士学位和研究生以上学历的总和要高于中等职业学校专任教师的整体水平。

1. 女性教职工所占比例持续提高

中等职业学校女性教职工占教职工的比例在 2005—2011 年间稳定增长。2005 年，中等职业学校女性教职工占教职工的比例为 44.38%，截至 2011 年，这一比例提高到 46.45%，累计提高 2.07 个百分点。从女性教职工的规模来看，2005—2009 年也保持持续增长的态势，在 2009—2010 年出现了下滑。2005 年，中等职业学校女性教职工规模为 39.46 万人，到 2009 年最高时达到 44.54 万人，这期间平均每年增加 1.27 万人。2009—2011 年间，女性教职工的规模出现下滑，累计减少 0.64 万人，2011 年为 43.90 万人。

图 3-28　2005—2011 年女性教职工规模变化及占教职工的比例

普通中专的女性教职工 2010 年增加 1.09 万人，比例减少 0.01 个百分点。除普通中专外，其他各类中等职业学校的女性教职工规模都在减少，职业高中减少最多，为 0.80 万人，成人中专减少 0.40 万人，其他机构减少 0.20 万人。女性专任女教师占教职工的比例各类中等职业学校大体相当，最高的为普通中专 46.18%，最低的为其他机构 44.82%，相差 1.36 个百分点。在 2010 年度，尽管普通中专女性教师规模有所增加，其女性教职工所占比例反而有所下降，说明男性教职工增加的数量更多。尽管女性教职工规模有所减小，其他类型女性教职工比例均有所增加。比例增加最多的是其他机构，为 1.26%，职业高中 0.57%，最低的为成人中专 0.06%。

表 3-19　2009—2010 年分 4 种类型，女性教职工规模及占教职工比例　（万人，%）

类别	变化		2010	
	人数	百分比	人数	百分比
普通中专	19.00	46.18	20.09	46.17
成人中专	4.28	45.47	3.89	45.53

续表

类别	变化		2010	
	人数	百分比	人数	百分比
职业高中	19.54	45.90	18.74	46.47
技工学校	1.72	44.82	1.52	46.08
中等职业学校	44.54	45.94	44.23	46.24

2. 女性专任教师规模逐渐稳定

中等职业学校女性专任教师的规模在2005—2011年间不断增长，增速逐渐放缓，规模逐渐稳定。2005年，中等职业学校女性专任教师有27.68万人，随后几年间，女性专任教师的规模保持持续增长，截至2011年，女性专任教师的规模为34.17万人，6年间增加6.49万人，年均增加1.30万人。从年度增长率来看，女性专任教师的增长速度在逐渐放缓。2005—2006年度增长率最高，为6.79%，2009—2010年度增长率最低，为0.46%，但仍高于该年度专任教师总体增长幅度的1.23%（见图3-29）。

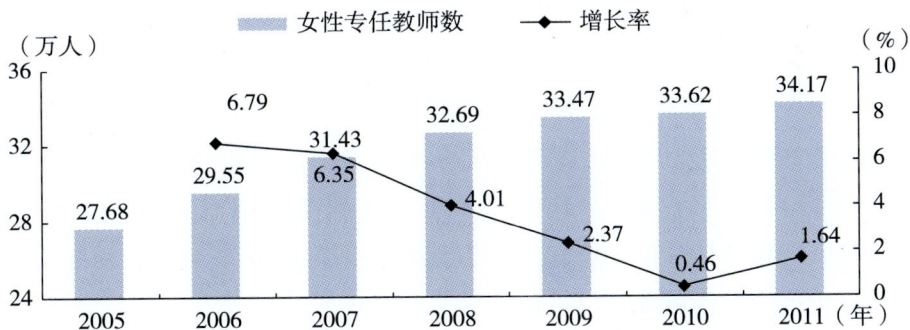

图3-29 2005—2011年中等职业学校女性专任教师规模及增长率

从各类中等职业学校女性专任教师2010—2011年度的变化来看，女性专任教师所占比例均有所增加。普通中专女性专任教师2011年增加0.59万人，比例增加0.07%。职业高中女性专任教师增加0.41万人，比例增加0.50%。其他两类中等职业学校的女性专任教师规模都在减少，其他机构减少最多，为0.35万人，成人中专减少0.09万人。女性专任女教师占专任教师的比例在各类中等职业学校大体相当，最高的为职业高中49.60%，最低的为普通中专49.18%，相差0.42个百分点。

表3-20　　各类中等职业学校中女性专任教师规模及
占专任教师比例变化　（万人,%）

类型	变化		2011	
	人数	百分比	人数	百分比
普通中专	14.51	49.11	15.10	49.18
成人中专	2.81	48.88	2.71	49.30
职业高中	15.22	49.10	15.63	49.60
其他机构	1.08	48.50	0.73	49.27
中等职业学校	33.62	49.06	34.17	49.38

3. 女性专任教师高级职称的比例低于平均水平，差距在逐步缩小

2011年，从中等职业学校女性专任教师的职称分布情况来看，正高级职称的比例最少，仅为0.18万人，占0.51%；副高级职称人数为6.45万人，占18.87%。女性专任教师中级职称人数最多为13.93万人，占40.77%。初级职称和无职称的比例分别为30.59%和9.26%。

从与中等职业学校专任教师的职称结构分布比较来看（见图3-30），女性专任教师的高级职称比例低于平均水平，中级职称、初级职称和无职称的比例高于平均水平。其中，女性专任教师正高级职称的比例低0.20%，副高级职称低2.47%，中级职称高于平均水平0.41%，初级职称和无职称的情况分别高1.72%和0.54%。

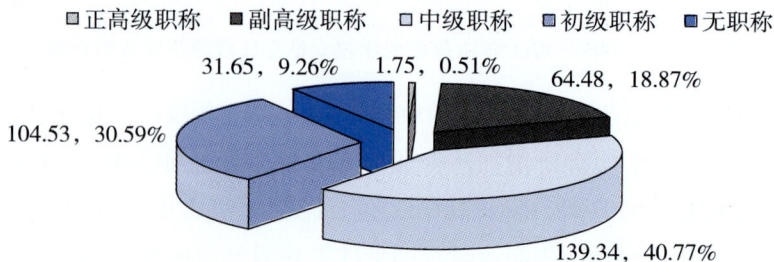

□正高级职称　■副高级职称　□中级职称　■初级职称　■无职称

31.65，9.26%　1.75，0.51%　64.48，18.87%　104.53，30.59%　139.34，40.77%

图3-30　**2011年中等职业学校女性专任教师职称分布情况**　（千人）

中等职业学校中女性专任教师高级职称的比例低于平均水平，差距在逐步缩小。2005 年，中等职业学校专任教师和女性专任教师中高级职称的比例分别为 17.90% 和 15.24%，相差 2.66 个百分点。2005—2011 年间，专任教师和女性专任教师高级职称的比例都有所提高，专任教师中高级职称的比例提高到 22.05%，提高 4.15 个百分点；女性专任教师高级职称的比例提高到 19.38%，提高 4.14 个百分点。2011 年，女性专任教师比专任教师高级职称的比例低 2.67 个百分点。

图 3-31　2005—2011 年中等职业学校及女性高级职称专任教师比例变化

4. 女性专任教师硕士以上学历高于整体水平

从中等职业学校女性专任教师学历 2011 年的分布情况来看，中等职业学校女性专任教师中比例最大的为本科学历的专任教师，达到 82.88%。获得博士或硕士学位的女性专任教师占中等职业学校专任教师的比例分别为 0.10% 和 5.03%，合计为 5.13%。获得博士学位女性教师的比例略低于中等职业学校专任教师中获得博士学位的比例 0.02 个百分点，但获得硕士学位和研究生以上学历的总和要高于中等职业学校专任教师的整体水平 0.59 个百分点。

博士学历 ■硕士学历 □本科学历 ■专科学历 ■高中及以下学历

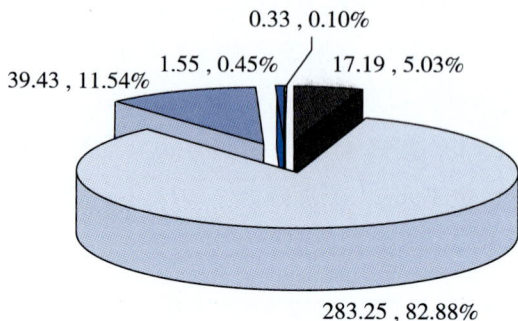

0.33, 0.10%

39.43, 11.54%   1.55, 0.45%   17.19, 5.03%

283.25, 82.88%

图 3-32   2011 年中等职业学校女性专任教师学历分布情况   （千人）

2005—2011 年间，女性专任教师的学历结构有了极大的改善，专科以下专任教师所占比例进一步减少，研究生以上学历所占比例仍然较低。2005—2010 年间，中等职业学校女性专任教师中研究生以上学历所占比例从 1.54% 逐年稳步上升到 2011 年的 5.13%，共计上涨了 3.59 个百分点。与此同时，专科及专科以下学历专任教师所占比例从 2005 年的 25.64% 逐步下降为 2011 年的 11.99%，共计下降了 13.65 个百分点。

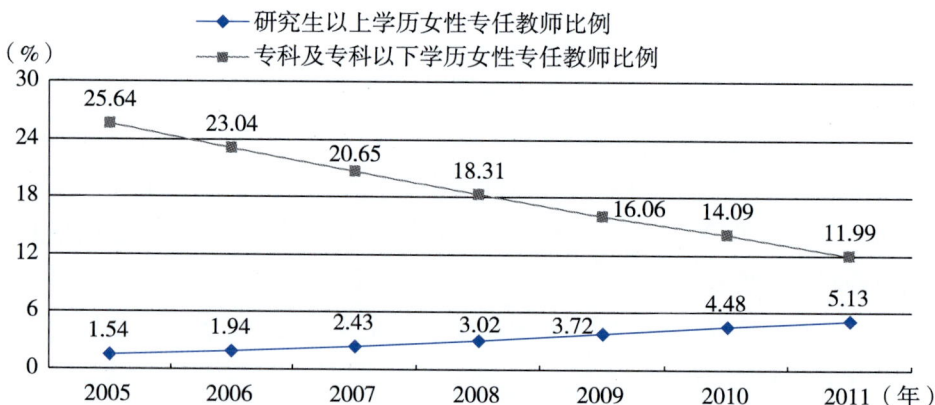

研究生以上学历女性专任教师比例
专科及专科以下学历女性专任教师比例

（%）

30

25.64

24   23.04

20.65

18.31

18   16.06   14.09

12   11.99

6   4.48   5.13

1.54   1.94   2.43   3.02   3.72

0
2005   2006   2007   2008   2009   2010   2011（年）

图 3-33   2005—2011 年研究生以和专科及以下学历女性专任教师所占比例变化

整体来看，女性专任教师中研究生以上学历比例逐渐高于中等职业学校平均水平。2005 年，女性专任教师中研究生以上学历所占比例低于整体平均水平 0.03 个百分点，到 2011 年，女性专任教师中研究生以上学历所占比例高于平均水平 0.59 个百分点。

表 3 – 21　**2011 年专任教师与女性专任教师不同学历所占比例及变化**　（％）

年份	专任教师		女性专任教师	
	研究生以上学历	专科及以下学历	研究生以上学历	专科及以下学历
2005	1. 57	28. 16	1. 54	25. 64
2006	1. 91	25. 72	1. 94	23. 04
2007	2. 31	23. 33	2. 43	20. 65
2008	2. 76	20. 97	3. 02	18. 31
2009	3. 37	18. 74	3. 72	16. 06
2010	4. 02	16. 71	4. 48	14. 09
2011	4. 55	14. 61	5. 13	11. 99

女性专任教师中，专科及以下学历所占比例基本保持低于平均水平 2.6 个百分点左右。2005 年，女性专任教师中专科及以下学历所占比例为 25.64％低于平均水平 2.52 个百分点，2006—2009 年间保持低于平均水平 2.68 个百分点。2011 年，女性专任教师中专科及以下学历所占比例为 11.99％，有了很大程度的提高，但仍低于平均水平 2.62 个百分点。这说明女性专任教师学历结构提升与中等职业学校专任教师学历提升是同步进行的。

（六）教师队伍缺口较大，整体结构仍有待优化

2010 年，《教育规划纲要》发布之后，我国职业教育改革发展进入到加快建设现代职业教育体系、全面提高技能型人才培养质量的新阶段，中等职业教育教师队伍的建设也取得了可喜的进步。但也要看到，我国中等职业学校教师队伍还面临着生师比过高、"双师型"教师和兼职教师比例偏低、教师实践教学能力不足等的问题。特别是对比普通高中教育，专任

教师队伍的结构性问题更加突出。需要把中等职业学校教师队伍建设摆在职业教育事业发展更加重要的位置，采取切实有力的措施，加强规划，加大投入，深化改革，努力开创职业教育教师工作的新局面。

1. 中职学校教师缺口达 24.7 万人

生师比是衡量师资充裕程度的重要指标。在这一指标上，中等职业学校的师资相对普通高中严重不足。从 2006—2011 年的情况来看，普通高中的生师比一直处于下降过程中，从 2006 年的 18.13 逐年下降到 2011 年的 15.77。而中等职业学校的生师比则在 2006—2010 年间持续走高，只有在 2010—2011 年度出现下降。2006—2011 年间，普通高中生师比下降了 2.36，而中等职业学校生师比上升了 1.81。就 2011 年的情况来看，中等职业学校的生师比是普通高中的 1.6 倍。中等职业学校的专任教师除完成授课之外，还需带领学生进行实习实践等教学活动，目前的生师比状况远不能满足需求。

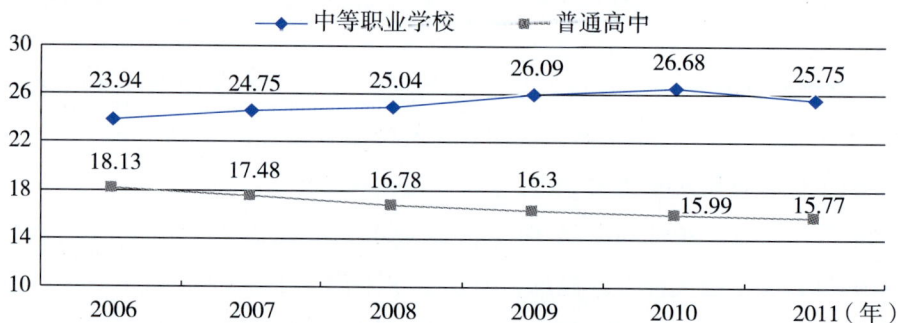

图 3-34　**2006—2011 年中等职业学校与普通高中生师比对比**

2011 年，我国中等职业学校在校生规模为 2205.3 万人，按照生师比 20：1 的比例配备教师，则共计需要 110.3 万人。同年，我国中等职业学校教师总量约为 85.6 万人，即目前我国中等职业学校教师缺口数为 24.7 万人。

2. 学校教师学历水平显著低于普通高中

从本科以上学历教师占专任教师的比例来看，中等职业学校教师的学历水平明显低于普通高中。2006—2011 年间，中等职业学校和普通高中本科以上学历教师所占比例均保持了一个逐步提高的态势。在这期间，普通高中本科以上学历教师的比例从 86.46% 提高到 95.73%，提高 9.27 个百分点；中等职业学校从 74.28% 提高到 85.39%，提高了 11.11 个百分点，相较于普通高中多提高了 1.84 个百分点。但需要注意的是，中等职业学校本科以上专任教师的比例仍然比普通高中低 10.34 个百分点。

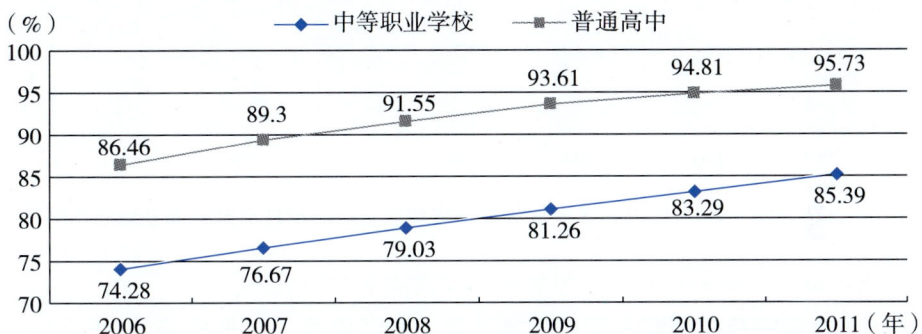

图 3-35　2006—2011 年中等职业学校与普通高中本科以上学历教师所占比例对比

研究生以上学历教师的情况更不容乐观。中等职业学校研究生以上学历教师规模低于普通高中，增长率也被普通高中教育超过。2005—2011 年间，中等职业学校研究生以上学历教师的规模一直低于普通高中。2005 年，中等职业学校研究生以上学历专任教师为 0.93 万人，2011 年为 3.13 万人，增加 2.20 万人；同期，普通高中研究生以上学历专任教师从 1.53 万人上升到 6.70 万人，净增 5.17 万人，增量超过中等职业学校的两倍。从增长率来看，2005 年和 2006 年，中等职业学校研究生以上学历专任教师的增长率高于普通高中，但从 2007 年起，普通高中的增长率开始超过中等职业学校，并且一直保持在 25% 以上的水平（2008 年为 24.50%）。反观中等职业学校研究生以上学历专任教师的增长率，则是稳中有降，从 2005 年的 22.89% 逐年下降，2009 年略有反弹，也仅为 22.01%，整体上一直在 20% 左右徘徊。

图例：
中职研究生以上学历教师数　　高中研究生以上学历教师数
中职研究生学历教师年增长率　　高中研究生学历教师年增长率

（万人）　　　　　　　　　　　　　　　　　　　　　　　　（%）

2005年：0.93，1.53，26.69，24.46
2006年：1.19，1.91，28.27，24.33
2007年：1.51，2.55，33.90，27.61
2008年：1.86，3.25，27.29，22.79
2009年：2.30，4.20，29.20，23.45
2010年：2.73，5.52，31.27，19.10，14.51
2011年：3.13，6.70，21.44

2005　2006　2007　2008　2009　2010　2011（年）

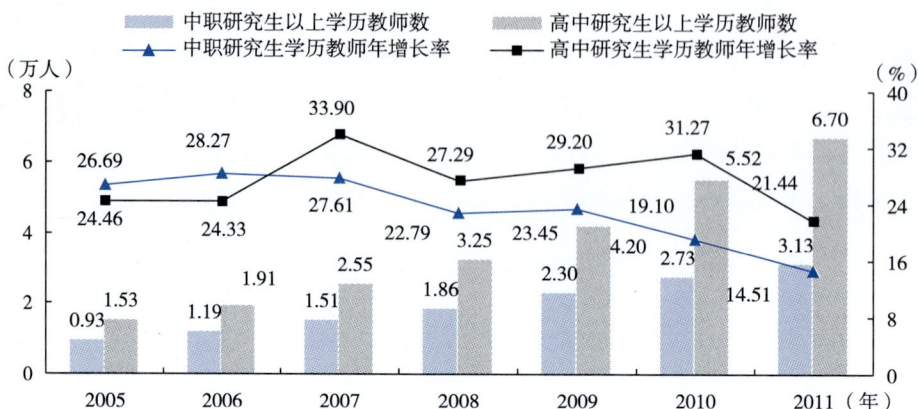

图3-36 **2005—2011年中职学校与普高研究生以上学历专任教师规模及增长率对比**

3. 高级职称专任教师比例长期低于普通高中

普通高中与中等职业学校均属于高中阶段教育，按照教育部的招生计划比例的要求，普通高中与中等职业学校的招生规模要达到1∶1。然而，就目前的情况来看，中等职业学校的教师问题是重要的制约因素。

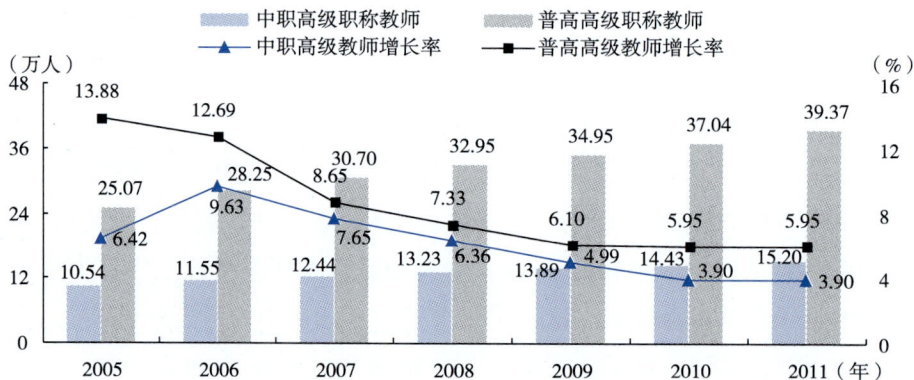

图例：
中职高级职称教师　　普高高级职称教师
中职高级教师增长率　　普高高级教师增长率

（万人）　　　　　　　　　　　　　　　　　　　　　　　　（%）

2005年：10.54，25.07，13.88，6.42
2006年：11.55，28.25，12.69，9.63
2007年：12.44，30.70，8.65，7.65
2008年：13.23，32.95，7.33，6.36
2009年：13.89，34.95，6.10，4.99
2010年：14.43，37.04，5.95，3.90
2011年：15.20，39.37，5.95，3.90

2005　2006　2007　2008　2009　2010　2011（年）

图3-37 **2005—2011年中等职业学校和普通高中高级职称教师规模及增长率变化对比**

2005—2011年间，中等职业学校高级职称教师所占比例及增长率一直低于普通高中。普通高中高级职称专任教师在2005—2011年间的增长率逐渐降低，从2005年最高的13.88%，逐渐降低到2010年和2011年的5.95%。中等职业学校中具有高级职称的专任教师比例在2006年时增速达到最大值，为 9.63%，仍然低于普通高中。在 2005—2011 年间，中等职业学校高级职称专任教师的增速差距最大的是 2005 年的 7.46 个百分点。在 2007—2010 年间，增速的差距保持在 1—2 个百分点。增长速度的差距实际拉大了中等职业学校与普通高中师资之间的差异。在 2005 年，普通高中有高级职称专任教师 25.07 万人，中等职业学校有 10.54 万人，相差 14.53 万人。2011 年，普通高中有高级职称专任教师 39.37 万人，中等职业学校为 15.20 万人，相差 24.17 万人。6 年间，普通高中的高级职称专任教师增加了 14.30 万人，中等职业学校高级职称专任教师增加了 4.66 万人，前者多增加 6.22 万人。

二、高职院校教师结构进一步优化

目前，我国高职（高专）院校的师资队伍建设取得了很大成效，但总体上结构不尽合理、实践能力偏弱、培养渠道相对贫乏等情况尚未从根本上改观。我国的高职院校大部分是"三改一补"转型而成。1994 年，第二次全国教育工作会议上确定高等教育发展重点是发展高等职业教育，明确提出"通过现有的职业大学、部分高等专科学校或独立设置的成人高校改革办学模式，调整培养目标来发展高等职业教育。仍不满足时，经批准利用少数具备条件的重点中等专业学校改制或举办高职班作为补充来发展高等职业教育"，也即是"三改一补"。

由于高等职业教育学校类型的多样性，在统计时往往也会单列某一类型的统计发展情况。在统计口径上，2008 年之前，将在专科院校下单列高职院校，从 2009 年起，高职院校的统计口径统一为高职（专科）院校。从我国高等职业教育的发展历程来看，之前的专科院校大多以职业教育为导向，如今也基本被归类到职业教育体系之中，为保证对我国高等职业教育整体描述的完整性，2008 年之前的高等职业教育教师队伍的数据在报告中以专科学院为准，2009 年之后以高职（专科）院校为准，在名称上统一使用高职院校或高职（专科）院校。

（一）教职工规模稳步增长，增长率逐步降低

2006 年，高职院校教职工总数为 50.14 万人，2011 年增加到 61.47 万人，5 年间增长了 17.47 万人。从增长率的情况来看，2006—2007 年度是增长最为迅速的一年，至此之后，虽然高职院校教职工的总数不断保持增长，其增长率是在逐渐下降，从 2006—2007 年度的 8.17%，2007—2008 年度的 5.21%，2008—2009 年度的 3.90% 下降到 2009—2010 年度的 1.73%。2010—2011 年度增长率略有回升，但没有明显提高。从高职院校教职工每年增长的人数来看，也是呈逐年下降的趋势，2006—2011 年间，每年分别增加 4.10 万人、2.83 万人、2.22 万人、1.03 万人和 1.15 万人（见图 3 - 38）。

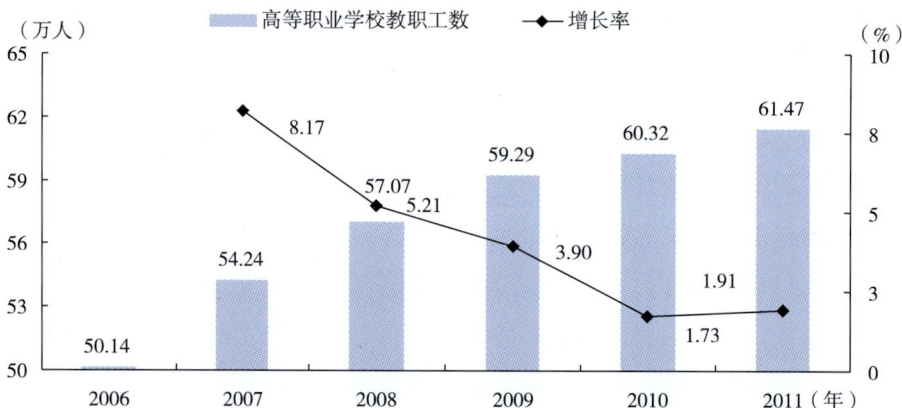

图 3 - 38　2006—2011 年高职院校教职工规模变化

（二）专任教师规模增长逐步稳定，结构逐步优化

高等职业教育作为高等教育的重要组成部分，承担着为社会开发劳动力资源、直接向社会输送实用型人才的重任。相对于普通本科院校，高职院校的教师队伍建设尤其特殊要求：高职教师不仅要有较高的师德水准和系统的专业理论知识，而且还必须有丰富的实践经验和熟练的系统操作

技能。

2006 年，教育部《关于全面提高高等职业教育教学质量的若干意见》（教高［2006］16 号）中提出："高职院校教师队伍建设要适应人才培养模式改革的需要，按照开放性和职业性的内在要求，根据国家人事分配制度改革的总体部署，改革人事分配和管理制度。要增加专业教师中具有企业工作经历的教师比例，安排专业教师到企业顶岗实践，积累实际工作经历，提高实践教学能力。同时要大量聘请行业企业的专业人才和能工巧匠到学校担任兼职教师，逐步加大兼职教师的比例，逐步形成实践技能课程主要由具有相应高技能水平的兼职教师讲授的机制。重视教师的职业道德、工作学习经历和科技开发服务能力，引导教师为企业和社区服务。逐步建立'双师型'教师资格认证体系，研究制订高职院校教师任职标准和准入制度。重视中青年教师的培养和教师的继续教育，提高教师的综合素质与教学能力。"这是对我国高职院校教师队伍的总体要求。

1. 专任教师规模逐渐稳定

2006—2011 年间，高职院校专任教师的数量呈现出与教职工总数类似的变化情况，即在保持增长的同时增长速度逐步减缓并趋于稳定。2006 年，高职院校教职工总数为 31.63 万人，2011 年增加到 41.26 万人，6 年间增长了 9.63 万人。也即是同期高职院校教职工总数增长的 82.28% 是专任教师。从增长率的情况来看，同样是 2006—2007 年度为增长最为迅速的一年。至此之后，虽然高职院校专任教师的总数不断保持增长，其增长率是在逐渐下降，从 2006—2007 年的 12.18%，2007—2008 年度的 6.29%，2008—2009 年度的 4.74% 下降到 2009—2010 年度的 2.30%。2010—2011 年度专任教师的增长速度继续下降到 2.11%，但仍高于教职工总数的增长速度。从高职院校专任教师每年增长的人数来看，也是呈逐年下降的趋势，2006—2011 年间，每年分别增加 3.85 万人、2.23 万人、1.79 万人、0.91 万人和 0.85 万人。

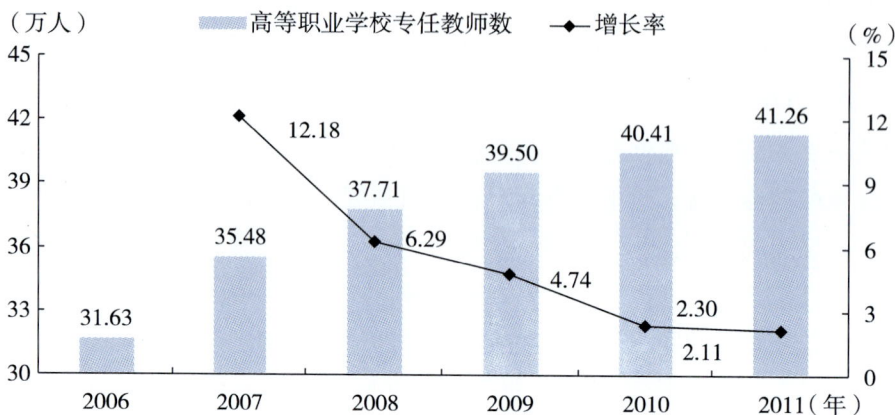

图 3-39　2006—2011 年高职院校专任教师规模变化

高职院校生师比持续低于普通本科院校。2006 年，高职院校生师比为 18.26，与本科院校 17.61 的差距较大。从 2007 年开始，高职院校与本科院校的生师比之间就基本稳定在 17.20 左右。从 2010 年开始，高职院校生师比低于普通本科院校生师比。2011 年高职院校生师比达到 17.28，比 2010 年略有上升，但低于普通本科院校。

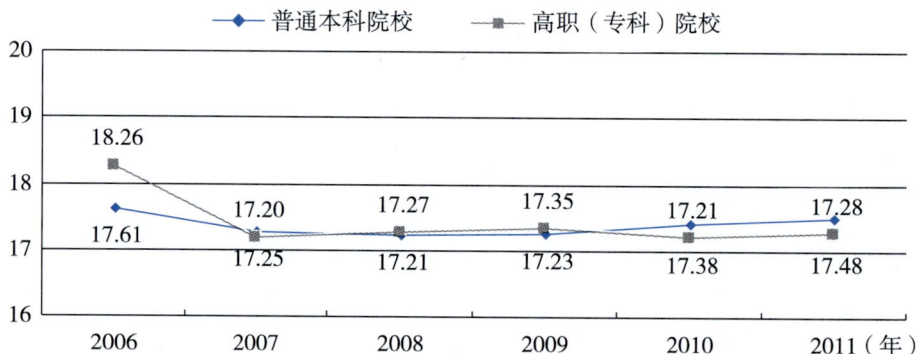

图 3-40　2006—2011 年全国本科院校与高职（专科）院校生师比变化对比

高职院校生师比呈现由东向西逐步升高的局面。从全国 2011 年的情况来看，高职院校生师比略有上升，提高 0.07。从分区域的情况来看，中部地区是唯一出现生师比减少的地区，从 2010 年的 17.49 下降到 117.34，减少 0.15。2010—2011 年度，西部地区的生师比升高较多，由 17.55 提高到 17.90，提高 0.35。东部地区生师比保持最低，变化较小，2010—2011 年度略升高 0.04，为 16.85。

表 3-22　2010—2011 年全国分区域高职（专科）院校生师比变化情况

区域	2010	2011	比上年增长
全国	17.21	17.28	0.07
东部	16.81	16.85	0.04
中部	17.49	17.34	-0.15
西部	17.55	17.90	0.35

2. 专任教师的学历结构得到优化

从分区域的情况来看，高职院校专任教师中拥有研究生学历的比例依然由东到西呈逐步降低的趋势，即东部最高，超过全国平均水平 4.80 个百分点；西部最低，低于全国平均水平 5.65 个百分点，中部地区也低于全国平均水平。从全国 2010—2011 年度，全国高职院校研究生以上学历专任教师的比例从 2010 年的 32.33% 提高到 35.39%，提高了 3.06 个百分点。从 2010—2011 年度的情况来看，东部地区研究生学历专任教师提高幅度最大，提高了 3.41 个百分点，达到 40.19%。中部地区提高 3.04 个百分点达到 32.99%。西部地区提高 2.75 个百分点，达到 29.74%。从研究生学历专任教师增长的情况来看，中西部地区仍然低于全国平均水平。

表 3-23　2010—2011 年全国分区域高职院校研究生学位教师比例变化情况　（%）

区域	2010	2011
全国	32.33	35.39
东部	36.78	40.19
中部	29.95	32.99
西部	26.99	29.74

3. 专任教师职称结构进一步优化

2010 年，正高级职称专任教师的比例从 3.33% 上升到 3.63%，提高

0.30 个百分点。副高级职称专任教师的比例从 25.00% 提高到 25.03%，提高 0.03 个百分点。同时，获得中级职称的专任教师比例也提高 1.33 个百分点。初级职称和无职称的专任教师比例分别下降 1.37% 和 0.28%。

表 3 - 24　2009—2010 年高职院校专任教师职称变化情况　（千人、%）

高职专任教师	2009		2010		比上年增长	
	数量	百分比	数量	百分比	数量	百分比
正高级	13.17	3.33	14.66	3.63	1.49	0.30
副高级	98.74	25.00	101.13	25.03	2.39	0.03
中级	138.77	35.13	147.33	36.46	8.56	1.33
初级	108.74	27.53	105.69	26.15	-3.05	-1.37
无职称	35.60	9.01	35.29	8.73	0.21	-0.28

4. 双师型教师比例持续提高

2007—2011 年间，我国高职院校双师型教师比例从 2007 年的 28.42% 提高到 2011 年的 35.35%，累计提高 6.93%。从年度提高的情况来看，这 4 年间每年分别提高 1.42%、1.58%、1.91% 和 2.02%，呈现出明显的加速提高态势。

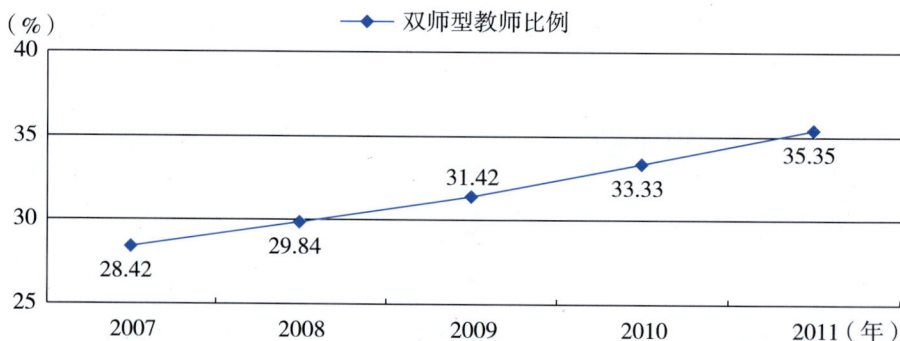

图 3 - 41　2007—2011 年高职院校双师型教师所占比例变化

从分区域的情况来看，高职（专科）院校双师型教师所占比例仍然呈现由东到西逐步降低的情况，东部地区最高为 37.70%，高于全国平均水

平 2.35 个百分点；西部地区最低位为 31.02%，低于全国平均水平 4.33
个百分点；中部地区 35.28%，略低于全国平均水平。从 2010—2011 年度
双师型教师的比例提高幅度来看，中部地区提高幅度最高，为 2.21 个百分
点，东部地区次之为 2.10 个百分点，西部地区仅提高 1.82 个百分点。

表 3 - 25　**2010—2011 年全国分区域高职院校双师型教师所占比例变化**　　（%）

区域	2010	2011	2011 年增长
全国	33.33	35.35	2.02
东部	35.60	37.70	2.10
中部	33.07	35.28	2.21
西部	29.20	31.02	1.82

（三）　与普通本科学校相比教师队伍建设还有待提高

高职院校的师资水平决定着高等职业教育的教学质量、办学水平和办
学特色，决定着高等职业技术人才的培养质量。但由于我国高职院校起步
较晚，随着高职教育迅速发展、办学规模迅速扩大，高职院校师资队伍建
设也出现了一系列亟待解决的问题，目前主要表现在高级职称专任教师比
例较少，2011 年拥有高级职称的专任教师比例仅为 28.87%，低于普通本
科院校 15.59 个百分点；研究生以上学历专任教师的比例仅为 35.39%，
几乎为普通本科院校的一半左右。

1. 高级职称专任教师比例长期低于普通本科院校

由于目前我国高职院校专任教师的职称评定没有单独的政策，因此职
业学院校专任教师的职称评定大多参照普通院校，不利于教师的专业发展
和调动教师的积极性。虽然目前高职院校专任教师的职称结构逐步得到优
化，高级职称专任教师比例提高到 28.87%，但仍然低于普通本科院校的
44.46%，这一差距还在进一步拉大。

从 2007—2011 年间，高职院校和普通本科院校高级职称专任教师占专
任教师的比例都略有提高。普通本科院校高级职称教师所占比例从

（％）

图 3-42 表示内容：普通本科院校 —■— 高职（专科）院校

50

45   43.04   43.72   44.46

42.44   42.54

40

35

30   28.60   28.14   28.33   28.65   28.87

25

           2007   2008   2009   2010   2011（年）

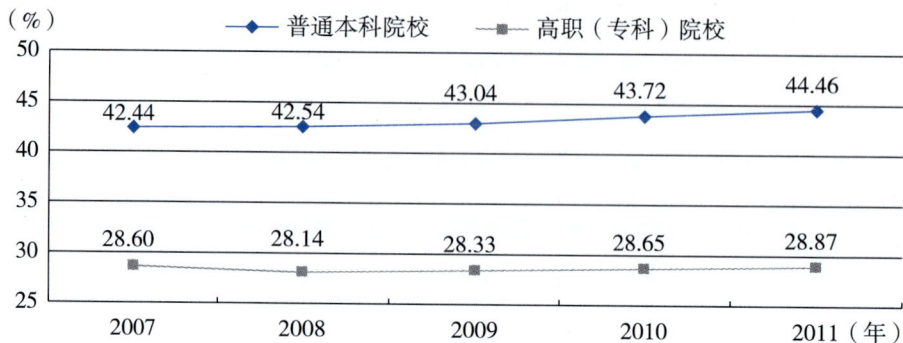

图 3-42　2007—2011 年普通本科院校与高职（专科）院校高级职称教师比例变化

42.44％提高到 2011 年的 44.46％，提高了 2.02 个百分点；而高职院校中这一比例从 28.60％提高到 2011 年的 28.87％，仅提高 0.27 个百分点。2007 年，高职院校与普通本科院校高级职称专任教师所在比例差距为 13.84 个百分点；2011 年，这一比例扩大到 15.59 个百分点。

2. 研究生以上学历专任教师比例仅为普通本科院校的一半

长期以来，我国高职院校专任教师的学历情况一直低于普通本科院校，是一块短板。截至 2011 年，高职院校专任教师中拥有研究生以上学历的专任教师比例为 35.39％，达到了 2002 年教育部设定的本应于 2005 年达到的目标。同时，高职院校专任教师中拥有研究生以上学历专任教师的比例仅为普通本科院校的一半左右。

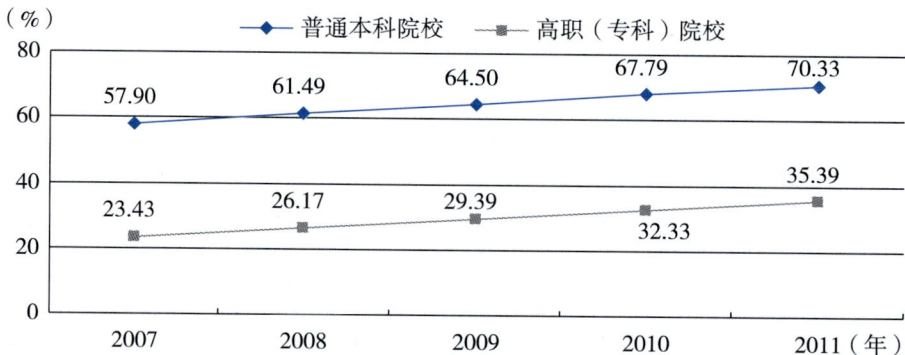

（％）

—◆— 普通本科院校 —■— 高职（专科）院校

80

                            64.50   67.79   70.33

     57.90   61.49

60

40   35.39

   23.43   26.17   29.39   32.33

20

0

           2007   2008   2009   2010   2011（年）

图 3-43　2007—2011 年普通本科院校与高职院校研究生

以上学历专任教师比例变化情况

　　从 2007—2011 年研究生以上学历专任教师占专任教师比例的情况来看，高职院校和普通本科院校都有提高。普通本科院校研究生以上学历教师所占比例从 57.90% 提高到 70.33%，提高了 12.43 个百分点；而高职院校中这一比例从 23.43% 提高到 35.39%，提高 11.96 个百分点，低于普通本科院校 0.47 个百分点。2007 年，高职院校研究生学位专任教师的比例低于普通本科院校 34.47 个百分点，截至 2011 年，这一差距扩大到 34.94 个百分点，也即是高职院校研究生以上学历专任教师仅为普通本科院校的一半。2002 年，教育部办公厅《关于加强高职院校师资队伍建设的意见》（教高厅〔2002〕5 号）中提出，"至 2005 年，获得研究生学历或硕士以上学位的教师应基本达到专任教师总数的 35%"。这一目标直到 2011 年才实现，晚了 6 年时间。

第四章

职业教育经费发展概况

经费投入制度是国家调控职业教育的重要手段，也是职业教育获取充足教育经费的重要保障。近年来，党中央、国务院高度重视职业教育，确立了"大力发展"的方针，实施了一系列重大的职业教育工程项目，职业教育经费有了显著增长。

一、职业教育经费总量稳步增长

近年来，我国职业教育快速发展，无论是中等职业教育还是高等职业教育，都已经占相应阶段教育的"半壁江山"，在扩大规模的同时，将提高质量和增强吸引力确立为职业教育改革发展的新重点。2010 年全国职业教育经费总量为 2408.8 亿元，其中，中职 1357.31 亿元，高职院校 1051.49 亿元；2010 年比上一年增加了 288.81 亿元，增长 13.6%（见图 4-1）。但与同期全国教育经费增长率（18.5%）相比，职业教育经费增长率低于全国教育经费增长率近 5 个百分点。2007—2010 年，职业教育经费总收入累计为 7864.20 亿元，年平均教育经费收入约 1966.05 亿元，年平均增长率为 17.54%。从职业教育经费总量的增长率来看，增长速度逐年减缓，从 2007 年的 30%，减少到 2010 年的 13.6%，下降了 16.4 个百分点。虽然职业教育经费总量处于增长态势，但职业教育经费投入的速度在放缓。职业教育经费的平稳增长，为职业教育的发展奠定了坚实的基础。

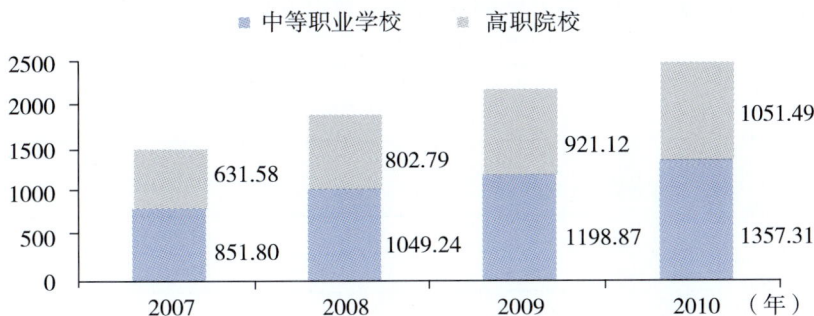

图 4 - 1　2007—2010 年职业教育经费总量变化　（亿元）

【数据来源】中国教育经费统计年鉴，2008—2011 ［M］. 北京：中国统计出版社，2008、2009、2010、2011.

注：由于高职院校 2007 年才开始统计数据，所以本部分涉及中等职业学校和高职院校的比较，均采用 2007—2010 的统计数据，以下类同，不再逐一说明。

（一）中职学校经费逐年递增，但仍低于全国教育经费增长率

2010 年，全国中等职业学校教育经费比 2009 年增加 158.44 亿元，增长 13.2%，但与同期全国教育经费增长率（18.5%）相比低 5.3 个百分点。2007—2010 年全国中等职业学校教育经费总收入累计 4457.22 亿元，年平均教育经费收入约 1114.31 亿元，年平均增长率为 16.8%。

2010 年，中等职业学校国家财政性教育经费为 968.28 亿元，比 2009 年增加 154.10 亿元，增长 18.9%。2007—2010 年全国中等职业学校国家财政性教育经费总收入累计 2976.93 亿元，年平均教育经费收入约 744.23 亿元，年平均增长率为 23.7%。

2010 年，中等职业学校教育事业收入为 332 亿元，比 2009 年减少 3.15 亿元，回落 0.9 个百分点。2007—2010 年，全国中等职业学校教育事业总收入累计 1285.16 亿元，年平均教育经费收入约 321.29 亿元（见图 4 - 2）。2007—2010 年全国中等职业学校各渠道经费投入变化情况，除社

会捐赠经费、事业收入外，其余渠道经费投入占职业教育经费总量的比重均呈现增长态势。我国中等职业学校经费以国家财政投入渠道为主，以其他投入渠道为重要组成部分的职业教育经费投入机制基本形成。

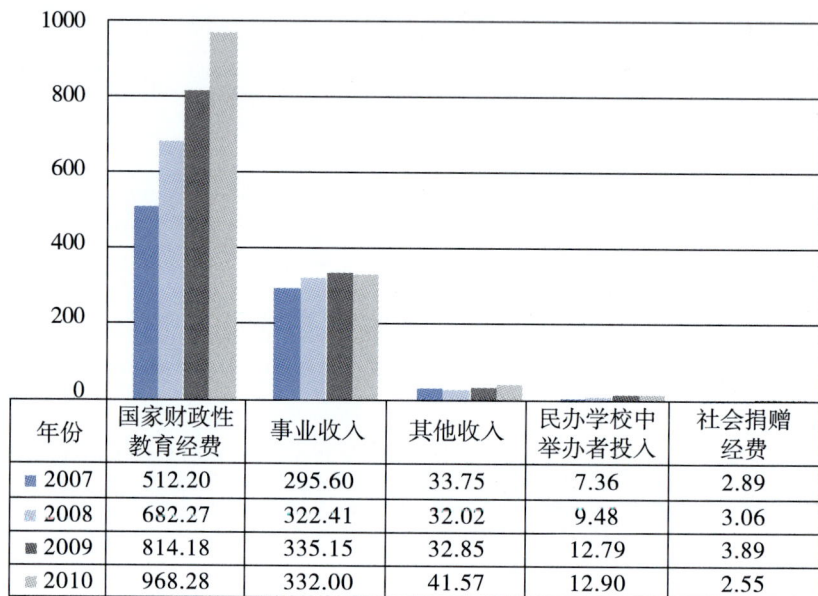

年份	国家财政性教育经费	事业收入	其他收入	民办学校中举办者投入	社会捐赠经费
■ 2007	512.20	295.60	33.75	7.36	2.89
▦ 2008	682.27	322.41	32.02	9.48	3.06
■ 2009	814.18	335.15	32.85	12.79	3.89
▨ 2010	968.28	332.00	41.57	12.90	2.55

图 4－2　2007—2010 年中等职业学校教育经费构成　（亿元）

2010 年中等职业学校国家财政性经费占中等职业学校经费总量的比重达到 71.3%，较 2009 年增长了 3.4 个百分点，与 2007 年相比，增长 11.2 个百分点。而事业收入占中等职业教育经费总量的比重仅为 24.5%，较 2009 年回落了 3.5 个百分点，与 2007 年相比，回落 10.2 个百分点。可见，在中等职业学校经费构成中，国家财政性教育经费所占的比重最多，其次是事业收入。

（二）高职院校财政性教育经费与教育事业收入同步快速增长

在中等职业教育得到大力加强的同时，高等职业教育也不断发展。2010 年，高职院校教育经费比 2009 年增加 130.37 亿元，增长 14.2%，但与同期全国教育经费增长率（18.5%）相比低 4.3 个百分点。2007—2010

年全国高职院校教育经费总收入累计 3406.98 亿元，年平均教育经费收入约 851.75 亿元，年平均增长率为 18.5%（见图 4-3）。

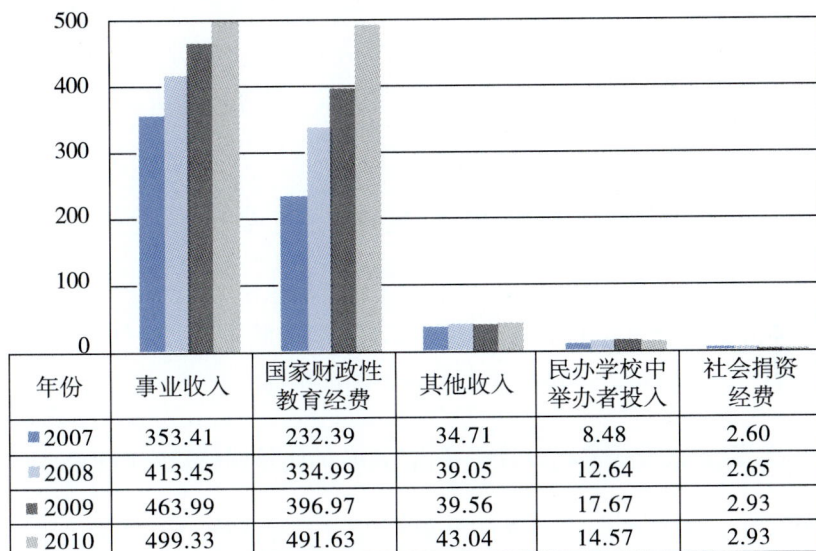

年份	事业收入	国家财政性教育经费	其他收入	民办学校中举办者投入	社会捐资经费
2007	353.41	232.39	34.71	8.48	2.60
2008	413.45	334.99	39.05	12.64	2.65
2009	463.99	396.97	39.56	17.67	2.93
2010	499.33	491.63	43.04	14.57	2.93

图 4-3　**2007—2010 年高职院校教育经费构成**　（亿元）

2010 年，高职院校国家财政性教育经费为 491.64 亿元，比 2009 年增加 94.66 亿元，增长 23.8%。2007—2010 年全国高职院校国家财政性教育经费总收入累计 1455.98 亿元，年平均教育经费收入约 364.00 亿元，年平均增长率为 28.4%。

2010 年，高职院校教育事业收入为 499.33 亿元，比 2009 年增加 35.34 亿元，增长 7.6 个百分点。2007—2010 年，全国高职院校教育事业总收入累计 2693.5 亿元，年平均教育经费收入约 673.38 亿元。2007—2010 年全国高职院校各渠道经费投入变化情况，除民办学校中举办者投入和社会捐赠经费外，其余渠道经费投入均呈现增长态势。

事业收入占高职院校教育经费总量的比重最多，其次是国家财政性教育经费。2010 年，国家财政性经费占高职院校教育经费总量的比重达到 46.8%，较 2009 年增长了 3.7 个百分点，与 2007 年相比，增长 10 个百分点。2010 年，事业收入占高职院校教育经费总量的比重为 47.5%，较

2009 年回落了 2.9 个百分点，与 2007 年相比，回落 8.5 个百分点。

总之，2007—2010 年虽然我国职业教育经费逐年增长。然而，职业教育经费增长率低于全国教育经费增长率。从职业教育经费总量的增长率来看，增长速度逐年减缓，2007—2010 年下降了十六个百分点。虽然职业教育经费总量处于增长态势，但职业教育经费投入的速度在放缓。

二、职业教育经费国家投入强度持续上升

职业教育经费与 GDP 的比值是测度一个国家职业教育经费投入强度的重要指标，也是评价一个国家政府财政投入的重要指标。

（一）职业教育国家财政性经费占 GDP 的比重保持稳定增长

2010 年，职业教育国家财政性教育经费总量 1459.91 亿元，比 2009 年增加 248.75 亿元，增长 20.5%。其中，中等职业学校国家财政性教育经费为 968.28 亿元，高职院校为 491.64 亿元（见图 4－4）。2007—2010 年全国职业教育国家财政性教育经费总收入累计 4432.91 亿元，年平均教育经费收入约 1108.23 亿元，年平均增长率为 6%。

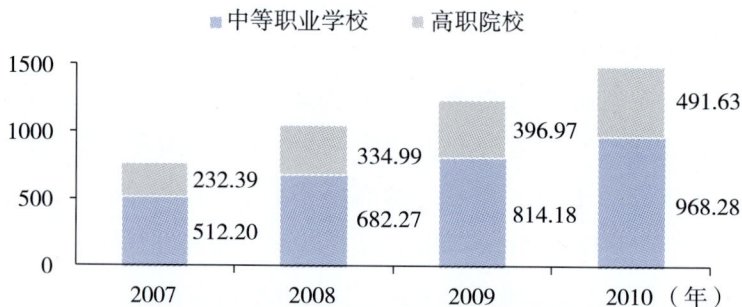

图 4－4　**2007—2010 年职业教育国家财政性教育经费变化**　（亿元）

从职业教育国家财政性教育经费占 GDP 的比重上看，2010 年，全国职业教育国家财政性经费占 GDP 的比重为 0.36%，比 2009 年增长了

0.009 个百分点；较 2007 年增长了 0.085 个百分点（见图 4－5）。可见，2007—2010 年全国职业教育国家财政性经费占 GDP 的比重保持稳定增长的态势。

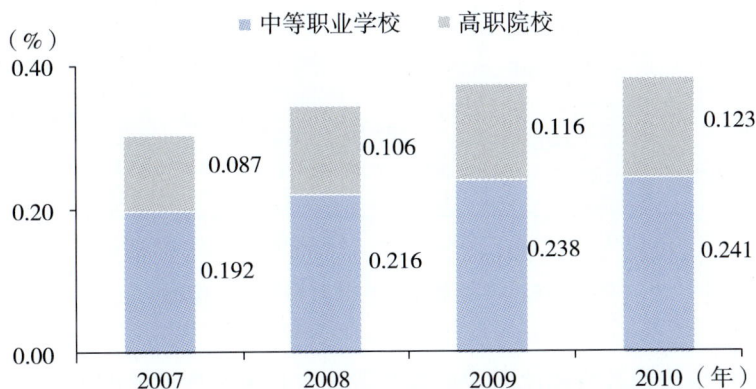

图 4－5　**2007—2010 年职业教育国家财政性教育经费占 GDP 的比重**

2010 年，全国中等职业学校国家财政性教育经费占 GDP 的比重为 0.24%，比职业教育国家财政性教育经费占 GDP 的比重低 0.12 个百分点，比 2009 年回升了 0.003 个百分点，比 2007 年回升了 0.05 个百分点。全国高职院校国家财政性教育经费投入占 GDP 的比重为 0.12%，比 2009 年回升了 0.007 个百分点；较 2007 年回升了 0.036 个百分点。

（二）全国职业教育预算内教育经费投入保持稳定增长

2010 年，全国中等职业学校预算内教育经费总计 832.52 亿元，比 2009 年增加 123.90 亿元，增长 17.5%。2007—2010 年全国中等职业学校预算内教育经费总收入累计 2567.56 亿元，年平均教育经费收入约 641.89 亿元，年平均增长率为 23.6%。2010 年，全国高职院校预算内教育经费总计 442.55 亿元，比 2009 年增加 79.51 亿元，增长 21.9%。2007—2010 年全国高职院校预算内教育经费总收入累计 1325.42 亿元，年平均教育经费收入 331.36 亿元，年平均增长率为 26.8%（见图 4－6）。

中等职业学校　　高职院校

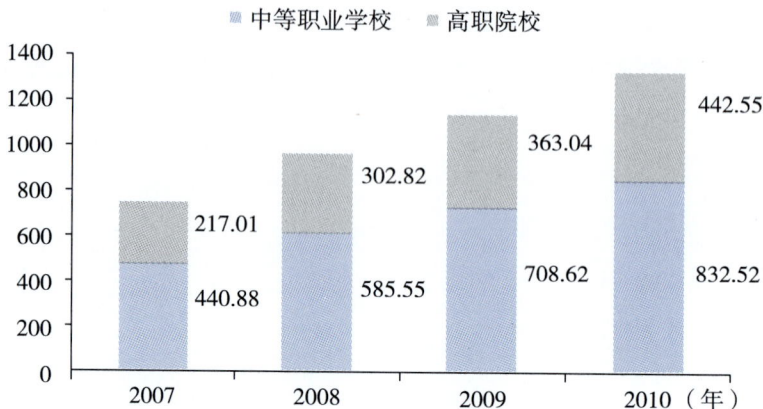

图 4-6　**2007—2010 年职教预算内教育经费投入情况**　　（亿元）

（三）与普通教育相比职业教育经费国家投入强度反差明显

近几年来，我国政府大力推进实施科教兴国和人才强国战略，我国职业教育获得了巨大发展。2010 年，政府教育投入总量继续增加，国家财政性教育经费占 GDP 的比例比上年有所增加，全国普通教育国家财政性教育经费占 GDP 的比例为 3.66%。与之相比，2010 年全国职业教育国家财政性经费投入占 GDP 的比重仅为 0.36%。众所周知，尽管职业教育支撑中国教育的半壁江山，然而在教育投入配置上存在的强烈反差必将制约职业教育战略重点的落实。因此，建议提高国家财政性教育经费对职业教育的投入，逐步提高职业教育财政性投入在教育财政性投入中的比例，增加职业教育专项经费。

三、经费投入不足仍是制约职业教育发展的重要因素

（一）中职学校占全国教育经费投入比例呈下降趋势

这些年随着招生规模的扩大，职业教育的经费投入实现总体增长，但占全国教育经费总投入的比重却出现了下降的态势。2000 年全国中等职业学校教育经费总计 371.01 亿元，占全国教育经费的比例为 10.23%。2010

年，中等职业学校教育经费总计 1357.31 亿元，占全国教育经费的比例为
6.94%，比 2000 年下降了 3.29 个百分点（见图 4 -7）。

（%）　　　　■ 中等职业学校教育经费占全国教育经费的比例

图 4 -7　2000—2010 年中等职业学校教育经费占全国教育经费的比例变化

【数据来源】教育部财务司. 中国教育经费统计年鉴［M］. 2001—2011. 北京：中国统计出版
社，2001、2002、2003、2004、2005、2006、2007、2008、2009、2010、2011.

　　2000 年中等职业学校预算内教育经费为 440.81 亿元，占全国预算内
教育经费的比例为 9.46%。2010 年，中等职业学校预算内教育经费为
832.53 亿元，占全国预算内教育经费的比例为 6.17%，比 2000 年下降了
3.29 个百分点（见图 4 -8）。

（%）　　■ 中等职业学校预算内教育经费占全国预算内教育经费的比例

图 4 -8　2000—2010 年中等职业学校预算内教育经费占全国预算内教育经费的比例变化

【数据来源】教育部财务司. 中国教育经费统计年鉴［M］. 2001—2011. 北京：中国统计出版
社，2001、2002、2003、2004、2005、2006、2007、2008、2009、2010、2011.

（二）普通高中经费投入高出中职学校

目前，中等职业学校承担一半左右的高中阶段教育任务，但各级政府对中等职业学校的投入现状却与此并不相符合。2010 年，中等职业学校经费总量为 1357.31 亿元，普通高中为 2003.35 亿元，中等职业学校比普通高中少 646.04 亿元，2000 年中等职业学校经费总量为 371.01 亿元，普通高中为 191.05 亿元，中等职业学校比普通高中多 179.96 亿元（见图 4 - 9）。2000—2005 年中等职业学校经费总量远远高于普通高中[①]。从 2005 年开始，普通高中教育经费总量远远高出中等职业学校经费总量。

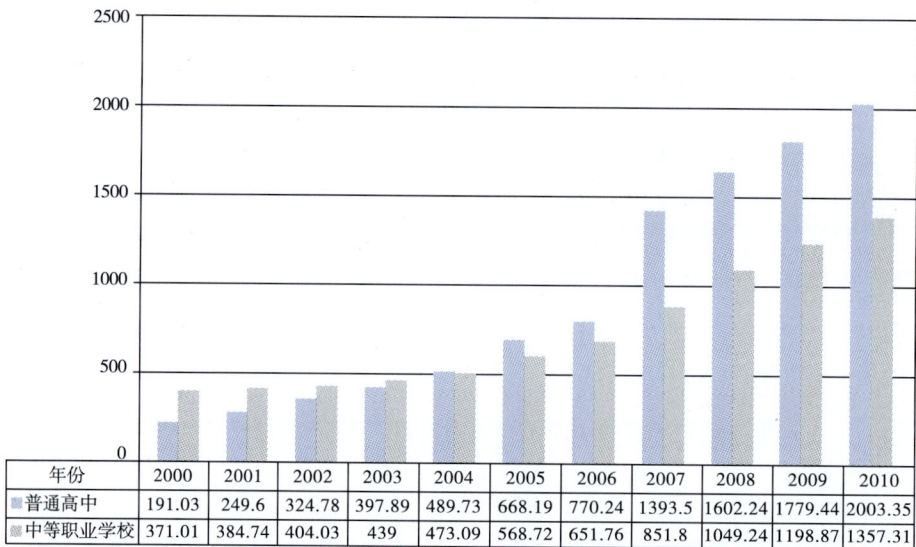

年份	2000	2001	2002	2003	2004	2005	2006	2007	2008	2009	2010
普通高中	191.03	249.6	324.78	397.89	489.73	668.19	770.24	1393.5	1602.24	1779.44	2003.35
中等职业学校	371.01	384.74	404.03	439	473.09	568.72	651.76	851.8	1049.24	1198.87	1357.31

图 4 - 9 **2000—2010 年中等职业学校与普通高中教育经费的变化**

【数据来源】教育部财务司. 中国教育经费统计年鉴 ［M］. 2001—2011. 北京：中国统计出版社，2001、2002、2003、2004、2005、2006、2007、2008、2009、2010、2011.

相应的，中等职业学校经费总量与普通高中经费总量比例从 2000 年的 1.94 下降到 2010 年的 0.68，其比例下降了 1.26（见图 4 - 10）。

---

① 2006 年普通中学分为：高级中学、完全中学、初级中学。2000—2006 年中等职业数据为年鉴中中等专业、职业中学、技工学校三项数据之和。

■ 中等职业学校与普通高中教育经费的比例（%）

图 4 - 10 2000—2010 年中等职业学校与普通高中教育经费的比例变化

【数据来源】教育部财务司. 中国教育经费统计年鉴［M］. 2001—2011. 北京：中国统计出版社，2001、2002、2003、2004、2005、2006、2007、2008、2009、2010、2011.

2010 年，中等职业学校预算内教育经费为 832.53 亿元，普通高中为 1175.86 亿元，中等职业学校比普通高中少 343.33 亿元；2000 年中等职业学校预算内教育经费总量为 186.43 亿元，普通高中为 73.92 亿元，中等职业学校比普通高中多 112.51 亿元（见图 4 - 11）。从 2005 年开始，普通高中预算内教育经费总量远远高出中等职业学校经费总量。

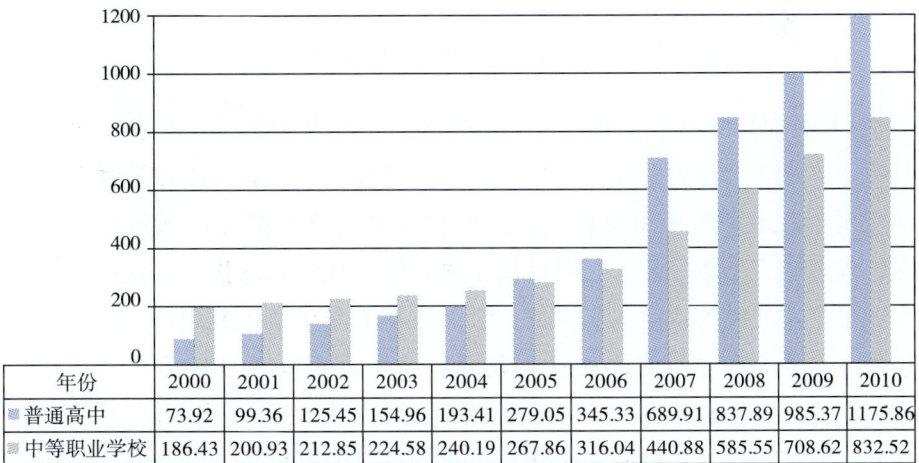

年份	2000	2001	2002	2003	2004	2005	2006	2007	2008	2009	2010
普通高中	73.92	99.36	125.45	154.96	193.41	279.05	345.33	689.91	837.89	985.37	1175.86
中等职业学校	186.43	200.93	212.85	224.58	240.19	267.86	316.04	440.88	585.55	708.62	832.52

图 4 - 11 2000—2010 年中等职业学校与普通高中预算内教育经费的变化   （亿元）

【数据来源】教育部财务司. 中国教育经费统计年鉴［M］. 2001—2011. 北京：中国统计出版社，2001、2002、2003、2004、2005、2006、2007、2008、2009、2010、2011.

　　中等职业学校预算内教育经费总量与普通高中经费总量比例从 2000 年的 2.52 下降到 2010 年的 0.71，十年间其比例下降了 1.81（见图 4 - 12）。

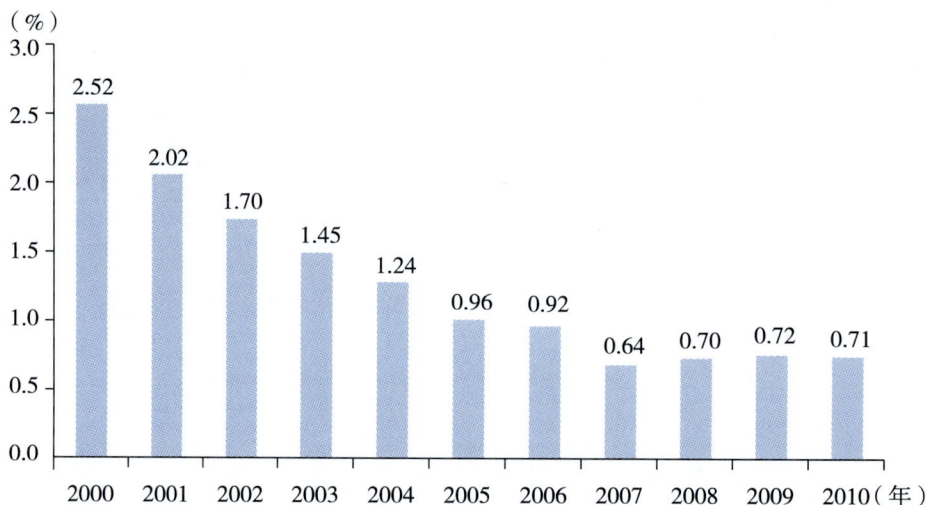

图 4 - 12　2000—2010 年中等职业学校与普通高中预算内教育经费的比例变化

【数据来源】教育部财务司．中国教育经费统计年鉴［M］．2001—2011．北京：中国统计出版社，2001、2002、2003、2004、2005、2006、2007、2008、2009、2010、2011．

（三）与普通高中相比中等职业学校生均经费偏低

　　《教育规划纲要》明确提出，各级政府要优化财政支出结构，统筹各项收入，把教育作为财政支出重点领域予以优先保障。严格按照教育法律法规规定，年初预算和预算执行中的超收收入分配都要体现法定增长要求，保证教育财政拨款增长明显高于财政经常性收入增长，并使按在校学生人数平均的教育费用逐步增长，保证教师工资和学生人均公用经费逐步增长。在我国衡量教育经费投入状况的一个重要的手段就是生均经费指标。生均教育经费，即是在一定地区范围内（如某省、某市），按照当地的经济发展水平和教育发展实际，由政府制定的财政年度预算的依据，同时也是当地财政部门按照当地计划内在读学生数额，向相关教育部门拨款的依据。因此，职业教育的生均指标具有重要的研究价值和意义。

2010 年中等职业学校生均公共财政预算公用经费①支出为 1468 元，比 2009 年增加了 304 元，增长了 26.1%。2007—2010 年，中等职业学校生均公共财政预算公用经费年平均增长率为 26.9%。2010 年普通高中生均公共财政预算公用经费为 1072 元，比 2009 年增加了 240 元，增长了 28.9%（见图 4 - 13）。2007—2010 年，普通高等学校生均公共财政预算公用经费年平均增长率为 28.1%。从生均公共财政预算公用经费支出来看，2007—2010 年中等职业学校要高于普通高中，并且差距有进一步拉大的趋势。

2007—2010 年，从生均公共财政预算公用经费的增长率来看，中等职业学校和普通高中生均公共财政预算公用经费都有较快的增长速度。2010 年，中等职业学校生均公共财政预算公用经费的增长率为 26.1%，较 2007 年增加了 5.5 个百分点，较 2009 年减少了 1.6 个百分点。2010 年，普通高中生均公共财政预算公用经费的增长率为 28.9%，较 2007 年增加了 15.4 个百分点，较 2009 年增加了 9.8 个百分点。

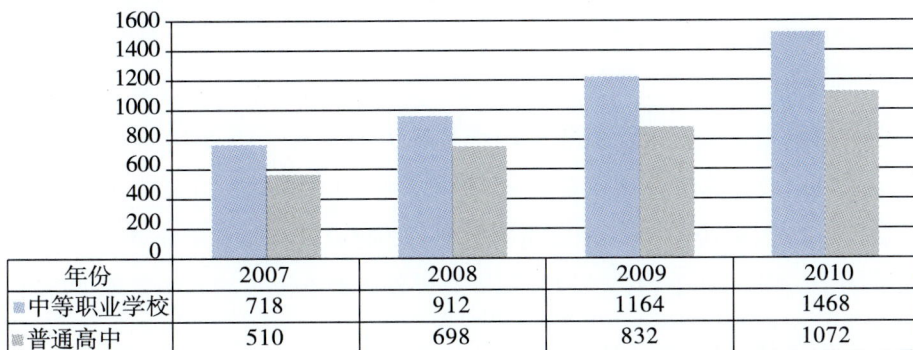

年份	2007	2008	2009	2010
中等职业学校	718	912	1164	1468
普通高中	510	698	832	1072

图 4 - 13　2007—2010 年中等职业学校生均公共财政预算公用经费支出变化

中等职业学校的生均公共财政预算教育经费投入偏低。2007 年，生均公共财政预算教育经费中等职业学校与普通高中的比例为 1∶41，2010 年仅为 1∶37（见图 4 - 14）。职业教育的培养成本比普通高中高，生均经费投

---

① 2000—2005 年没有编制表 1 - 33 全国教育部门和其他部门各级学校生均公共财政预算教育支出。本部分考虑到和高职院校时间同期，故选取 2007—2010 年进行分析。

入与人才培养成本相悖，投入不足远不能适应发展需要，制约着职业教育基础能力建设，也与国务院大力发展职业教育的决策不一致。

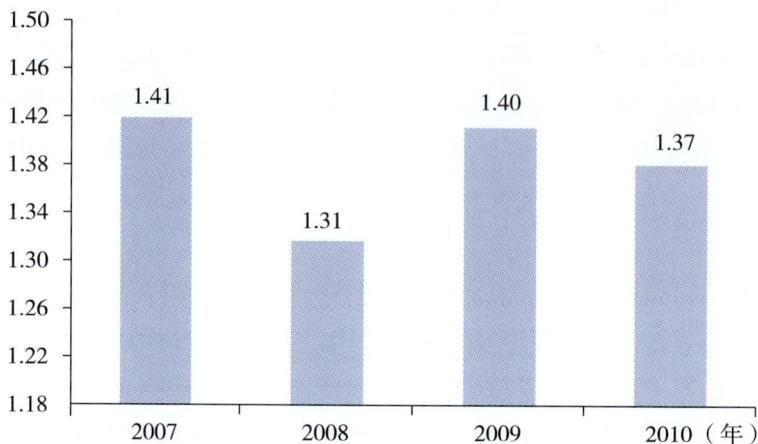

图 4-14 **2007—2010 年中等职业学校生均公共财政预算公用经费与普通高中的比例变化**

此外，中等职业学校生均公共财政预算教育事业费支出依然偏低。2010 年中等职业学校生均公共财政预算教育事业费支出为 4842 元，比 2009 年增加了 579 元，增长了 13.6%。2007—2010 年，中等职业学校生均公共财政预算教育事业费年平均增长率为 15.7%。而 2010 年普通高中生均公共财政预算教育事业费为 4510 元，比 2009 年增加了 752 元，增长了 20%。2007—2010 年，普通高中生均公共财政预算教育事业费年平均增长率为 19.4%。从生均公共财政预算教育事业费支出来看，中等职业学校要高于普通高中。

职业教育作为教育的一个组成部分，无疑也具有公益性质。将职业教育作为政府主导供给的一项公共服务，符合国家和社会的公共利益，可以使国家、社会、企业和个人四个主体共同受益。为此，必须明确政府在职业教育经费保障中的主体责任。为此，需要以财政预算方式，建立职业教育的生均拨款制度，确保职业教育的常规性办学经费。通过核算职业学校生均培养成本，根据国家办学条件基本标准和教育教学基本需要，制定并落实职业学校生均经费基本标准和生均财政拨款基本标准。

（四）高职院校经费投入远低于普通本科

2007—2009 年，高职院校经费占全国教育经费的比例由 5.20% 上升到 5.58%，比例升高了 0.38 个百分点。这体现了国家大力发展职业教育战略的要求。但同时，2010 年高职院校为 1051.49 亿元，而普通高等学校经费为 5497.86 亿元，高职院校经费占全国教育经费的比例仅为 5.38%。而普通高等学校经费占全国教育经费的比例为 28.11%，高职院校经费占全国教育经费的比例仅为普通高等学校经费占全国教育经费的比例的五分之一，投入严重不足（见图 4-15）。

另外，2007—2010 年，高职院校的在校生规模始终占普通高等学校在校生规模的 40% 以上，但 2007—2010 年，高职院校国家财政性经费占普通高等学校经费的比例仅保持在 14%—17%。高职院校教育经费所占比例有所增长，但仍然与其规模严重不相适应。

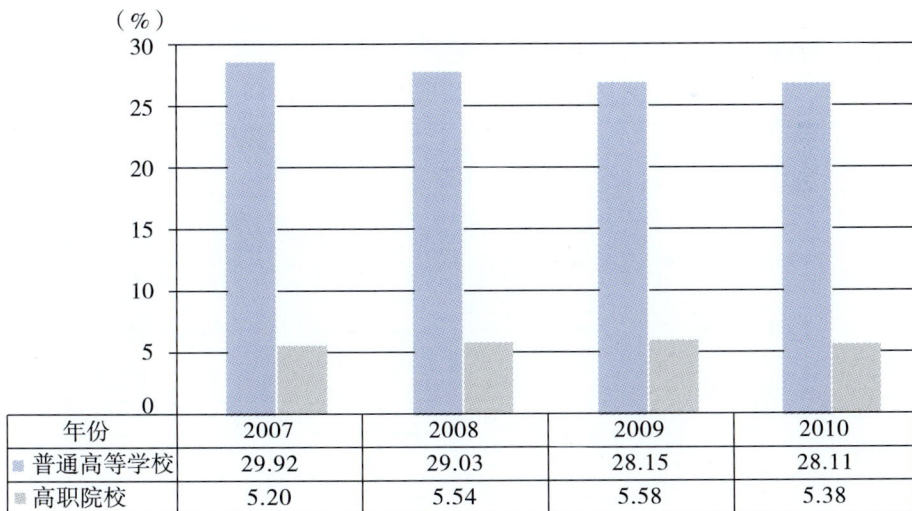

（%）

年份	2007	2008	2009	2010
普通高等学校	29.92	29.03	28.15	28.11
高职院校	5.20	5.54	5.58	5.38

图 4-15 **2007—2010 年高职院校与普通高校教育经费占全国教育经费比例变化**

【数据来源】教育部财务司. 中国教育经费统计年鉴［M］. 2001—2011. 北京：中国统计出版社，2001、2002、2003、2004、2005、2006、2007、2008、2009、2010、2011.

（五）高职院校生均预算内经费支出仅为普通高校的一半

2010 年高职院校生均公共财政预算教育事业费为 5829 元，比 2009 年增加了 841 元，增长了 16.9%。2007—2010 年，高职院校生均公共财政预算教育事业费年平均增长率为 15.7%。2010 年普通高等学校生均公共财政预算教育事业费为 9590 元，比 2009 年增加了 1048 元，增长了 12.3%（见图 4 - 16）。2007—2010 年，普通高等学校生均公共财政预算教育事业费年平均增长率为 13.6%。从生均公共财政预算教育事业费的增长率来看，高职院校生均公共财政预算教育事业费的增长速度有逐年下降趋势。2009 年是生均公共财政预算教育事业费增长率的低谷。2010 年，高职院校生均公共财政预算教育事业费的增长率为 16.9%，较 2007 年减少了 9 个百分点，较 2009 年增加了 6.3 个百分点。2010 年，普通高等学校生均公共财政预算教育事业费的增长率为 12.3%，较 2007 年增加了 0.8 个百分点，较 2009 年增长了 0.4 个百分点。

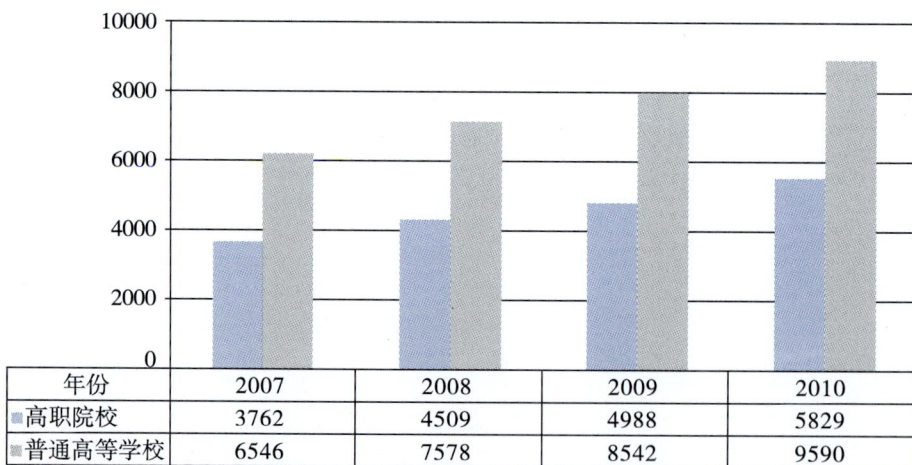

年份	2007	2008	2009	2010
■高职院校	3762	4509	4988	5829
▨普通高等学校	6546	7578	8542	9590

图 4 - 16　2007—2010 年高职院校、普通高等学校生均公共财政预算教育事业费支出　（元）

【数据来源】教育部财务司. 中国教育经费统计年鉴［M］. 2001—2011. 北京：中国统计出版社，2001、2002、2003、2004、2005、2006、2007、2008、2009、2010、2011.

从生均公共财政预算教育事业费支出来看，2010 年，高职院校生均公共财政预算教育事业费仅达到普通高等学校生均公共财政预算教育事业费的

60.8 个百分点，比 2007 年增加了 3.3 个百分点。2007—2010 年，高职院校生均公共财政预算教育事业费仅达到普通高等学校 50% 以上（见图 4 – 17）。

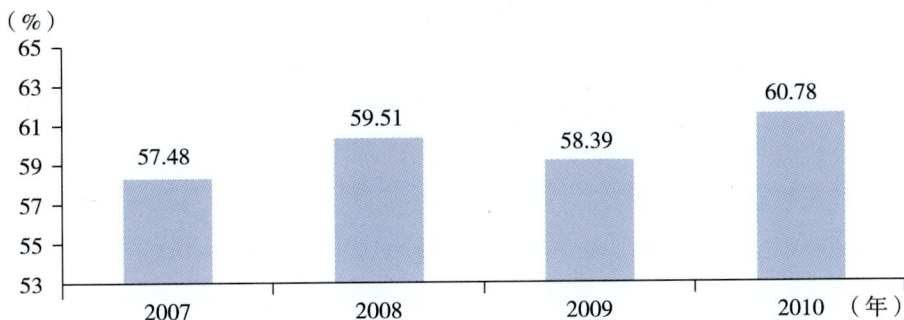

（%）

年	比例
2007	57.48
2008	59.51
2009	58.39
2010	60.78

图 4 – 17　高职院校与普通高等学校生均公共财政预算教育事业费的比例变化

【数据来源】教育部财务司. 中国教育经费统计年鉴［M］. 2001—2011. 北京：中国统计出版社，2001、2002、2003、2004、2005、2006、2007、2008、2009、2010、2011.

此外，高职院校生均公共财政预算公用经费也依然偏低。2010 年高职院校生均公共财政预算公用经费为 2459 元，比 2009 年增加了 561 元，增长了 29.5%。2007—2010 年，高职院校生均公共财政预算公用经费年平均增长率为 25.1%。2010 年普通高等学校生均公共财政预算公用经费为 4363 元，比 2009 年增加了 561 元，增长了 14.7%。2007—2010 年，普通高等学校生均公共财政预算公用经费年平均增长率为 18.9%。从生均公共财政预算公用经费来看，2007—2010 年普通高等学校要高于高职院校，并且差距有进一步拉大的趋势。因此，建议高职院校财政预算继续纳入普通高等学校系列，生均公共财政预算拨款标准应达到或高于本地区同等类型普通本科院校生均财政拨款标准。以财政预算方式，建立职业教育生均拨款制度，满足高端技能型人才培养的稳定经费需要。

（六）加大职业教育城市附加费投入政策尚未得到全面落实

职业教育的发展，为我国各行各业输送了大批高素质技能型、应用型人才，改善了从业人员的技术结构，促进了产业结构的调整和升级，有力地支撑了我国经济社会的持续快速发展，为社会主义现代化建设做出了重要贡献。2005 年国务院颁布了《关于大力发展职业教育的决定》明确提出："中央和地方财政进一步加大职业教育投入，继续加强职业教育基础能力建设，改善职业院校办学条件。进一步提高城市教育费附加用于发展职业教育的比例，完善企业职工教育培训经费保障制度，落实好按职工工资总额的 1.5%—2.5% 提取职工教育培训经费的规定。统筹安排农村劳动力转移技能培训和农民实用技术培训的资源和经费。"

有关职业教育扶持政策、贫困学生接受职业教育资助政策和农村劳动力培训政策向农村贫困地区和贫困人群倾斜。《国务院关于大力推进职业教育改革与发展的决定》国发〔2005〕35 号规定，从 2006 年起，城市附加费安排用于职业教育的比例，一般地区不低于 20%，已经普及九年义务教育的地区不低于 30%，但各级政府却未能全面贯彻执行。2010 年，中等职业学校教育费附加为 100.91 亿元，比 2006 年中等职业学校教育费附加①增加了 61.58 亿元。然而，2010 年，中等职业学校预算内教育经费达到 832.52 亿元，比 2006 年增加了 516.47 亿元（见图 4 - 18）。

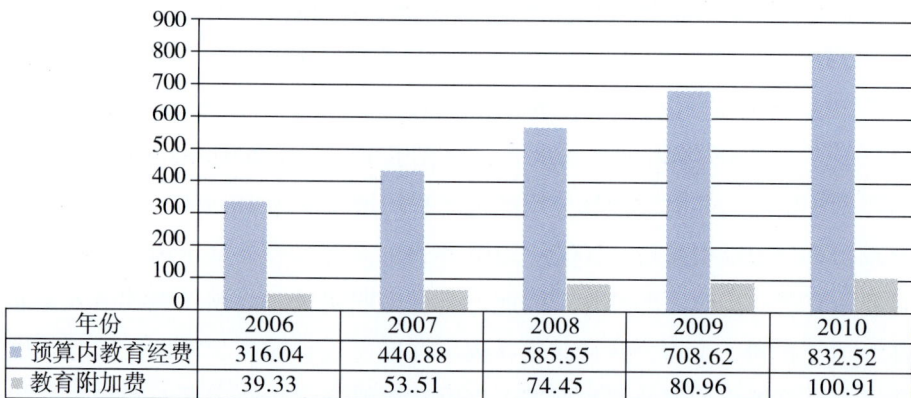

年份	2006	2007	2008	2009	2010
预算内教育经费	316.04	440.88	585.55	708.62	832.52
教育附加费	39.33	53.51	74.45	80.96	100.91

图 4 - 18 2006—2010 年中等职业学校教育费附加与预算内教育经费总量的变化 （亿元）
【数据来源】教育部财务司. 中国教育经费统计年鉴〔M〕. 2001—2011. 北京：中国统计出版社，2001、2002、2003、2004、2005、2006、2007、2008、2009、2010、2011.

---

① 2006 年教育附加拨款数据，教育附加拨款分为城市附加、农村附加和地方附加三项，表中数据为教育附加拨款数据。城市附加为 34.54，农村附加为 0.81，地方附加为 3.98。2007—2010 年各级政府征收用于教育的税费分为教育费附加、地方教育附加、地方基金三项，表中数据为教育费附加数据。

2006—2010 年中等职业学校教育费附加与预算内教育经费总量的比例基本保持在 12% 左右，小于国家规定的 20%—30%（见图 4 - 19）。可见，教育费附加用于中等职业学校的比例太小，远远不能满足中等职业学校的发展。

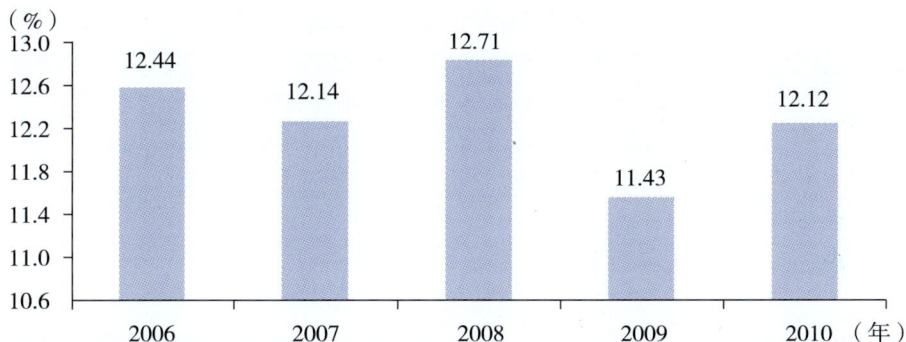

图 4 - 19　2006—2010 年中等职业学校教育费附加与预算内教育经费总量的比例变化

【数据来源】教育部财务司．中国教育经费统计年鉴［M］．2001—2011．北京：中国统计出版社，2001、2002、2003、2004、2005、2006、2007、2008、2009、2010、2011.

四、职业教育经费的区域差异明显

从各省市经验看，许多地方这些年来，按照党中央和国务院的工作部署，积极开展改革探索，初步构建了适应区域经济社会发展需求、与产业结构布局相配套的现代职业教育体系框架，职业教育经费投入也得到一定的提高。

（一）国家财政性教育经费投入呈西部多中部少

1. 中等职业学校

2010 年，中等职业学校国家财政性教育经费投入比 2009 年有所增加。中等职业学校国家财政性教育经费达到 60 亿元以上的省份有 3 个，其中，广东省的国家财政性教育经费为最多，达到 91.93 亿元，山东省为 76.02 亿元，位居第二，江苏省达到 62.11 亿元，位居第三。中等职业学校国家财政性教育经费 10 亿元—20 亿元之间的省份最多，为 8 个省份。仅有西部的 3 个省份国家财政性教育经费在 10 亿元以下（见表 4 - 1）。

表 4 - 1　中等职业学校国家财政性教育经费

国家财政性教育经费（亿元）	省份数（个）	省份名称
80 及以上	1	广东
70—80	1	山东
60—70	1	江苏
50—60	3	河南、浙江、四川
40—50	1	河北
30—40	7	广西、辽宁、北京、上海、安徽、山西、内蒙古
20—30	6	云南、福建、湖南、湖北、重庆、陕西
10—20	8	甘肃、吉林、新疆、黑龙江、天津、江西、贵州、海南
0—10	3	青海、宁夏、西藏

在中等职业学校教育发展的过程中，国家财政性教育经费投入占当地 GDP 的比例在地区间差别较大。2010 年，海南省中等职业学校国家财政性教育经费占 GDP 的比例为 0.54%，而江苏、湖北只保持在 0.15% 左右。从东、中、西部地区的情况来看，国家财政性教育经费占 GDP 的比例最高的十个省份中，东部地区的海南省 0.54%；中部地区山西省 0.33%；其余均为西部地区，这使得西部地区国家财政性教育经费占 GDP 平均比例保持在较高的水平上。东部地区各省国家财政性教育经费占 GDP 的比例平均为 0.23%，中部地区各省的比例平均为 0.21%，西部地区各省的比例平均为 0.34%（见表 4 - 2）。可见，西部地区国家财政性教育经费投入强度最高，东部次之，中部最少。

表 4 – 2　中等职业学校东、中、西部地区国家财政性
教育经费占 GDP 的比例分布　（％）

东部地区	国家财政性教育经费占 GDP 的比例	中部地区	国家财政性教育经费占 GDP 的比例	西部地区	国家财政性教育经费占 GDP 的比例
北京	0.25	山西	0.33	内蒙古	0.26
天津	0.19	吉林	0.22	广西	0.40
河北	0.23	黑龙江	0.18	重庆	0.29
辽宁	0.20	安徽	0.25	四川	0.30
上海	0.19	江西	0.15	贵州	0.30
江苏	0.15	河南	0.24	云南	0.41
浙江	0.19	湖北	0.15	西藏	0.34
福建	0.19	湖南	0.17	陕西	0.22
山东	0.19			甘肃	0.46
广东	0.20			青海	0.41
海南	0.54			宁夏	0.33
				新疆	0.34
平均	0.23	平均	0.21	平均	0.34

2. 高职院校

　　2010 年，高职院校国家财政性教育经费投入比 2009 年有所增加。高职院校国家财政性教育经费达到 50 亿元以上的省份有 2 个，其中，江苏省的国家财政性教育经费为最多，达到 52.57 亿元，广东省为 50.72 亿元，位居第二。高职院校国家财政性教育经费 20 亿元以下的省份最多，为 24 个省份（见表 4 – 3）。

表4-3　高职院校国家财政性教育经费　（亿元，个）

国家财政性教育经费	省份数	省份名称
50及以上	2	江苏、广东
40—50	1	浙江
30—40	1	山东
20—30	3	四川、河南、北京
10—20	12	湖南、辽宁、湖北、内蒙古、河北、陕西、江西、山西、新疆、福建、广西、天津
0—10	12	安徽、黑龙江、云南、吉林、贵州、甘肃、重庆、上海、海南、宁夏、青海、西藏

在高职院校教育发展的过程中，国家财政性教育经费投入占当地GDP的比例在地区间差别较大。2010年，海南省高等职业学校国家财政性教育经费占GDP的比例为0.25%，而上海市只有0.04%。从东、中、西部地区的情况来看，高职院校国家财政性教育经费占GDP的比例最高的十个省份中，东部地区海南省0.25%、浙江省0.15%；其余均为西部地区，这使得西部地区高职院校国家财政性教育经费占GDP平均比例保持在较高的水平上。东部地区各省高职院校国家财政性教育经费占GDP的比例平均为0.12%，中部地区各省的比例平均为0.11%，西部地区的比例平均为0.15%（见表4-4）。可见，西部地区高职院校国家财政性教育经费投入强度最高，东部次之，中部最少。

表4-4　东、中、西部地区高职院校国家财政性教育经费占GDP的比例分布　（%）

东部地区	国家财政性教育经费占GDP的比例	中部地区	国家财政性教育经费占GDP的比例	西部地区	国家财政性教育经费占GDP的比例
北京	0.14	山西	0.14	内蒙古	0.14
天津	0.12	吉林	0.09	广西	0.12

续表

东部地区	国家财政性教育经费占 GDP的比例	中部地区	国家财政性教育经费占 GDP的比例	西部地区	国家财政性教育经费占 GDP的比例
河北	0.08	黑龙江	0.09	重庆	0.08
辽宁	0.10	安徽	0.08	四川	0.16
上海	0.03	江西	0.14	贵州	0.17
江苏	0.13	河南	0.10	云南	0.12
浙江	0.15	湖北	0.10	西藏	0.24
福建	0.08	湖南	0.12	陕西	0.14
山东	0.08			甘肃	0.17
广东	0.11			青海	0.10
海南	0.25			宁夏	0.19
				新疆	0.22
平均	0.11	平均	0.11	平均	0.15

（二）事业收入经费呈西部少中部多

1. 中等职业学校

中等职业学校的事业收入主要是指学杂费收入。2010 年，中等职业学校教育事业收入达到 30 亿元以上的省份有 2 个，其中，广东省的教育事业收入为最多，达到 46.66 亿元，江苏省为 32.44 亿元，位居第二。中职学校教育事业收入 10 亿元以下的省份最多，为 20 个省份（见表 4 - 5）。

表 4 - 5　中等职业学校教育事业收入　（亿元，个）

教育事业收入	省份数	省份名称
30 及以上	2	广东、江苏
20—30	3	山东、四川、浙江

教育事业收入	省份数	省份名称
10—20	6	河南、河北、湖南、湖北、安徽、广西
0—10	20	山西、辽宁、福建、云南、重庆、陕西、江西、上海、甘肃、新疆、北京、吉林、黑龙江、内蒙古、天津、贵州、海南、宁夏、青海、西藏

中等职业学校事业收入占总收入的比例在地区间差别较大。2010 年，湖北省、湖南省中等职业学校事业收入占总收入的比例为 34% 左右，而西藏只有 0.1% 左右。从东、中、西部地区的情况来看，事业收入占总经费的比例最高的十个省份中，东部地区占了 4 个，为广东省 32.32%、江苏省 31.99%、浙江省 26.28%、河北省 25.74%；中部地区占了 4 个，为湖北省 34.34%、湖南省 33.67%、安徽省 29.28%、江西省 28.55%；西部地区占了 2 个，为四川省 27.39%、陕西省 24.84%。东部地区各省事业收入占总经费的比例平均为 21.99%，中部地区各省的比例平均为 25.47%，西部地区各省的比例平均为 18.07%（见表 4 - 6）。可见，中部地区中等职业学校事业收入占总经费的比例最高，东部次之，西部最少。

表4-6　中等职业学校东、中、西部地区事业收入占总经费的比例分布　（%）

东部地区	事业收入占总经费的比例	中部地区	事业收入占总经费的比例	西部地区	事业收入占总经费的比例
北京	11.85	山西	22.69	内蒙古	10.69
天津	16.24	吉林	16.95	广西	21.56
河北	25.74	黑龙江	16.03	重庆	24.34
辽宁	19.25	安徽	29.28	四川	27.39
上海	14.88	江西	28.55	贵州	18.82
江苏	31.99	河南	22.28	云南	22.44
浙江	26.28	湖北	34.34	西藏	0.11

续表

东部地区	事业收入占总经费的比例（%）	中部地区	事业收入占总经费的比例（%）	西部地区	事业收入占总经费的比例（%）
福建	23.73	湖南	33.67	陕西	24.84
山东	22.76			甘肃	21.16
广东	32.32			青海	10.83
海南	16.79			宁夏	14.72
				新疆	19.97
平均	21.99	平均	25.47	平均	18.07

2. 高职院校

高职院校的事业收入主要是指学杂费收入。2010年，高职院校教育事业收入达到40亿元以上的省份有2个，其中，广东省的教育事业收入为最多，达到47.33亿元，江苏省为43.52亿元，位居第二。高职院校教育事业收入10亿元以下的省份最多，为11个省份（见表4-7）。

表4-7　高职院校教育事业收入　（亿元，个）

教育事业收入	省份数	省份名称
40及以上	2	广东、江苏
30—40	2	山东、河南
20—30	6	浙江、湖南、湖北、河北、四川、江西
10—20	10	安徽、福建、陕西、广西、北京、重庆、辽宁、上海、山西、黑龙江
0—10	11	云南、天津、内蒙古、甘肃、吉林、新疆、贵州、海南、宁夏、青海、西藏

高职院校事业收入占总收入的比例在地区间差别较大。2010年，上海、安徽高职院校事业收入占总收入的比例为60%左右，而西藏、新疆只有22%左右。从东、中、西部地区的情况来看，事业收入占总经费的比例最高的十个省份中，东部地区占了3个，为上海61.83%、福建52.10%、

河北 51.83%；中部地区占了 5 个，为安徽 58.87%、湖南 54.66%、江西 53.89%、湖北 52.20%、河南 51.76%；西部地区占了 2 个，为广西 56.91%、重庆 52.02%。东部地区各省事业收入占总经费的比例平均为 45.25%，中部地区各省的比例平均为 51.10%，西部地区各省的比例平均 为 38.89%（见表4－8）。可见，中部地区高职院校事业收入占总经费的比例最高，东部次之，西部最少。

表4－8　高职院校东、中、西部地区事业收入占总经费的比例分布　　（%）

东部地区	事业收入占总经费的比例	中部地区	事业收入占总经费的比例	西部地区	事业收入占总经费的比例
北京	38.93	山西	45.42	内蒙古	33.12
天津	38.83	吉林	42.62	广西	56.91
河北	51.83	黑龙江	49.39	重庆	52.02
辽宁	38.64	安徽	58.87	四川	43.04
上海	61.83	江西	53.89	贵州	34.58
江苏	42.14	河南	51.76	云南	47.28
浙江	36.55	湖北	52.20	西藏	22.31
福建	52.10	湖南	54.66	陕西	49.87
山东	49.74			甘肃	47.23
广东	46.23			青海	27.05
海南	40.92			宁夏	30.09
				新疆	23.14
平均	45.25	平均	51.10	平均	38.89

（三）职业教育生均教育经费支出呈东部多中部少

东部地区各省生均公共财政预算教育经费平均为 9078 元，中部地区为 4512 元，西部地区为 7353 元。可见，东部地区生均公共财政预算教育经费支出最高，中部次之，西部最少。在各省生均公共财政预算教育事业费平均支出和公用经费平均支出上，东部地区生均公共财政预算公用经费支出最高，西部次之，中部最少。

1. 生均公共财政预算教育经费支出

（1）中等职业学校

2010 年，中等职业学校生均公共财政预算内教育经费支出比 2009 年有所增加。中等职业学校生均公共财政预算内教育经费支出在 12000 元以上的省份有 2 个，其中，北京的生均公共财政预算教育经费支出为最多，达到 16471 元，上海为 12610 元，位居第二。5 个省份生均公共财政预算教育经费支出 4000 元以下。中等职业学校生均公共财政预算内教育经费支出在 4000—6000 元的省份最多（见表 4 - 9）。

表 4 - 9　中等职业学校生均公共财政预算内教育经费支出　（元，个）

生均公共财政预算内教育经费支出	省份数	省份名称
12000 及以上	2	北京、上海
10000—12000	1	天津
8000—10000	3	内蒙古、西藏、新疆
6000—8000	6	辽宁、吉林、黑龙江、浙江、海南、青海
4000—6000	14	河北、山西、江苏、福建、山东、湖南、广东、广西、四川、贵州、云南、陕西、甘肃、宁夏
2000—4000	5	安徽、江西、河南、湖北、重庆

中等职业学校生均公共财政预算教育经费支出在地区间差别较大。2010 年，北京、上海中等职业学校生均公共财政预算教育经费支出为 12000 元以上，而湖北、安徽只有 3000 元左右。从东、中、西部地区的情况来看，生均公共财政预算教育经费支出最高的十个省份中，东部地区占了 5 个，为北京 16471 元、上海 12610 元、天津 11598 元、海南 7655 元、浙江 6684 元；中部地区占了 1 个，为吉林 7331 元；西部地区占了 4 个，内蒙古 9119 元、西藏 9044 元、新疆 8489 元、青海 7396 元。东部地区各

省生均公共财政预算教育经费平均为 7823 元，中部地区平均为 4490 元，西部地区平均为 5957 元（见表 4 – 10）。可见，东部地区生均公共财政预算教育经费支出最高，西部次之，中部最少。

表 4 – 10　中等职业学校东、中、西部地区生均公共财政预算内教育经费支出

东部地区	公共财政预算内教育经费支出（元）	中部地区	生均公共财政预算内教育经费支出（元）	西部地区	生均公共财政预算内教育经费支出（元）
北京	16471	山西	4956	内蒙古	9119
天津	11598	吉林	7331	广西	5452
河北	4310	黑龙江	6358	重庆	3756
辽宁	6661	安徽	3187	四川	4297
上海	12610	江西	3237	贵州	4258
江苏	4591	河南	3924	云南	4896
浙江	6684	湖北	2824	西藏	9044
福建	4670	湖南	4107	陕西	5011
山东	5468			甘肃	4864
广东	5339			青海	7396
海南	7655			宁夏	4901
				新疆	8489
平均	7823	平均	4490	平均	5957

（2）高职院校

2010 年，高职院校生均公共财政预算内教育经费支出比 2009 年有所增加。高职院校生均公共财政预算内教育经费支出在 12000 元以上的省份有 2 个，其中，北京市的生均公共财政预算教育经费支出为最多，达到 27875 元，西藏为 13984 元，位居第二。4 个省份生均公共财政预算教育经费支出 4000 元以下。高职院校生均公共财政预算内教育经费支出在 4000—6000 元的省份最多（见表 4 – 11）。

表 4 – 11 　高职院校生均公共财政预算内教育经费支出

生均公共财政预算内教育经费支出（元）	省份数（所）	省份名称
12000 及以上	2	北京、西藏
10000—12000	2	广东、新疆
8000—10000	5	天津、内蒙古、江苏、浙江、宁夏
6000—8000	6	辽宁、吉林、上海、山东、贵州、青海
4000—6000	12	山西、黑龙江、福建、江西、湖北、广西、海南、重庆、四川、云南、陕西、甘肃
2000—4000	4	河北、安徽、河南、湖南

　　高职院校生均公共财政预算教育经费支出在地区间差别较大。2010 年，北京、西藏高职院校生均公共财政预算教育经费支出为 12000 元以上，而安徽仅为 2700 元左右。从东、中、西部地区的情况来看，生均公共财政预算教育经费支出最高的十个省份中，东部地区占了 6 个，为北京 27875 元、广东 11242 元、江苏 9178 元、浙江 8584 元、天津 8246 元、辽宁 7574 元；中部地区占了 0 个；西部地区占了 4 个，为西藏 13984 元、新疆 10723 元、内蒙古 9772 元、宁夏 8984 元。东部地区各省生均公共财政预算教育经费平均为 9078 元，中部地区平均为 4512 元，西部地区平均为 7353 元（见表 4 – 12）。可见，东部地区生均公共财政预算教育经费支出最高，西部次之，中部最少。

表 4 – 12 　高职院校东、中、西部地区生均公共财政预算内教育经费支出

东部地区	生均公共财政预算内教育经费支出（元）	中部地区	生均公共财政预算内教育经费支出（元）	西部地区	生均公共财政预算内教育经费支出（元）
北京	27875	山西	5539	内蒙古	9772
天津	8246	吉林	6784	广西	5117
河北	3977	黑龙江	5496	重庆	4076
辽宁	7574	安徽	2673	四川	5991

续表

东部地区	生均公共财政预算内教育经费支出（元）	中部地区	生均公共财政预算内教育经费支出（元）	西部地区	生均公共财政预算内教育经费支出（元）
上海	6928	江西	4319	贵州	6052
江苏	9178	河南	3189	云南	5796
浙江	8584	湖北	4383	西藏	13984
福建	4444	湖南	3714	陕西	5823
山东	6392			甘肃	5022
广东	11242			青海	6893
海南	5422			宁夏	8984
				新疆	10723
平均	9078	平均	4512	平均	7353

2. 生均公共财政预算教育事业费支出

（1）中等职业学校

2010 年，中等职业学校生均公共财政预算内教育事业费支出比 2009 年有所增加。中等职业学校生均公共财政预算教育事业费支出在 12000 元以上的省份有 2 所，其中，北京的生均公共财政预算教育事业费支出为最多，达到 15584 元，上海为 12610 元，位居第二。8 个省份生均公共财政预算教育事业费支出 4000 元以下。

表 4 - 13　中等职业学校生均公共财政预算教育事业费支出

生均公共财政预算教育事业费支出（元）	省份数（个）	省份名称
12000 及以上	2	北京、上海
10000—12000	1	天津
8000—10000	1	内蒙古
6000—8000	7	新疆、西藏、吉林、浙江、辽宁、青海、黑龙江

续表

生均公共财政预算教育事业费支出（元）	省份数（个）	省份名称
4000—6000	12	山东、广西、海南、广东、云南、陕西、福建、宁夏、甘肃、江苏、山西、河北
2000—4000	8	贵州、湖南、四川、重庆、河南、江西、安徽、湖北

中等职业学校生均公共财政预算教育事业费支出在地区间差别较大。2010 年，北京、上海中等职业学校生均公共财政预算教育事业费支出为 12000 元以上，而湖北、安徽不到 3000 元。从东、中、西部地区的情况来看，生均公共财政预算教育事业费支出最高的十个省份中，东部地区占了 5 个，为北京 15584 元、上海 12610 元、天津 10323 元、浙江 6643 元、辽宁 6536 元；中地区占了 1 个，为吉林 7266 元；西部地区占了 4 个，为内蒙古 8232 元、新疆 7997 元、西藏 7619 元、青海 6496 元。东部地区各省市生均公共财政预算教育事业费平均为 7254 元，中部地区平均为 4255 元，西部地区平均为 5431 元（见表 4－14）。可见，东部地区生均公共财政预算教育事业费支出最高，西部次之，中部最少。

表 4－14 中等职业学校东、中、西部地区生均公共财政预算内教育事业费支出

东部地区	生均公共财政预算教育事业费支出（元）	中部地区	生均公共财政预算教育事业费支出（元）	西部地区	生均公共财政预算教育事业费支出（元）
北京	15584	山西	4278	内蒙古	8232
天津	10323	吉林	7266	广西	5279
河北	4196	黑龙江	6030	重庆	3667
辽宁	6536	安徽	2972	四川	3793
上海	12610	江西	3192	贵州	3974
江苏	4314	河南	3610	云南	4728

续表

东部地区	生均公共财政预算教育事业费支出（元）	中部地区	生均公共财政预算教育事业费支出（元）	西部地区	生均公共财政预算教育事业费支出（元）
浙江	6643	湖北	2728	西藏	7619
福建	4433	湖南	3963	陕西	4607
山东	5436			甘肃	4348
广东	4815			青海	6496
海南	4904			宁夏	4427
				新疆	7997
平均	7254	平均	4255	平均	5431

（2）高职院校

2010 年，高职院校生均公共财政预算内教育事业费支出比 2009 年有所增加。高职院校生均公共财政预算内教育事业费支出在 12000 元以上的省份有 2 个，其中，北京市的生均公共财政预算教育经费支出为最多，达到 26530 元，西藏为 13984 元，位居第二。5 个省份生均公共财政预算教育经费支出 4000 元以下。高职院校生均公共财政预算内教育事业费支出在 4000—6000 元的省份最多。

表 4－15　高职院校生均公共财政预算内教育事业费支出

生均公共财政预算内教育事业费支出（元）	省份数（个）	省份名称
12000 及以上	2	北京、西藏
10000—12000	0	
8000—10000	6	内蒙古、江苏、浙江、广东、宁夏、新疆
6000—8000	6	天津、辽宁、吉林、上海、山东、青海
4000—6000	12	山西、黑龙江、福建、江西、广西、海南、重庆、四川、贵州、云南、陕西、甘肃
2000—4000	5	河北、安徽、河南、湖北、湖南

　　高职院校生均公共财政预算教育事业费支出在地区间差别较大。2010年，北京市高职院校生均公共财政预算教育事业费支出为26000元以上，而安徽、河南不到3200元。从东、中、西部地区的情况来看，生均公共财政预算教育事业费支出最高的10个省份中，东部地区占了6个，为北京26530元、广东9739元、江苏8216元、浙江8172元、天津7927元、上海6928元；中部地区占了0个；西部地区占了4个，为西藏13984元、新疆9464元、内蒙古9302元、宁夏8984元。东部地区各省市生均公共财政预算教育事业费平均为8431元，中部地区平均为4347元，西部地区平均为6995元（见表4－16）。可见，东部地区生均公共财政预算教育事业费支出最高，西部次之，中部最少。

表4－16　高职院校东、中、西部地区生均公共财政预算内教育事业费支出

东部地区	生均公共财政预算教育事业费支出（元）	中部地区	生均公共财政预算教育事业费支出（元）	西部地区	生均公共财政预算教育事业费支出（元）
北京	26530	山西	5423	内蒙古	9302
天津	7927	吉林	6784	广西	5094
河北	3977	黑龙江	5466	重庆	4076
辽宁	6224	安徽	2613	四川	4772
上海	6928	江西	4185	贵州	5807
江苏	8216	河南	3126	云南	5764
浙江	8172	湖北	3566	西藏	13984
福建	4349	湖南	3616	陕西	5221
山东	6350			甘肃	4614
广东	9739			青海	6865
海南	4330			宁夏	8984
				新疆	9464
平均	8431	平均	4347	平均	6995

3. 生均公共财政预算公用经费支出

（1）中等职业学校

2010 年，中等职业学校生均公共财政预算内公用经费支出比 2009 年有所增加。中等职业学校生均公共财政预算公用经费支出在 5000 元以上的省份有 1 个，为北京。北京的生均公共财政预算公用经费支出为最多，达到 7963 元，上海为 4553 元，位居第二。6 个省份生均公共财政预算公用经费支出 1000 元以下。中等职业学校生均公共财政预算公用经费支出在 1000—2000 元的省份最多（见表 4 – 17）。

表 4 – 17　中等职业学校生均预算公用经费支出

生均预算公用经费支出（元）	省份数（个）	省份名称
5000 以上	1	北京
4000—5000	1	上海
3000—4000	2	西藏、青海
2000—3000	4	内蒙古、辽宁、广西、新疆
1000—2000	17	天津、山西、吉林、黑龙江、浙江、福建、江西、山东、广东、海南、重庆、四川、贵州、云南、陕西、甘肃、宁夏
1000 以下	6	河北、江苏、安徽、河南、湖北、湖南

中等职业学校生均公共财政预算公用经费在地区间差别较大。2010 年，北京市中等职业学校生均公共财政预算公用经费为 7963 元，而湖北省仅为 610 元。从东、中、西部地区的情况来看，生均公共财政预算公用经费最高的 10 个省份中，东部地区占了 5 个，为北京 7963 元、上海 4553 元、辽宁 2377 元、广东 1975 元、海南 1958 元；中部地区占了 0 个；西部地区占了 5 个，为青海 3535 元、西藏 3334 元、内蒙古 2989 元、新疆 2626 元、广西 2215 元。东部地区各省市生均公共财政预算公用经费平均为 2388 元，中部地区平均为 992 元，西部地区平均为 2097 元（见表 4 – 18）。

可见，东部地区生均公共财政预算公用经费支出最高，西部次之，中部最少。

表 4 - 18　中等职业学校东、中、西部地区生均公共财政预算公用经费支出

东部地区	生均公共财政预算公用经费支出（元）	中部地区	生均公共财政预算公用经费支出（元）	西部地区	生均公共财政预算公用经费支出（元）
北京	7963	山西	1103	内蒙古	2989
天津	1422	吉林	1660	广西	2215
河北	880	黑龙江	1104	重庆	1522
辽宁	2377	安徽	807	四川	1099
上海	4553	江西	1071	贵州	1636
江苏	965	河南	739	云南	1853
浙江	1777	湖北	610	西藏	3334
福建	1003	湖南	838	陕西	1502
山东	1394			甘肃	1072
广东	1975			青海	3535
海南	1958			宁夏	1778
				新疆	2626
平均	2388	平均	992	平均	2097

（2）高职院校

2010 年，高职院校生均公共财政预算内公用经费支出比 2009 年有所增加。高职院校生均公共财政预算内公用经费支出在 5000 元以上的省份有 3 个，其中，北京的生均公共财政预算公用经费支出为最多，达到 15945 元，西藏为 5737 元，位居第二。3 个省份生均公共财政预算公用经费支出 1000 元以下。高职院校生均公共财政预算内公用经费支出在 1000—2000 元的省份最多。

表 4 - 19　高职院校生均预算公用经费支出

生均预算公用经费支出（元）	省份数（个）	省份名称
5000 以上	3	北京、广东、西藏
4000—5000	5	内蒙古、上海、江苏、宁夏、新疆
3000—4000	2	浙江、山东
2000—3000	7	天津、辽宁、吉林、重庆、四川、云南、青海
1000—2000	11	河北、山西、黑龙江、福建、江西、湖北、广西、海南、贵州、陕西、甘肃
1000 以下	3	安徽、河南、湖南

　　高职院校生均公共财政预算公用经费在地区间差别较大。2010 年，北京市高职院校生均公共财政预算公用经费为 15945 元，而安徽仅为 554 元。从东、中、西部地区的情况来看，生均公共财政预算公用经费最高的十个省份中，东部地区占了 6 个，为北京 15945 元、广东 5487 元、江苏 4514 元、上海 4510 元、浙江 3155 元、山东 3044 元；中部地区没有；西部地区占了 4 个，为西藏 5737 元、新疆 4858 元、内蒙古 4774 元、宁夏 4666 元。东部地区各省市生均公共财政预算公用经费平均为 4058 元，中部地区平均为 1278 元，西部地区平均为 3016 元（见表 4 - 20）。可见，东部地区生均公共财政预算公用经费支出最高，西部次之，中部最少。

表 4 - 20　高职院校东、中、西部地区生均公共财政预算公用经费支出

东部地区	生均公共财政预算公用经费支出（元）	中部地区	生均公共财政预算公用经费支出（元）	西部地区	生均公共财政预算公用经费支出（元）
北京	15945	山西	1828	内蒙古	4774
天津	2076	吉林	2401	广西	1712
河北	1054	黑龙江	1179	重庆	2347
辽宁	2219	安徽	554	四川	2420

续表

东部地区	生均公共财政预算公用经费支出（元）	中部地区	生均公共财政预算公用经费支出（元）	西部地区	生均公共财政预算公用经费支出（元）
上海	4510	江西	1535	贵州	1982
江苏	4514	河南	872	云南	2255
浙江	3155	湖北	1012	西藏	5737
福建	1590	湖南	843	陕西	1865
山东	3044			甘肃	1431
广东	5487			青海	2143
海南	1039			宁夏	4666
				新疆	4858
平均	4058	平均	1278	平均	3016

总之，职业教育生均公共财政预算教育经费支出在地区间差别较大。2010 年，中等职业学校生均公共财政预算教育经费支出、生均公共财政预算教育事业费支出、生均公共财政预算公用经费支出总体呈现东部多、西部次之、中部最少的格局。高职院校生均公共财政预算教育经费支出、生均公共财政预算教育事业费支出、生均公共财政预算公用经费支出总体呈现东部多、西部次之、中部最少的格局。因此，健全东部与西部、城市与农村协作机制，发挥东部和城市优质职业教育资源对中西部和农村地区的辐射带动作用。

五、职业教育基本建设条件得以改善

进入新世纪以来，我国职业教育发展取得了巨大成就，职业院校办学基础能力显著提高，有力地推动了产教结合、校企合作，调动了行业企业参与办学的积极性，提高了职业院校的办学质量。

（一）修订中职基本办学设置标准，确保办学质量

近 10 年来，教育部颁布过两次关于中等职业学校基本办学条件的设置标准：一是 2001 年发布的《中等职业学校设置标准（试行）》（教职成〔2001〕8 号）；二是 2010 年发布的《中等职业学校设置标准》（教职成〔2010〕12 号）。由于我国职业教育持续快速发展，2010 年的新版《中等职业学校设置标准》对旧版进行了修订，除对中等职业学校设置已有相关指标的标准做了相应提高，并新增一些新的标准。

1. 生均产权占地面积下降较快，城市农村差距较大

2005—2010 年间中等职业学校产权占地面积始终保持 4.8 亿平方米以上（见图 4-20）。生均面积随着在校生规模的扩大下降较快，由 2005 年的 37.5 平方米，降到 2010 年的 28.4 平方米（见表 4-21）。

（亿平方米）

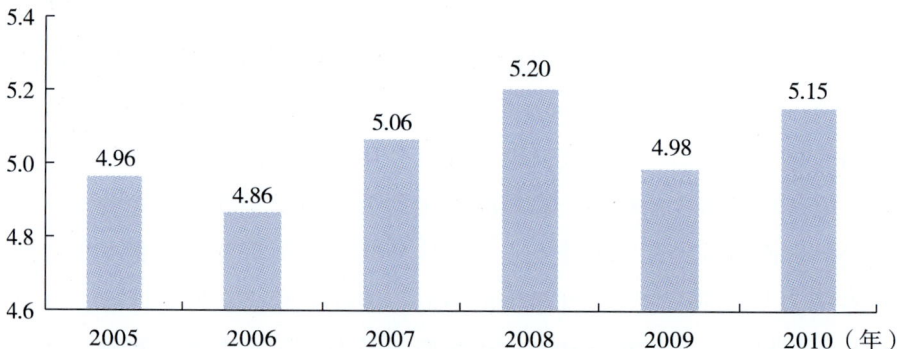

图 4-20 **2005—2010 年中等职业学校产权占地面积变动情况** （亿平方米）

【数据来源】教育部发展规划司. 中国教育统计年鉴〔M〕. 2005—2010. 北京：人民教育出版社，2005、2006、2007、2008、2009、2010.

注：后面的数据基本根据《中国教育统计年鉴》2005—2010 年整理而来，来源类同，不再逐一说明。

根据 2010 年教育部颁布的《中等职业学校设置标准》（以下简称《设置标准》）第八条规定："应有与办学规模和专业设置相适应的校园、校舍和设施。校园占地面积（不含教职工宿舍和相对独立的附属机构）：新建

学校的建设规划总用地不少于40000平方米；生均用地面积指标不少于33平方米。"可以看出，2005—2010年间，中等职业学校的校均产权占地面积均在4万平方米以上，但生均占地面积只有2005年达到标准。按照2001年的《中等职业学校设置标准（试行）》（以下简称《试行标准》）建设的。《试行标准》中第五条和第七条规定："设置中等职业学校，要有基本的办学规模。学校学历教育在校生数，校址在城市的学校（以下简称城市学校）960人以上，校址在县镇及农村的学校（以下简称农村学校）600人以上。""校园（不含教职工宿舍和相对独立的附属机构）占地面积：城市学校不少于2万平方米（约30亩），农村学校不少于3.3万平方米（约50亩）。"可以看出，2005—2010年间，中等职业学校的占地面积都远超过所规定的标准；从生均占地面积看，以城市的21平方米标准衡量，也都达到标准，但以农村的55平方米标准衡量，都未能达到标准。

表4-21　2005—2010年中职学校占地面积状况　（万平方米，平方米）

年度	校均面积	生均面积
2005	4.27	37.46
2006	4.12	32.67
2007	4.28	31.24
2008	4.43	30.80
2009	4.40	28.00
2010	4.74	28.36

2. 生均产权校舍面积逐年减少，成人中专生均建筑面积下降幅度最大

截至2010年，中等职业学校产权校舍建筑面积1.97万平方米，其中，普通中专1.03万平方米，成人中专0.12万平方米，职业高中0.75万平方米；普通中专总面积最大，占总面积的54%，其次是职业高中，占总面积的40%。2005—2010年间，中等职业学校产权校舍建筑面积年平均增长率3.41%，其中，建筑面积增长最快的是普通中专，高出总建筑面积年增长率3个百分点，职业高中的年均增长率基本与中等职业学校的持平，但成

人中专的建筑面积始终处于减少态势，2010 年为最低点，比上年减少 8 个百分点。

从生均建筑面积看，2005—2010 年间，中等职业学校生均建筑面积始终保持 11—13 平方米之间，年平均增长率为 − 2.92%，2005—2009 年一直呈减少趋势，2010 年开始有所增长（见图 4 − 21）。虽然目前距离 2010 年发布的《设置标准》中提出"生均校舍建筑面积指标不少 20 平方米"的要求存在一定的差距，这与我国近年来中等职业学校学生数量规模的快速提升密切相关。

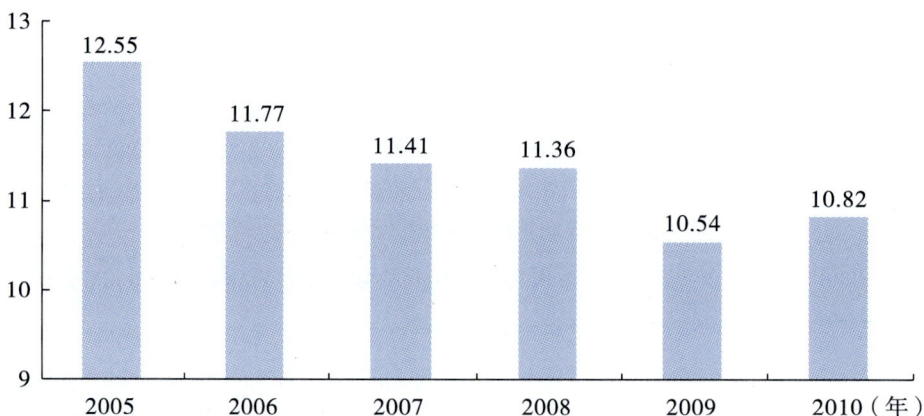

图 4 − 21　2005—2010 年中职学校生均产权校舍建筑面积　（平方米/人）

从各类职业学校的生均建筑面积看，普通中专生均校舍建筑面积也呈逐年减少态势，6 年间生均建筑面积一直保持在 10.94 平方米以上；职业高中生均面积比普通高中略低一些，但 6 年间也保持在 9.78 平方米以上；成人中专生均建筑面积下降幅度最大，2005 年成人中专在三类职业学校中的生均建筑面积最高，达 15.59 平方米，而到 2010 年下降到生均建筑面积 5.45 平方米，比 2005 年减少了 3 倍，并成为三类职业学校中生均建筑面积最低的职业学校（见表 4 − 22）。

表 4－22　**2005—2010 年各类中职学校生均产权校舍建筑面积　（平方米/生）**

年份	普通中专	成人中专	职业高中
2005	12.03	15.59	10.90
2006	11.40	14.96	10.24
2007	11.29	13.30	9.85
2008	11.37	12.30	10.07
2009	10.94	7.81	9.78
2010	11.71	5.45	10.29
年平均增长率	－0.55％	－18.95％	－1.14％

3. 生均仪器设备资产略有增加，三类中等职业学校差距不大

2011 年，全国中等职业学校生均仪器设备值为 2596 元，比 2010 年增加 265 元，比上一年增长 11.4％。从 2011 年生均仪器设备值的区域分布看，东部地区平均为 3379 元，中部地区为 2178 元，西部地区为 2022 元，比上一年分别增长 5.3％、23.7％、11.4％，其中增长幅度最大的是中部地区，高出全国增长率 12 个百分点。根据《中职设置标准》提出的"仪器设备：应当具有与专业设置相匹配、满足教学要求的实验、实习设置和仪器设备。工科类专业和医药类专业生均仪器设备价值不低于 3000 元，其他专业生均仪器设备价值不低于 2500 元。"具体指标，可以看出，2011 年全国生均仪器设备值，已达到其他专业 2500 元的生均仪器设备值；东部地区已超过工科类和医药类生均仪器设备值 3000 元标准；中部和西部地区尚低于其他专业生均仪器设备值标准（见图 4－22）。

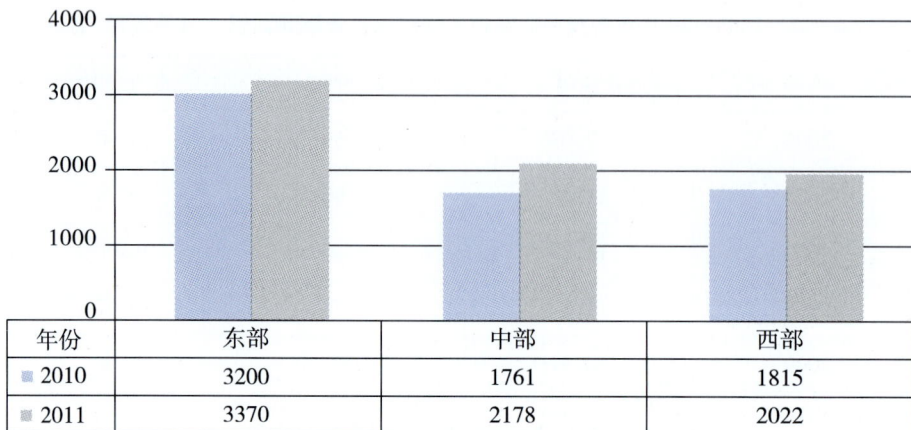

年份	东部	中部	西部
■ 2010	3200	1761	1815
■ 2011	3370	2178	2022

图 4 – 22　不同地区中等职业学校生均仪器设备配置状况　（元/人）

【数据来源】2011 年教育事业统计快讯（18）：77.

截至 2010 年，全国中等职业学校固定资产值 2158 亿元，其中教学科研仪器设备资产值 408 亿，占总资产值 16%；生均固定资产值 1.19 万元，生均教学科研仪器设备资产值 2331 元。2005—2010 年间，固定资产值的年均增长率为 11.10%，高出教学科研仪器设备年均增长率（9.41%）2个百分点；从生均固定资产值看，年均增长率为 4.31%，生均仪器设备年均增长率 3.49%（见图 4 – 23）。

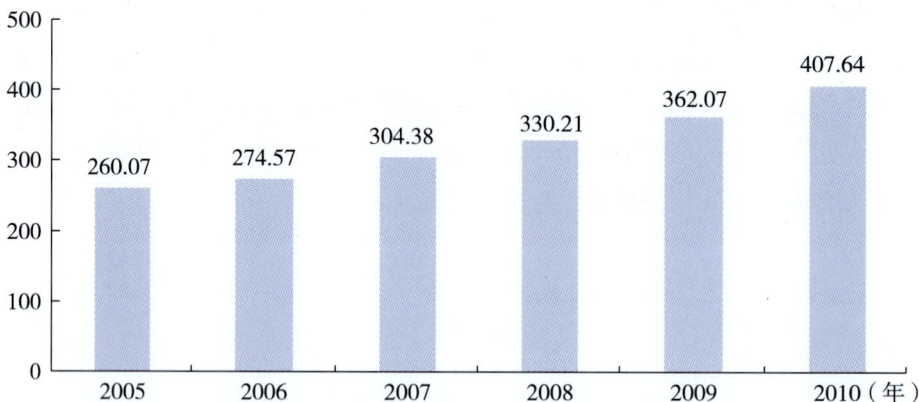

图 4 – 23　2005—2010 年全国中职学校教学科研仪器设备资产　（亿元）

从各类职业学校的仪器设备资产值看，截至 2010 年，普通中专仪器设备资产值最高 226 亿元，占全国中职的 57%，其次是职业高中，占全国中职的 38%，成人中专仅占全国中职的 5%。从各类职业学校的校均仪器设备产值看，截至 2010 年，普通中专、成人中专、职业高中分别为 0.06 亿元、0.01 亿元、0.03 亿元，三类职业学校的校均资产值虽然有差距，但悬殊不是很大，这与学校数量规模相关（见表 4 - 23）。

表 4 - 23　2005—2010 年各类中等职业学校仪器设备资产配置状况　（亿元）

年份	中职校均设备资产	各类职校校均仪器设备资产		
		中专	成人	职高
2005	0.02	0.04	0.01	0.02
2006	0.02	0.04	0.01	0.02
2007	0.03	0.04	0.01	0.02
2008	0.03	0.04	0.01	0.02
2009	0.03	0.05	0.01	0.03
2010	0.04	0.06	0.01	0.03

（二）高职办学条件不断提升，区域院校差别显著

基本办学条件是发展职业教育事业的物质保证。《国务院关于大力发展职业教育的决定》明确提出，要"加强基础能力建设，努力提高职业院校的办学水平和质量"。近 10 年来，关于高职院校基本办学条件的"国家标准"主要有两个：一是《高等职业学校设置标准（暂行）》（教发［2000］41 号）；二是《普通高等学校基本办学条件指标（试行）》［以下简称《办学条件指标（试行）》］。国家政策的支持极大地促进了高职院校基本办学条件的提升，各校规模迅速发展。

1. 生均校舍建筑面积呈逐年上升态势

截至 2010 年，高职院校生均校舍建筑面积 28 平方米，比 2006 年生均面积增加 1.54 平方米，年均增长率 1.14%。高职院校生均校舍面积虽然

低于本科院校，但是生均面积呈逐年上升态势，2010 年基本与本科院校基本持平，达到生均面积 28 平方米。

从生均校舍建筑面积的区域间均衡发展水平看，2006—2010 年间，东中西三个区域虽存在一定的差异，但区域间差异明显不大，生均校舍建筑面积保持在 25 平方米以上；三个地区的年均增长率中部地区最高，为 1.24%，其次西部地区为 1.05%，东部地区虽然为最低 0.22%，但在招生规模不断扩大的背景下，还能保持着正增长（见表 4 – 24）。这也从一个角度反映出高等职业教育自 2000 年起出台《高等职业学校设置标准（暂行）》和 2004 年出台《普通高等学校基本办学条件指标（试行）》起，着力实施规范化、标准化办学所取得的政策成效。

表 4 – 24　**2006—2010 年高职院校分地区生均校舍面积**　（平方米）

年份	东部	中部	西部
2006	26.55	26.16	26.58
2007	28.06	27.5	26.63
2008	27.25	28.09	26.14
2009	25.48	32.89	27.2
2010	26.84	27.82	28
年均增长率	0.22%	1.24%	1.05%

2. 生均教学行政用房面积差别较大

截至 2010 年，高职院校生均教学行政用房面积 15 平方米，比 2006 年生均面积增加 1.85 平方米，年均增长率 2.59%。教育部发布的《办学条件指标（试行）》提出的六类高职院校的生均教学行政用房合格标准为 9—22 平方米，与之相对照的话，高职院校的指标已达到合格标准。但从不同办学类型高职院校看还存在差异，如《办学条件指标（试行）》针对工科、农、林院校的标准为 16 平方米，与之标准对照的话，目前我国还有一些高职院校尚未达到合格标准。

从生均教学行政用房面积的区域间均衡发展水平看，2006—2010

年，中部地区生均行政用房面积最高，年均增长率为 4.02%，生均面积最高时达 17 平方米；其次是西部地区，2010 年生均用房面积最高为 15.44 平方米，年均增长率 3.06%；东部地区虽然为最低生均行政用房面积 14.37 平方米，但年均增长率为 0.39%。三个地区都符合《办学条件指标（试行）》规定的合格标准，特别是东部地区，在招生规模不断扩大的背景下还能符合基本办学条件的标准，这也从另一个角度反映出东部地区注重高等职业教育的办学条件和基础设施的投入与建设（见表 4 – 25）。

表 4 – 25　2006—2010 年高职院校分地区生均教学行政用房面积　（平方米）

年份	东部	中部	西部
2006	14.09	13.1	13.28
2007	15.1	14.34	13.7
2008	14.85	15.06	13.91
2009	13.52	17.34	14.85
2010	14.37	15.95	15.44
年均增长率	0.39%	4.02%	3.06%

3. 生均仪器设备总值与本科院校差距不断加大

截至 2010 年，高职院校生均教学仪器设备值 6115 元，比 2006 年增加 1621 元，年均增长率 6.35%，年均增长率高于本科院校近 2 个百分点。根据《办学条件指标（试行）》提出的生均教学科研仪器设备值 3000—4000 元为合格标准规定，2006—2010 年间高职院校已经远远超过了合格标准。但与本科院校相比，低于本科院校 3000 元以上，而从 2006—2010 年间差距也在不断加大。

从区域看生均教学仪器设备值，2006—2010 年，生均教学仪器设备值年均增长率最高的是中部地区为 20.60%，其次是西部地区为 7.85%，东部地区为 1.59%（见表 4 – 26）。虽然三个地区都符合《办学条件指标（试行）》规定的合格标准，但是生均教学仪器设备值存在较大差距，以

2010 年为例，中部地区生均仪器设备值为 10372 元，高出东部地区 5030元，西部地区 4269 元，可以看出，2009 年起中部地区加大了教学仪器设备值的投资力度。

表 4-26　2006—2010 年高职院校分地区生均教学仪器设备值　（元）

年份	东部	中部	西部
2006	4938	4066	4182
2007	5589	4474	4405
2008	5996	4798	4614
2009	4900	12444	5632
2010	5342	10372	6103
年均增长率	1.59%	20.60%	7.85%

4. 示范院校建设效果显著

伴随着高职院校数量的扩大，其办学质量必将提到重要的议事日程上来。为解决高等职业教育人才培养目标的偏移、模糊问题，扭转本科压缩型特点，2002—2004 年，教育部先后召开了三次全国高等职业教育产学研合作教育经验交流会，确立了以服务为宗旨，以就业为导向，走产学研结合的高等职业教育发展之路。2006 年，发布了《教育部关于全面提高高等职业教育教学质量的若干意见》，加强对整个高等职业教育的教学改革指导，强化办学特色，全面提升教学质量；同年，教育部、财政部启动了"国家示范性高职院校建设计划"。先后分 3 年在制造、建筑、能源化工、交通运输、电子信息、农林牧渔和服务业领域遴选了 100 所高职院校作为立项建设单位，并重点培育扶持 9 个院校，包括全部省（自治区、直辖市）和新疆生产建设兵团，均布点有立项建设院校（见表 4-27）。

表 4 - 27　　2006—2008 年国家示范性高职院校区域分布情况

年份 ＼ 区域	东北	东部	西部	中部	总计
2006	3	12	7	6	28
2007	4	17	12	9	42
2008	4	13	9	4	30
重点培育（扶持）院校	0	3	3	3	9
总计	11	45	31	22	109

教育部《关于实施国家示范性高职院校建设计划加快高等职业教育改革与发展的意见》明确指出"中央财政安排的专项资金，主要支持示范院校改善教学实验实训条件"；同时也要求"省级有关部门和院校举办者努力提高示范院校基本建设和教学基础设施建设水平，改善教学、实训条件"。目前，中央财政已分期投入 25.5 亿元专项资金，带动地方财政投入 60 余亿元，以及行业企业投入近 15 亿元，重点扶持示范院校的建设，进一步推动校企合作，推进教育教学改革，不断提高人才培养质量，提升整体办学条件。国家示范性高等职业教育院校建设计划的实施，促进了人才培养模式的改革，确立了高等职业教育模式创新的决心，引领高等职业教育走出一条不同于普通大学的具有自身特色的办学之路。

自 2004 年以来，中央财政大力支持职业教育实训基地项目建设，投入专项资金 38.6 亿元，建设了 2355 个职业教育实训基地，其中高等职业教育实训基地 854 个，占总数的 36.26%，专项资金 12.29 亿元，占资金总数的 37.02%。中央财政支持的实训基地项目的实施，初步形成了具有中国特色的高等职业教育实训基地群，发挥了引领、示范和辐射作用，为全国职业教育大发展和内涵建设奠定了物质基础。以 2011 年 200 所示范性高职院校实训基地建设为例，校内实践基地达到 1.5 万多个，建筑面积达 1125 万多平方米，设备总值达 162 亿多元，设备总数 142 万多台，除校内基地外，还有 4.6 万多个校外实习实训基地，是校内实训基地的 3 倍多（见表 4 - 28）。

表4－28　**2011年示范性高职院校分区域的实践教学条件状况**

地区	学校数	折合在校生数（万人）	校内实践基地个数（个）	建筑面积（万平方米）	设备总值（亿元）	设备总数（万台）	校外实习实训基地个数（个）
总计	200	195.33	15105	1125.41	162.04	142.01	45982
东部	86	85.22	6206	486.03	81.97	70.13	23863
西部	47	39.08	2851	256.55	27.60	30.88	7511
中部	49	56.15	4549	293.40	40.26	31.96	10071
东北	18	14.88	1499	89.43	12.20	9.04	4537

通过加强实训基地建设，紧密联系行业企业，不断改善实训、实习基地条件；积极探索校内生产性实训基地建设的校企组合新模式，由学校提供场地和管理，企业提供设备、技术和师资支持，以企业为主组织实训；加强和推进校外顶岗实习力度，使校内生产性实训、校外顶岗实习比例逐步加大，推进了工学结合的人才培养模式创新，带动了"教、学、做"一体的教学模式改革，提高学生的实际动手能力，为高素质技能型专门人才的培养提供了硬件保障。

六、建立健全职业教育学生资助政策体系

职业教育体系是一个国家成为经济强国和实现经济社会可持续发展的重要基础。随着我国的财政性教育经费大幅度提高，合理安排、有效使用有限的财政性教育经费，确保教育经费发挥最大效益，是教育科学发展的客观要求，也是政府履行公共财政职能、完善公共财政支出体系以及合理配置教育资源的一项紧迫任务，是维护人民群众切身利益、回应社会关切的迫切需要。为了有效使用财政性教育经费，保证教育事业持续健康发展，按照地方各级学校经费实行"省级统筹"的总体原则，强化省级财政、教育部门在经费来源、支出和管理等方面的统筹责任，加大对本区域

内经济落后地区的转移支付力度，防止支出责任过分下移，提高教育总体水平。

1996 年职教法第 32 条规定：职业学校、职业培训机构可以对接受中等、高等职业学校教育和职业培训的学生适当收取学费，对经济困难的学生和残疾学生应当酌情减免。收费办法由省、自治区、直辖市人民政府规定。国家支持企业、事业组织、社会团体和其他社会组织及公民个人按照国家有关规定设立职业教育奖学金、贷学金，奖励学习成绩优秀的学生或者资助经济困难的学生。

2002 年决定第 20 条规定：利用金融、税收以及社会捐助等手段支持职业教育的发展。县级以上各级人民政府应支持企事业单位、社会团体、其他社会组织及公民个人按照国家有关规定设立职业教育奖学金，奖励学习成绩优秀的学生，资助经济困难的学生。金融机构要为家庭经济困难学生接受职业教育提供助学贷款，优先为符合贷款条件的农村职业学校毕业生开展生产经营提供小额贷款。

2005 年决定第 27 条规定：建立职业教育贫困家庭学生助学制度。中央和地方财政要安排经费，资助接受中等职业教育的农村贫困家庭和城镇低收入家庭子女。中等职业学校要从学校收入中安排一定比例用于奖、助学金和学费减免，并把组织学生参加勤工俭学和半工半读作为助学的重要途径。金融机构要为贫困家庭学生接受职业教育提供助学贷款，各地区要把接受职业教育的贫困家庭学生纳入国家助学贷款资助范围。要通过助学金、奖学金、贷学金等多种形式，对贫困家庭学生和选学农业及地矿等艰苦行业职业教育的学生实行学费减、免和生活费补贴。对高等职业院校学生的资助，按国家有关高等学校学生资助政策执行。

"十一五"期间中央为了推进职业教育的大力发展，使中等职业学校家庭经济困难学生也能享受到国家助学政策，中等职业教育形成了国家助学金、农村家庭经济困难学生和涉农专业学生免学费、学生顶岗实习、工学结合、学校减免学杂费的资助政策体系。2006 年中央财政安排 8 亿元资金设立中等职业教育国家助学金，资助标准为每生每年 1000 元，共资助 80 万名特困家庭学生接受中等职业教育。2007 年 6 月，财政部、教育部先后印发了《中等职业学校国家助学金管理暂行办法》和《中等职业学校学生实习管理办法》两个配套文件，标志着新的中等职业学校学生资助政策体系的确立。国家助学金资助对象为具有中职学校全日制正式学籍的在校一、二年级所有农村户籍的学生和县镇非农户口的学生以及城市家庭经济困难学生。自 2007 年开始资助标准为每生每年 1500 元，按月直接发放到受助学生中职资助卡中。免学费政策对象为公办中职学校全日制正式学籍的一、二、三年级在校生中农村和城市家庭经济困难学生，以及涉农专业学生。

自 2007 年起，90% 左右的中等职业学校学生获得了国家助学金，自 2009 年秋季，国家实行农村家庭经济困难和涉农专业学生免学费政策。截至 2011 年，全国共有 906 万名中职学生享受国家助学金政策，资助金额 135.9 亿元，其中，395 万名学生享受中职免学费政策，免学费金额共计 79 亿元，占全日制在校生总数的 20%①。从资助范围看，中职国家助学金从 5% 扩大到 90%；中职国家助学金每生助学标准由 1000 元增加到 1500 元。

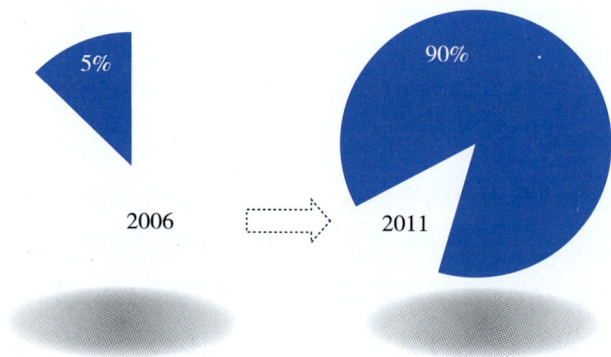

图 4-24   中职资助范围的扩大

---

①   全国学生资助管理中心.2011 年我国家庭经济困难学生资助成效显著. (2012 - 02 - 17)〔2013 - 05 - 15〕. http://www.edu.cn/zong_he_news_465/20120217/t20120217_741635_2.shtml.

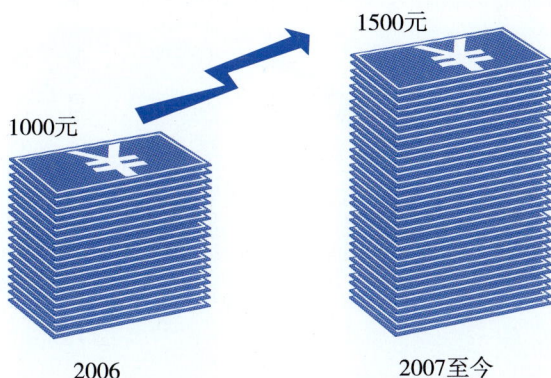

1500元

1000元

2006

2007至今

图4－25　中职国家助学金的资助标准

2007 年 5 月，国务院印发《国务院关于建立健全普通本科高校、高等
职业学校和中等职业学校家庭经济困难学生资助政策体系的意见》，明确
了高等职业学院享有和普通高校统一的学生资助政策体系。2007 年，国家
投入经费达 154 亿元，其中，中央财政投入 95 亿元，地方财政投入 59 亿
元，2008 年，总数将达到 308 亿元，而 2006 年中央财政投入只有 18 亿
元。从资助范围看，高职助学金从 3％扩大到 20％；国家助学金从每生标
准 1500 元增加到 2000 元。

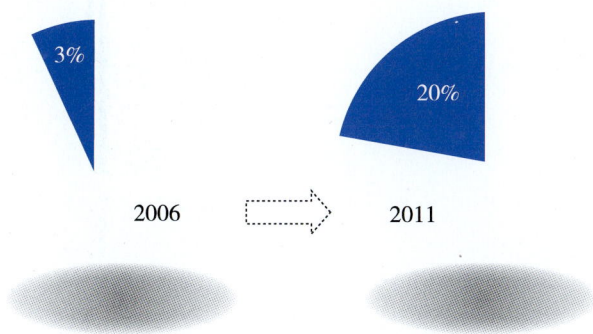

3%

20%

2006　　⇒　　2011

图4－26　高职资助范围变化情况

2000元

1500元

2006

2007至今

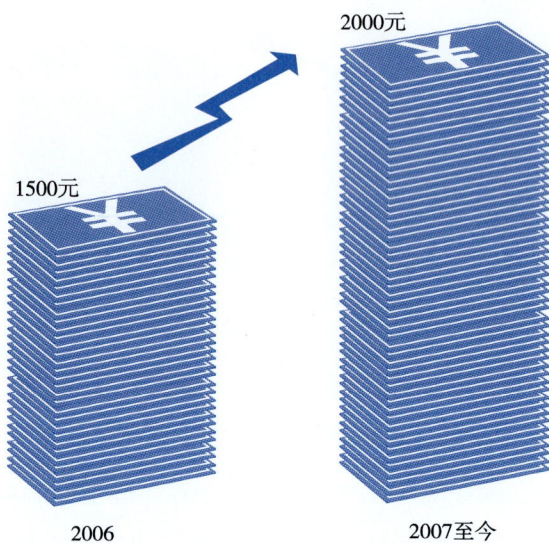

图 4 – 27　高职每生资助标准变化情况

　　职业教育资助政策体系的建立，让更多的学生接受职业教育，学到了实用技术，从而更好地就业、创业，进一步促进了教育公平，也大大增强了职业教育吸引力。

第五章

31个省（自治区、直辖市）职业教育发展综合评价

"**十**一五"期间我国职业教育取得了较大发展，在提高劳动力素质和促进区域经济社会发展中发挥了重大作用。为客观呈现全国各职业教育发展水平，本章首先选取经济社会发展基础、教育经费、教师素质、办学条件和办学成果等方面的重要指标来构建职业教育发展综合评价指标体系，对各省职业教育发展水平进行综合评价。

一、职业教育发展综合评价指标体系构建

本章构建的省区职业教育发展综合评价指标体系，必须服务于从实证角度评价职业教育发展现况这一目标，因此均选取定量指标，未考虑定性指标。综合国内外关于教育指标体系研究的分析与比较，针对目前国内关于教育指标研究的不足，本章定位于从省级行政区域层面（文中简称"省区"）上来构建指标体系。选取这一研究视角，主要出于指标数据信息易获得的考虑。

（一）指标体系概念模式

莎沃森（Shavelson）等人认为单一或大量的指标本身并不能描述教育制度的复杂结构，为了对教育制度的复杂成分加以测量，并了解这些成分如何结合而产生教育情境，非但需要建构指标，更要将所建构的指标有系统地连接成体系，这样才能提供有效的教育信息。菲茨－吉本（Fitz-Gibbon）总结了有关教育指标体系的特征情况，认为建构教育指标体系需要概念模式（conceptual model）或分析架构（analytic framework）做引导，将实际资料与理论模式加以结合，形成较完整的指标体系。概念模式是指标体系建构的基础，也是指标选择的依据。教育指标的概念模式[①]大致可分为系统模式（system-oriented approach）、演绎模式（deductive approach）、归纳模式（inductive approach）、目标模式（goal-oriented approach）及问题模式（problem-oriented approach）等五种类型。其中，系统模式使用最为普遍。系统模式的最佳代表是 CIPP（context，input，process，product）模式。该模式是美国著名评价专家斯塔弗尔比姆（D. L. Stufflebeam）在 20 世纪 60 年代后期发展起来的，它是与其他新的评价观念体系，尤其是斯克里之（Scriven）和斯塔克（Stake）提出的概念体系一起产生的[②]。本章主要依据 CIPP 模式来构建省区职业教育发展综合评价指标体系。

（二）指标体系设计原则

构建职业教育发展水平综合评价指标体系还需要遵循一系列设计原则，除一般性原则如目的性、科学性、层次性、完整性外，还应考虑遵循以下一些原则。

---

① 孙志麟. 教育指标的概念模式 [J]. 教育政策论坛，2000，3（1）：117－135.
② 瞿葆奎. 教育学文集（第 16 卷）——教育评价 [M]. 北京：人民教育出版社，1989：297.

1. 简明性与有效性

应选取代表性较强的典型职业教育指标，尽可能以最少的指标包含最多的信息，力求指标体系简洁易用，编制方式简单明了，容易理解。同时选取的指标能真正反映职业教育发展的实际状况和潜在问题。

2. 可行性与可靠性

发展职业教育指标必须考虑时间、成本、人员与技术等方面的配合情况，以确定其可行性。此外，指标资料的收集渠道必须考虑现实数据资料的可支持性。尤其在目前国内教育指标研究尚处于理论研究阶段，在相关统计信息还相当缺乏的情况下，指标发展的可行性与指标资料来源的可靠性是构建指标体系必须重视的重要环节。

3. 规范性与比较性

建构的职业教育指标应力求内涵和操作型定义明确清晰，指标的变化，必须能明确解释某一职业教育现象或水准的上升或下降。指标统计口径要利于不同省份间职业教育发展的比较。

4. 全面性与概括性

职业教育发展的概念具有深刻而丰富的内涵，这就要求描述各省职业教育发展的指标体系既要具有足够的涵盖面，又把握关键要素，不可能面面俱到。在领域划分、各领域维度的确定，以及各维度下指标选取等环节上，都应尽可能全面而概况地反映教育发展内涵的各个侧面。

（三）指标体系构成及数据来源

本章以"背景—输入—过程—输出"的 CIPP 模式为基础，进行省区职业教育发展综合评价指标体系的建构。具体如下。

1. 背景领域

背景领域指的是在进行省区职业教育发展比较时，首先要了解该省区职业教育系统运作所处社会环境的不同，如社会、经济、文化状况等。本章主要从经济社会基础来反映职业教育发展的背景。

2. 输入领域

输入领域指的是投入到职业教育中的资源情况，如人力、财力、物力等，职业教育投入的状况决定了职业教育发展的能力，体现了一个区域对职业教育的重视程度。本章主要从教师素质、教育经费和办学条件三个维度来反映职业教育发展的投入。

3. 过程领域

过程领域指的是职业教育系统的运作活动，如受教育机会的提供、办学资源利用、学校组织环境特征及教学过程等。由于我国教育统计年鉴等资料没有各省区职业教育入学率或毛入学率等数据，另外测量与评价学校组织环境及教学过程需要设计一系列问卷并建构相应主观性指标，限于研究时间、人力及财力等限制，本章对该部分内容未能获取相应客观指标数据。

4. 输出领域

输出领域指的是职业教育系统运作的整体结果与成效，包括职业教育的直接产出和间接产出。直接产出包含学生的学业成就、毕业生数、毕业生基本情况（职业技能获取、就业率、就业薪资等）、国民受教育年限及科研成果等；间接产出指的是职业教育发展对经济增长、社会进步等的贡献程度。基于指标数据可获取程度，本章主要从职业教育的直接产出来反映各省区职业教育发展的输出情况。

在相关区域职业教育发展理论模式基础上，遵循评价指标体系的设计原则，结合区域中等和高等职业教育发展的具体特征，分别确立中职和高职评价指标体系。中等职业教育评价指标体系参考《国务院关于大力推进职业教育改革与发展的决定》及《中等职业教育督导评估标准》等相关政策文本，将区域中等职业就业综合评价指标体系分解为经济社会基础、教育经费、教师素质、办学条件及办学成果四个一级指标，各一级指标下选择相应二级指标（见表5-1）。

表 5 – 1　中等职业教育评价指标体系

一级指标	二级指标	指标数据来源
经济社会基础	1 人均 GDP	依据《中国劳动统计年鉴 2011》相关指标计算
	2 第二产业 GDP 所占比重	
	3 每万人口中职毕业生数	
教育经费	4 中职生均经费支出占人均 GDP 比重	依据《中国教育经费统计年鉴 2011》相关指标计算
	5 中职预算内教育经费占预算内教育经费总量的比例	
	6 中职生均预算内教育事业费与普通高中之比	
教师素质	7 本科以上学历教师占专任教师比例	依据《中国教育统计年鉴 2010》相关指标计算
	8 中职生师比	
	9 双师型教师比例	《2010 全国教育事业发展简明统计分析》
办学条件	10 国家示范性中职所占比例	依据教育部网站数据计算
	11 生均教学科研仪器设备	依据《中国教育统计年鉴 2010》相关指标计算
	12 每百名学生拥有教学用计算机台数	
办学成果	13 毕业生中具有职业资格比例	依据《中国教育统计年鉴 2010》相关指标计算
	14 中等职业学校培训结业学生数	
	15 培训结业生中获取资格证书培训比例	
	16 中职毕业生就业率	2010 中国职业教育报告
	17 全国职业技能大赛获奖数	全国职业院校技能大赛公布数据

　　高等职业教育评价指标体系，参考《普通高等学校基本办学条件指标（试行）》、《高等职业学校设置标准（暂行）》及《高职院校人才培养工作水平评估指标体系》等相关政策文本，将区域高等职业就业综合评价指标体系分解为经济社会基础、教育经费、教师素质、办学条件及办学成果四

个一级指标，各一级指标下选择相应二级指标（见表 5 - 2）。

表 5 - 2　高等职业教育评价指标体系

一级指标	二级指标	指标数据来源
经济社会基础	1 人均 GDP	依据《中国劳动统计年鉴 2011》相关指标计算
	2 第二产业 GDP 所占比重	
	3 每万人口大专（高职）毕业生数	
教育经费	4 高职生均经费占人均 GDP 比重	依据《中国教育经费统计年鉴 2011》相关指标计算
	5 高职预算内教育经费占预算内教育经费总量的比例	
	6 高职生均预算内教育事业费与普通本科之比	
教师素质	7 研究生以上学历教师占专任教师比例	依据《中国教育统计年鉴 2010》相关指标计算
	8 双师型教师比例	《2010 全国教育事业发展简明统计分析》
	9 高职生师比	
办学条件	10 生均教学科研仪器设备	依据教育部网站数据计算
	11 国家示范性高职所占比例	
	12 生均校内实践基地面积	以中国高职院校教育网中部分示范性高职院校的人才培养状态数据为样本说明
办学成果	13 职业技能鉴定率	
	14 顶岗实习率	
	15 应届生就业率	
	16 国家级精品课程数	国家精品课程网
	17 全国职业技能大赛获奖数	全国职业院校技能大赛公布数据

二、各省区职业教育发展现状比较

通过比较各省区职业教育发展原始指标数据信息，可以使我们对全国 31 个省区职业教育发展的客观现况获得一个直观认识。

（一）各省区经济社会基础比较

1. 各省区经济发展水平比较

人均 GDP 和第二产业 GDP 所占比重是衡量区域经济发展水平的重要指标。2010 年全国人均 GDP 为 29992 元，共有 11 个省份超过全国平均水平。上海、北京和天津人均 GDP 超过 7 万元，分列前三位；人均 GDP 最低的三个省份依次是贵州、云南和甘肃，其中贵州人均 GDP 仅为 13119 元，比最高的上海低 62955 元（见图 5 – 1）。

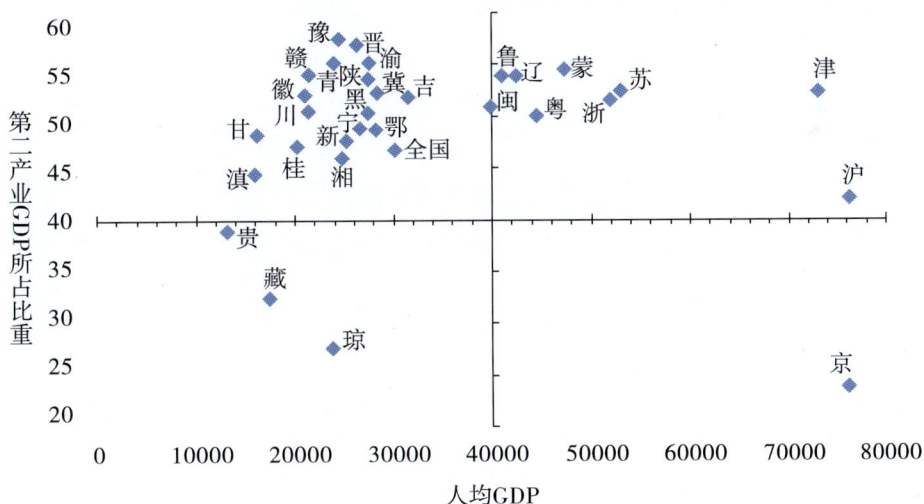

图 5 – 1　各省区人均 GDP 及第二产业 GDP 占比　　（元，%）

【数据来源】国家统计局. 中国统计年鉴 2011［M］. 北京：中国统计出版社，2011.

第二产业与职业教育的关联较为密切，也是反映区域工业化程度的重要参考。我国第二产业 GDP 所占比重 2010 年为 46.8%，共有 24 个省份超过全国平均水平。占比最高的三个省份依次是河南、山西和青海，占比分别为 57.3%、56.9% 和 55.1%；最低的 3 个省份依次是北京、海南和西藏，占比分别为 24%、27.7% 和 32.3%（见图 5 - 1）。

2. 各省区每万人口职业院校毕业生数比较

每万人口职业院校毕业生数量可以反映各省在控制总人口数量影响条件下，每年新增职业技能劳动人口数量。2010 年，全国每万人口中职、高职毕业生数分别为 49 人和 23 人。中职每万人口毕业生数超过全国平均水平的省份共有 13 个。数量最多的 3 个省份依次是陕西、湖北和山西，分别为 75 人、72 人和 65 人；数量最少的 3 个省份依次是上海、西藏和贵州，分别为 24 人、24 人和 32 人。高职每万人口毕业生数超过全国平均水平的省份共有 14 个。数量最多的 3 个省份依次是天津、江苏和陕西，分别为 38 人、36 人和 33 人；数量最少的 3 个省份依次是青海、云南和贵州，分别为 10 人、11 人和 12 人（见图 5 - 2）。

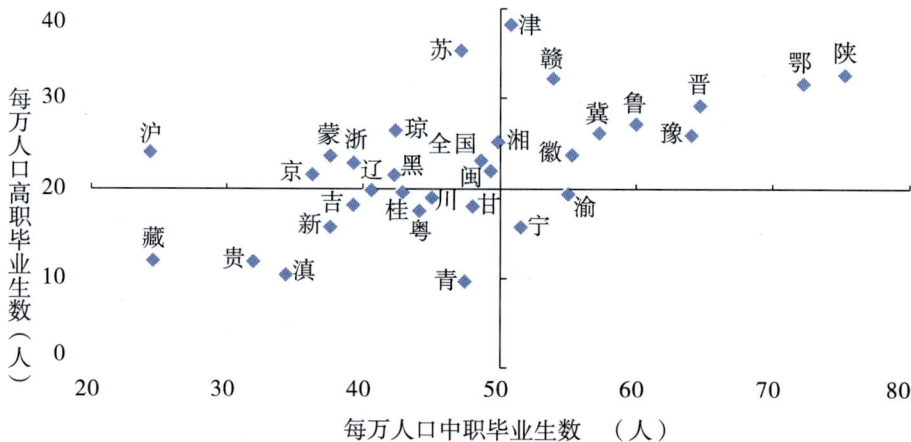

图 5 - 2　2010 年各省每万人口中职、高职毕业生数

【数据来源】国家统计局. 中国统计年鉴 2011 ［M］. 北京：中国统计出版社，2011；教育部发展规划司. 中国教育统计年鉴 2010 ［M］. 北京：人民教育出版社，2011.

（二）各省职业院校经费保障比较

1. 生均教育经费指数

生均教育经费指数，即生均教育经费与人均 GDP 之比，是衡量教育经费多少的相对数指标。根据生均教育经费中教职工工资占主要成分，而工资水平随人均 GDP 增长而增长的原理，生均教育经费一般应随人均 GDP 增长而增长。为保证必要的教学条件，生均教育经费指数应具有一定稳定性。国际统计经验，政府财政支出的生均教育经费指数一般为：小学，0.08—0.16；中学，0.15—0.22；大学，0.2—0.7[①]。

2010 年全国中职教育经费指数为 0.29，高于国际上中学统计数据；有 15 个省份指数高于全国平均水平。教育经费指数排前三位的省份依次是西藏、新疆和云南；排后三位的省份依次是江苏、湖北和福建。三个经济大省广东、江苏和山东均排在后五位（见图 5 - 3）。

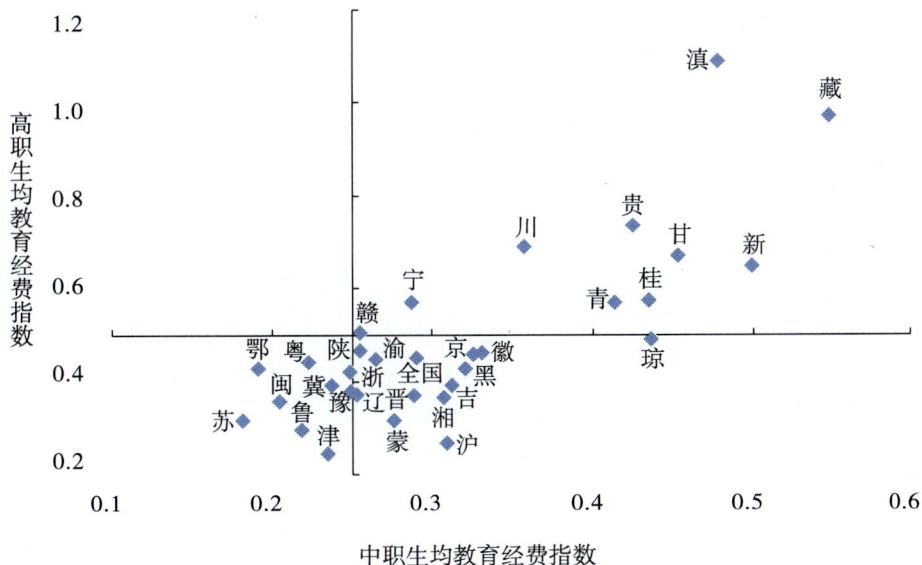

图 5 - 3 2010 年各省中职、高职生均教育经费指数

【数据来源】教育部财务司. 中国教育经费统计年鉴 2011 [M]. 北京：中国统计出版社，2011.

---

① 张力，杨秀文. 教育政策的信息基础：中国、新加坡、美国教育指标系统分析 [M]. 北京：高等教育出版社，2003：44.

2010 年全国高职院校教育经费指数为 0.4，有 14 个省份高于全国平均水平，主要为西部省份（见图 5 - 3）。云南和西藏高职院校教育经费指数分列前两位。高职院校教育经费指数最低的 4 个省份依次为东部经济发达的天津、上海、山东和江苏，分别为 0.2、0.3、0.3 和 0.3。

2. 职业教育预算内经费占比

通过比较职业教育预算内教育经费所占预算内总教育经费的比例可以考察职业教育在整个教育体系中所受重视程度。2010 年全国中职预算内教育经费占预算内教育经费总量的比例为 6.31%，有 15 个省份超过全国平均水平，排在前三位的省份依次是海南、广东和山西，比例分别为 10.2%、8.3% 和 8.3%；有 16 个省份低于全国平均水平，排在后三位的省份依次为西藏、北京和上海，其比例分别为 2.8%、3.9% 和 4.2%（见图 5 - 4）。

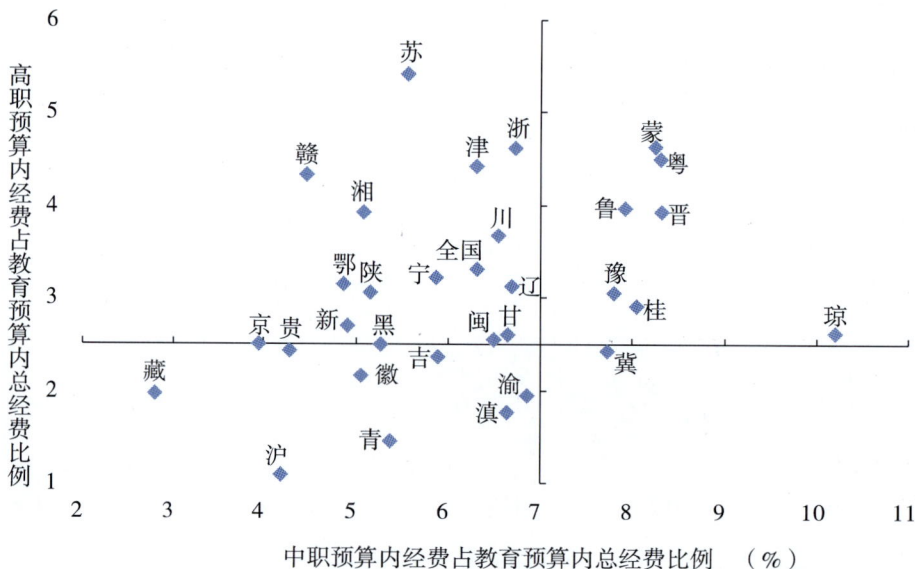

图 5 - 4　2010 年各省中职、高职预算内教育经费占预算内教育经费总量比例

【数据来源】教育部财务司. 中国教育经费统计年鉴 2011 ［M］. 北京：中国统计出版社，2011.

2010年，全国高职院校预算内教育经费占预算内教育经费总量的比例为3.3％，有10个省份的比例数超过全国平均水平，排在前三位的省份依次是江苏、内蒙古和浙江，比例分别为5.4％、4.6％和4.6％；有21个省份的比例数低于全国平均水平，排在后三位的省份依次为上海、青海和云南，其比例分别为1.1％、1.5％和1.8％（见图5-4）。

3. 职业教育与普通教育生均预算内教育事业费比较

中等职业学校与普通高中同属于高中阶段的教育，一般来说，培养中职学生所需教育成本要高于普通高中。2010年，全国中职生均预算内教育事业费为4840.41元，比普高多336.91元；有22个省区中职生均预算内教育事业费高于该省普通高中，内蒙古中职生均预算内教育事业费（8231.72元）超过普高生均额度最多，为2619.92元；但仍有9省区中职生均预算内教育事业费低于该省普通高中，除青海、宁夏外主要是东部经济较发达省份，上海中职生均预算内教育事业费（12609.79元）低于普高生均额度最多，两者相差7736.79元（见表5-3）。

表5-3　2010年各省中职与普高预算内教育事业费比较　（元）

中职　普高	数量	省　份
差额＞1500	4	内蒙古、吉林、广西、黑龙江
0＜差额≤1500	18	四川、辽宁、河南、新疆、湖南、贵州、甘肃、云南、西藏、山东、浙江、河北、江西、湖北、安徽、陕西、重庆、山西
-1500＜差额≤0	4	广东、福建、江苏、青海
差额＜-1500	5	广东、福建、江苏、青海、海南、宁夏、天津、北京、上海

【数据来源】教育部财务司. 中国教育经费统计年鉴2011［M］. 北京：中国统计出版社，2011.

高职院校和普通本科作为普通高等教育办学形式，但其生均公共财政预算内教育事业费差距较大，普通本科远远高于高职院校。2010年，全国地方普通高职院校生均公共财政预算内教育事业费为5838.87元，比全国地方普通本科生均公共财政预算内教育事业费 9334.68 元低 3495.81 元。仅有辽宁省地方高职院校生均公共财政预算内教育事业费高于地方普通本科，有 16 个省份高职院校与普通本科生均公共财政预算内教育事业费缺额低于全国平均水平；有 14 个省份高于全国平均水平。生均缺额最少的 3 个省份依次是山东、内蒙古和黑龙江，分别为 847.88 元、1302.69 元和 1661.66 元；生均缺额最多的 3 个省份依次是上海、北京和海南，分别为 16470.58 元、10636 元和 7518.4 元（见表 5 –4）。

表 5 –4　2010 年各省地方高职院校预算内教育事业费与普通本科比较　（元）

高职　本科	数量	省　　份
差额≤2000	6	辽宁、山东、内蒙古、黑龙江、河北、河南
2000＜差额≤4000	15	山西、广东、四川、陕西、湖南、广西、宁夏、江西、江苏、甘肃、福建、安徽、云南、吉林、浙江
4000＜差额≤6000	5	湖北、西藏、重庆、贵州、青海
6000＜差额≤8000	3	新疆、天津、海南
差额＞8000	2	北京、上海

【数据来源】教育部财务司. 中国教育经费统计年鉴 2011［M］. 北京：中国统计出版社，2011.

（三）各省区职业教育教师素质比较

1. 生师比

2010 年，全国中职生师比为 27，生师比高于全国的省份有 17 个，除广东和海南外，均为中西部省份；低于全国的有 14 个省份，主要为东部和东北省份。生师比最低的是天津，仅为 15，其次是吉林和北京，分别为 15 和 19；生师比最高的是宁夏，为 42，其次是广西和西藏，分别为 40 和 38（见图 5 –5）。

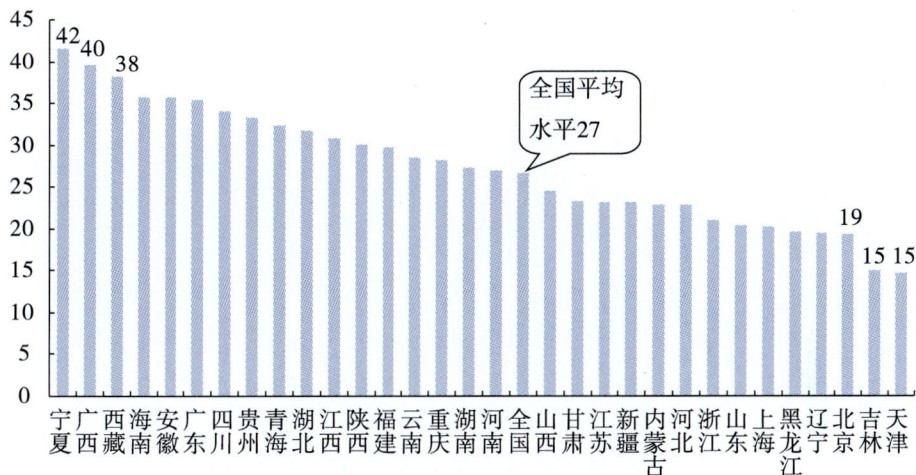

图 5 - 5　2010 年各省中职生师比

《普通高等学校基本办学条件指标 （试行）》要求普通高等职业院校生师比要达到 18∶1。2010 年全国高职院校生师比为 17∶1，绝大多数省份达到《普通高等学校基本办学条件》要求，仅有宁夏和安徽两省生师比高于18，分别为 20 和 19；低于全国平均水平的省份有 6 个，高于全国平均水平的省份有 16 个。

2. 职业院校教师学历达标情况

（1） 中职学校本科以上学历教师占专任教师比例

2010 年全国中职本科以上学历教师占专任教师比例为 21.2%，共有 14 个省区该项比例超过全国平均水平，17 个省区低于全国平均水平；东部省份除海南外均高于全国平均水平，比例最高的是上海，为 94.4%，其次是北京和浙江，其比例分别为 92.6% 和 92.3%；比例排后三位的省份依次为青海、陕西和江西，其比例分别为 65.5%、74.6% 和 74.7% （见图 5 - 6）。近日教育部颁布的《关于 "十二五" 期间加强中等职业学校教师队伍建设的意见》中指出，中职专任教师学历达标率要超过 95%，研究生层次教师比例逐步提高，可见今后五年各省仍需继续加大力度，优化中职专任教师学历结构。

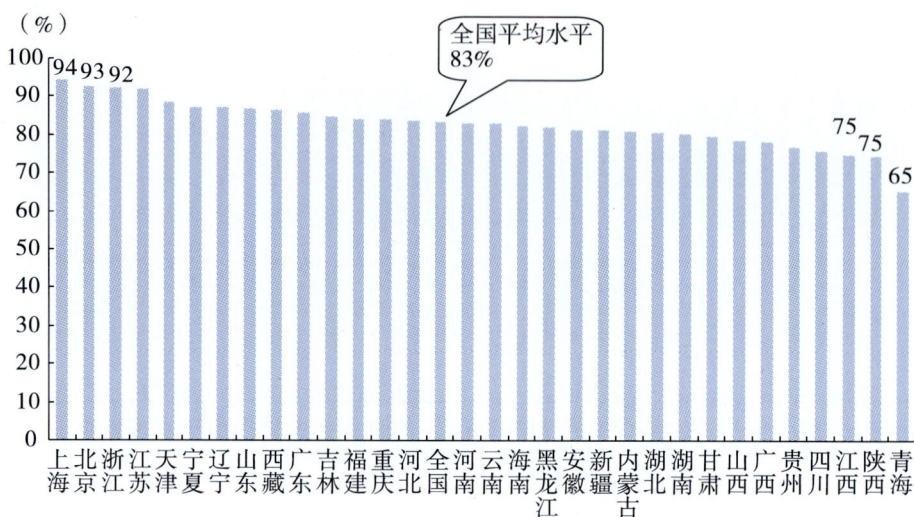

（%）

全国平均水平
83%

图 5-6　2010 年各省中职本科以上学历教师占专任教师比例

【数据来源】教育部发展规划司. 中国教育统计年鉴 2010［M］. 北京：人民教育出版社，2011.

（2）高职院校具有研究生学位教师占专任教师比例

2010 年，全国高职院校具有研究生学历教师占专任教师比例为32.3%，所有省份均达到《高等职业学校设置标准（暂行）》要求的"具有研究生学位教师占专任教师的比例要达到 15%"的规定，共有 10 个省区该项比例超过全国平均水平，21 个省区低于全国平均水平；东部省份除天津和海南外均高于全国平均水平，比例最高的是浙江，为 44%，其次是广东和北京，其比例分别为 42.7% 和 42.3%；比例排后三位的省份依次为青海、新疆和贵州，其比例分别为 15.7%、18.8% 和 19.6%（见图 5-7）。

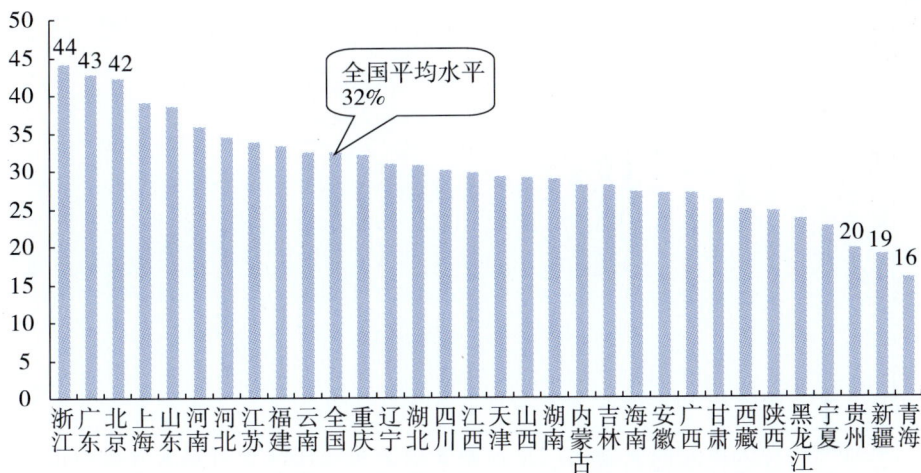

图 5－7　**2010 年各省高职研究生以上学历教师占专任教师比例**

【数据来源】教育部发展规划司．中国教育统计年鉴 2010〔M〕．北京：人民教育出版社，2011．

3. "双师型"教师情况

"双师型"教师是衡量中等职业教育师资水平的重要条件，新《中等职业学校设置标准》要求双师型教师比例不低于 30%。教育部《关于"十二五"期间加强中等职业学校教师队伍建设的意见》中要求"双师型"教师占专任教师比例应达到 50%。2010 年全国中职"双师型"教师比例仅为 21.35%，仅有宁夏、浙江两省达到 30%，无一省份达到 50% 比例要求；有 18 省区高于全国比例，其余 13 省区均低于全国平均水平。比例排序前三位的省份是宁夏、浙江和广西，其比例分别为 30.85%、30.38% 和 29.24%；比例排序在后三位的省份依次是西藏、山西和内蒙古（见图 5－8）。

2010 年全国高职院校双师型教师占专任教师比例为 33.3%，有 10 个省份该项比例高于全国平均水平；有 21 个省份比例低于全国平均水平。双师型教师比例最高的省份是浙江和黑龙江，均为 40.5%，其次为湖南，比例为 40.3%；比例排序后三位的省份依次是西藏、山西和新疆，分别为 17%、19.6% 和 26.3%（见图 5－9）。

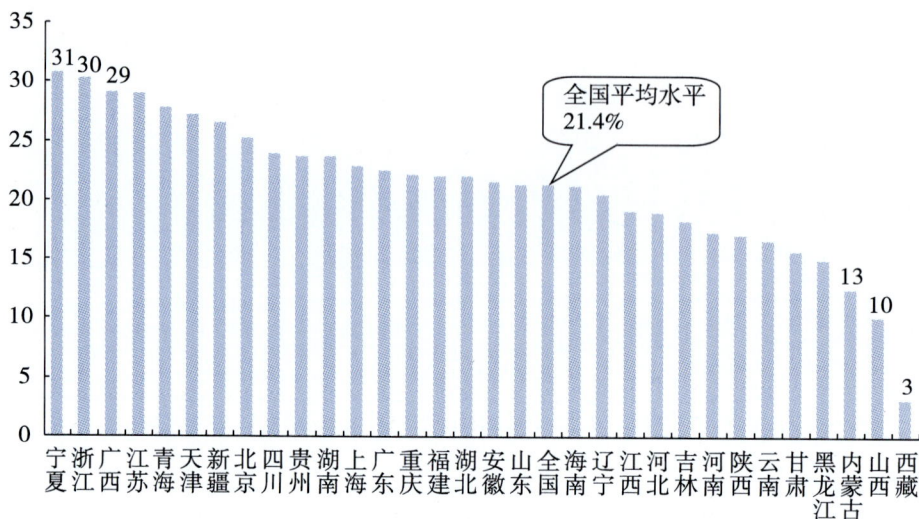

图 5－8　2010 年各省中职双师型教师比例

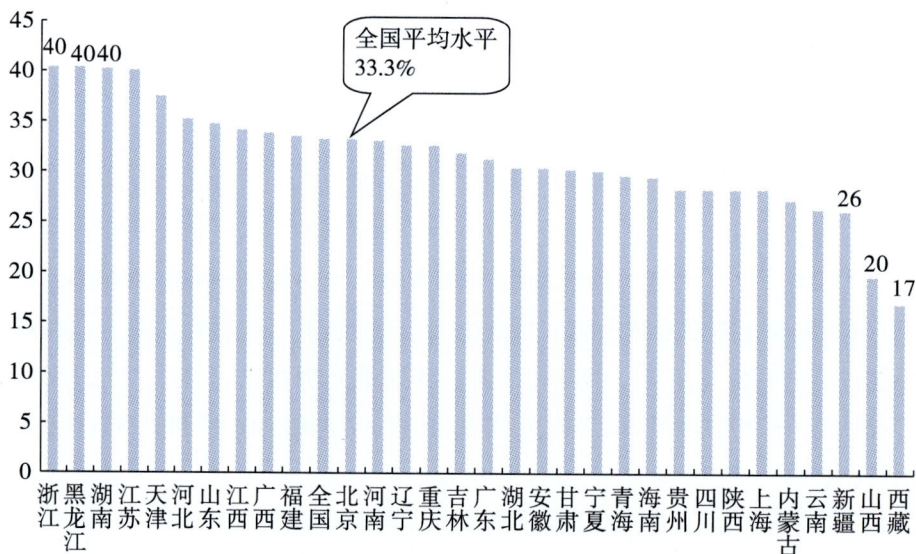

图 5－9　2010 年各省高职双师型教师比例

（四）各省区职业教育办学条件比较

1. 国家示范性职业院校数

国家示范性职业院校数量可以反映各省优质职业教育资源分布情况。国家示范性中职各省区分布依然不均衡（见图5-10），山东、河南和广东3省分别拥有40所以上国家示范性中职；江苏、河北、四川和湖北4省的数量在30—40所之间；辽宁、浙江和安徽等9省的数量在20—30所之间；山西、江西和黑龙江等12省的数量在10—20所之间；国家示范性中职学校数量低于10所的省份仅有3省，分别是西藏、青海和海南。

"国家示范性高等职业院校建设计划"确定了109所示范性高职院校（含9所重点培育院校）。数量最多的省份是江苏，共有7所；浙江、山东和四川3省共有6所；其他省份数量在2—5所之间；仅有1所的省份是海南、贵州、西藏和青海4省（见图5-10）。

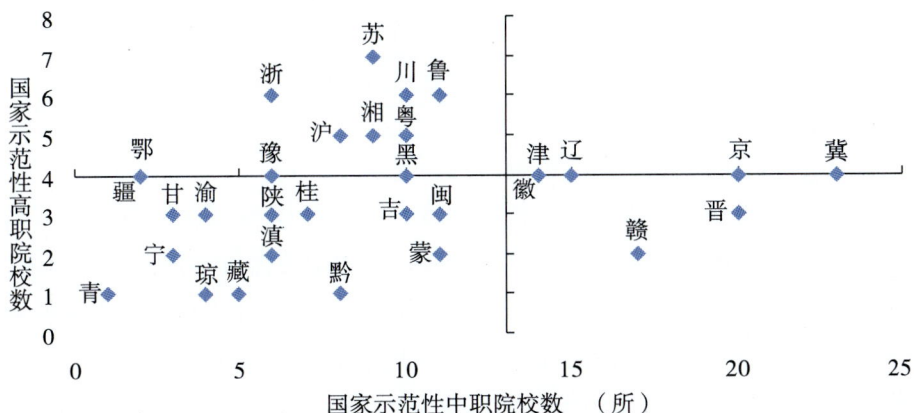

图5-10　2010年各省国家示范性高职、中职院校数

【数据来源】根据"国家示范骨干高职院校建设"、"国家中等职业教育改革发展示范学校建设计划"相关院校数据汇总整理。

2. 生均教学科研仪器设备值

（1）中职生均教学科研仪器设备值

《中等职业学校设置标准》要求生均仪器设备价值不能低于2500元。

2010 年全国中职生均教学科研仪器设备值为 2331 元，有 11 个省份生均值高于全国水平，主要分布在东部和东北，有 9 个省份生均值符合标准；低于全国平均值的省份有 20 个，主要为中西部省份，其中有 5 个中西部省份生均值在 1500 元以下。中职生均教学科研仪器设备值最高的省份是上海，为 9200 元，其次是北京和天津，分别为 7809 元和 4806 元；生均值最低的省份是西藏，仅为 955 元，与最高的上海相差近 10 倍，其次是云南和山西，分别为 1337 元和 1393 元。

表 5 – 5　中职生均教学科研仪器设备值

分类	数量	省　份
5000 元以上	2	北京、上海
2500—4999 元	7	天津、浙江、江苏、辽宁、山东、广东、重庆
1500—2449 元	17	福建、新疆、吉林、湖南、广西、海南、甘肃、黑龙江、贵州、安徽、江西、河北、陕西、青海、湖北、四川、河南
1499 元以下	5	宁夏、内蒙古、山西、云南、西藏

（2）高职生均教学科研仪器设备值

《普通高等学校基本办学条件》要求，生均教学科研仪器设备值不能低于 4000 元，2010 年所有省份高职院校生均教学仪器设备值均符合要求。全国高职院校生均教学科研仪器设备值为 6115 元，高于全国平均水平的省份有 9 个，主要为东部省份；低于全国平均水平的省份有 22 个，主要为中西部省份。生均教学仪器设备值最高的 3 个省份依次是北京、上海和天津，分别为 16891 元、8388 元和 8299 元；最低的 3 个省份依次是安徽、云南和贵州，分别为 4588 元、4615 元和 4786 元（见图 5 – 11）。

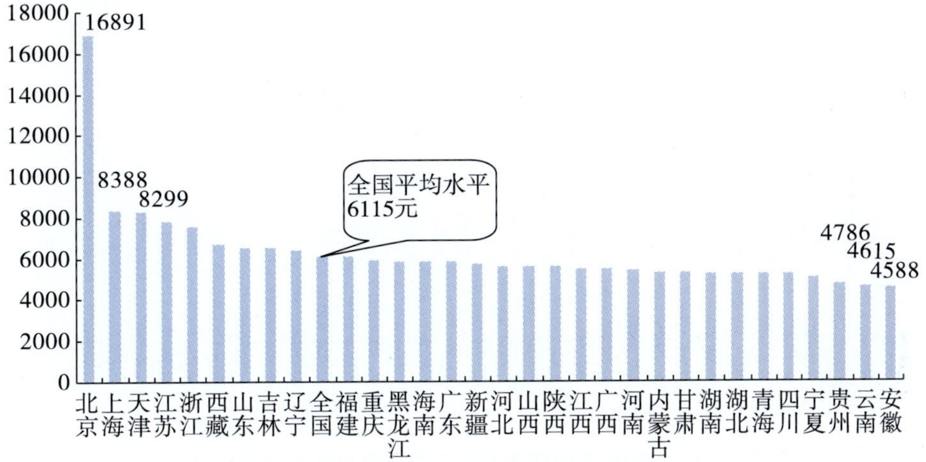

图5-11　2010年高职生均教学仪器设备值

3. 中职每百名学生拥有教学用计算机台数

2010年全国每百名学生拥有教学用计算机台数为13台，山东、河北、吉林和江西四省与全国平均持平；有10个省份高于全国平均，其中有5省达到中职办学标准要求的"计算机拥有数量不少于每百人15台"的规定，主要分布在东部；有17个省份低于全国平均，主要是中西部省份。每百名学生拥有教学用计算机台数最多的省份是上海，为33台，其次是北京和天津，分别为27台和23台；每百名学生拥有教学用计算机台数最少的省份是西藏，仅有4台，其次是宁夏和山西，分别为8台和10台（见图5-12）。

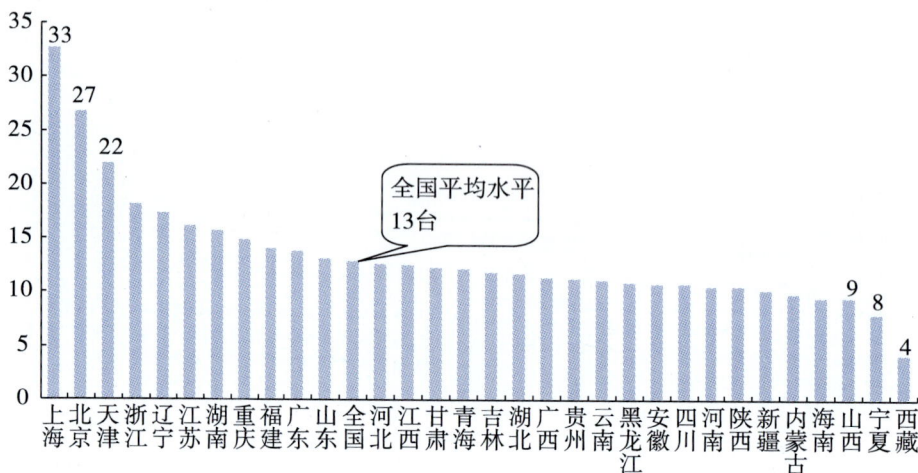

图 5 - 12　2010 年中职每百名学生拥有教学用计算机台数

4. 高职生均校内实践基地面积

校内实践基地是高等职业院校开展实践教学、科学研究、技术研发、社会服务的重要场所，是高等职业院校改善办学条件、彰显办学特色、提高教学质量的重点，是培养高素质技能型专门人才的基本保证。

2010 年全国示范性高职生均校内实践基地面积为 5.85 平方米，有 12 个省份生均面积大于全国平均水平；有 19 个省份生均面积小于全国平均水平。生均面积最多的省份依次是陕西、黑龙江和重庆，生均面积分别为 8.13 平方米、8.07 平方米和 7.81 平方米；生均面积最少的省份依次是山西、海南和安徽，生均面积分别为 2.99 平方米、3.34 平方米和 3.47 平方米（见图 5 - 13）。

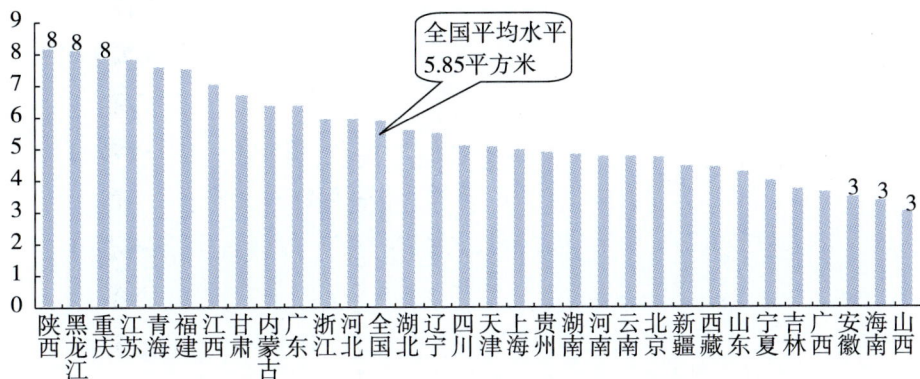

图 5-13　**2010 年高职生均校内实践基地面积**

【数据来源】根据中国高职高专教育网"国家示范骨干高职院校建设"相关院校数据整理。

（五）各省区职业教育办学成果比较

1. 各省中职院校办学成果比较

（1）中职毕业生具有职业资格比例

2010 年全国中职毕业生 543.7 万人，其中获取职业资格证书人数为 342 万人，占比为 62.9%；有 12 个省份中职毕业生获取职业资格证书比例高于全国平均；有 19 个省份低于全国平均，东北和中部（除湖南外）均低于全国平均。比例最高的 3 个省份均在东部，依次是浙江、福建和江苏，其比例分别为 83.1%、80.7% 和 78.4%；比例最低的是西藏，仅为 30.9%，其次是吉林和宁夏，分别为 45% 和 45.9%（见图 5-14）。

（2）中职院校培训结业学生数

中职院校培训结业学生数量反映了中职院校的社会培训能力。2010 年我国中职院校面向社会培训结业人数为 734.1 万人，培训规模在 50 万人以上的省份仅有江苏和湖北两省；规模在 30—50 万人之间的有云南等 8 省；规模在 10—30 万人之间的有安徽等 13 省；10 万以下的省份有新疆等 8 省（见表 5-6）。

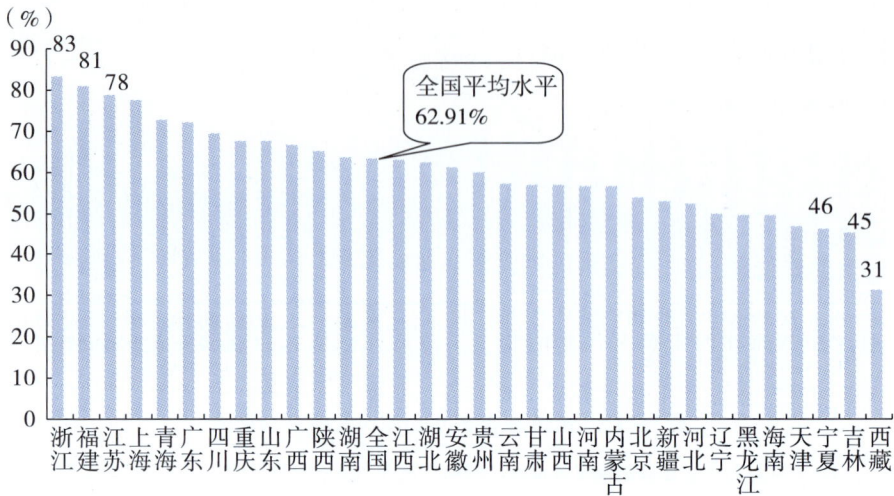

图 5-14　2010 年中职毕业生具有职业资格比例

【数据来源】教育部发展规划司. 中国教育统计年鉴 2010 ［M］. 北京：人民教育出版社, 2011.

表 5-6　各省中职面向社会培训规模分布

分类	数量	省　份
50 万人以上	2	江苏、湖北
30—50 万人	8	云南、四川、河南、河北、山东、辽宁、浙江、广东
10—30 万人	13	安徽、山西、陕西、湖南、福建、贵州、广西、重庆、江西、甘肃、黑龙江、上海、内蒙古
10 万人以下	8	新疆、北京、宁夏、吉林、天津、海南、青海、西藏

【数据来源】教育部发展规划司. 中国教育统计年鉴 2010 ［M］. 北京：人民教育出版社, 2011.

（3）培训结业生中获取资格证书培训比例

2010 年，全国中职院校培训结业生中获取职业资格证书的培训比例为 28.45%，共有 18 个省份比例超过全国平均水平。排在前三位的省份依次是天津、北京和云南，比例分别为 57.94%、44.78% 和 43.40%；排在后三位的省份依次是西藏、湖北和江苏，比例分别为 12.49%、16.71% 和 17.98%（见图 5 - 15）。

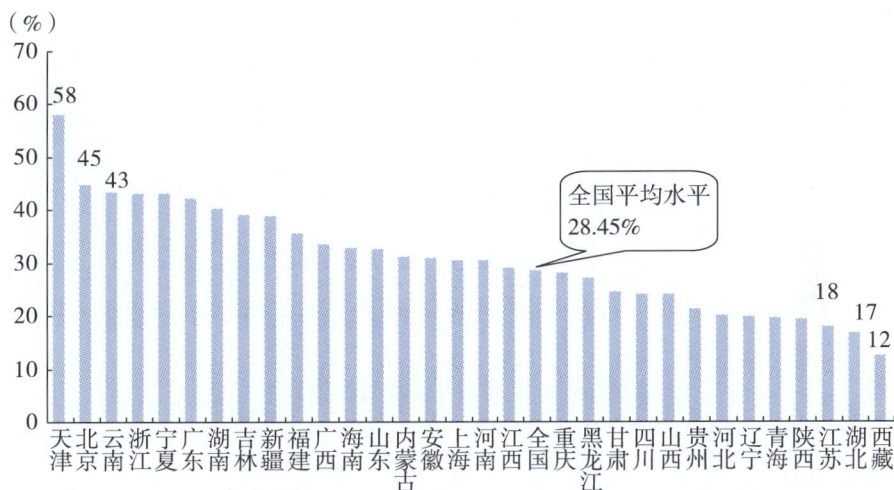

图 5 - 15　2010 年中职培训结业生中获取资格证书培训比例

【数据来源】 教育部发展规划司. 中国教育统计年鉴 2010 ［M］. 北京：人民教育出版社，2011.

（4）中职毕业生就业率

2010 年，我国中职毕业生就业率为 96.7%，其中高于全国就业率的省份有 12 个，分布在东中部；低于全国就业率的省份有 19 个，主要是西部和东北省份。就业率在 95% 以上的省份有 25 个，仅有宁夏等 6 个省就业率低于 95%（见图 5 - 16）。

（5）全国职业技能大赛获奖数

2010 年，全国中职技能大赛共评出一等奖 1436 项，东部省份除河北、海南外，获奖项数均超过各省平均值且成绩突出，浙江、山东和广东分列前三位，其获奖项数分别为 119 项、107 项和 103 项。与东部省份相比，中西部省份仍有较大差距（见图 5 - 17）。

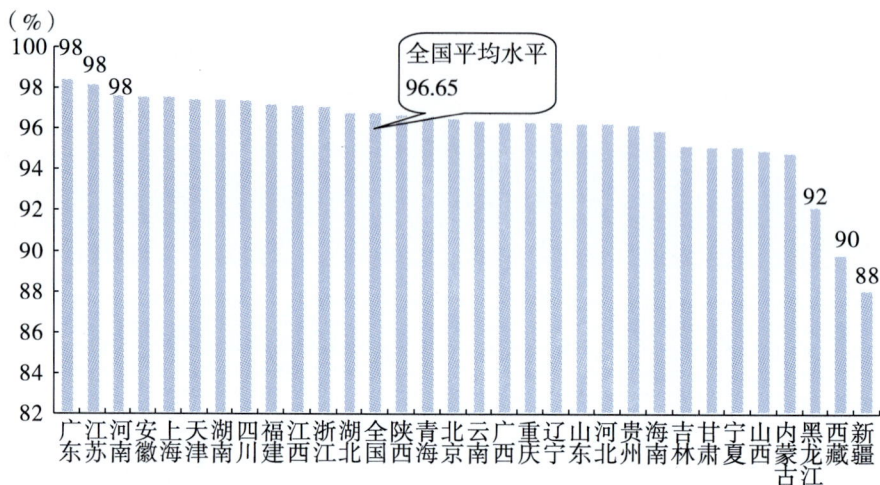

图 5－16　2010 年中职毕业生就业率

【数据来源】教育部职业教育与成人教育司．2010 中国职业教育报告 ［M］．北京：高等教育出版社，2011．

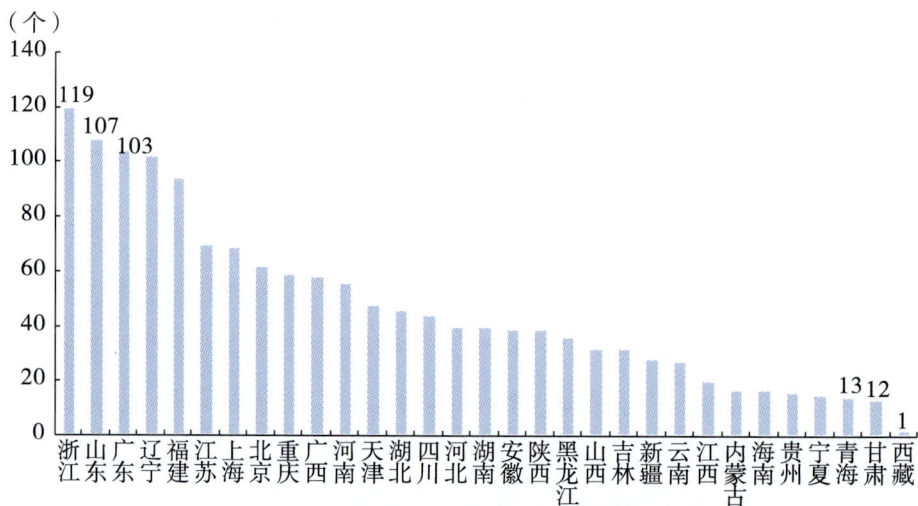

图 5－17　2010 年中职全国技能大赛获奖数

【数据来源】根据全国职业院校技能大赛官方网站获奖项目数据汇总整理。

2. 各省高职院校办学成果比较

(1) 毕业生职业技能鉴定率

职业技能鉴定比例是指毕业生中获得职业资格证书比例，该指标反映了毕业生是否具有从事某种职业所应掌握的技术理论知识和实际操作能力。2010 年全国职业技能鉴定比例为 45.4%，有 12 个省份超过全国平均水平；有 19 个省份低于全国平均水平。西部三省陕西、甘肃和青海职业技能鉴定比例位居前三，职业技能鉴定比例分别为 92.3%、84.3% 和 73.3%。西藏、新疆和山西职业技能鉴定比例最低，分别为 8.3%、13.1% 和 21.9% (见图 5 - 18)。

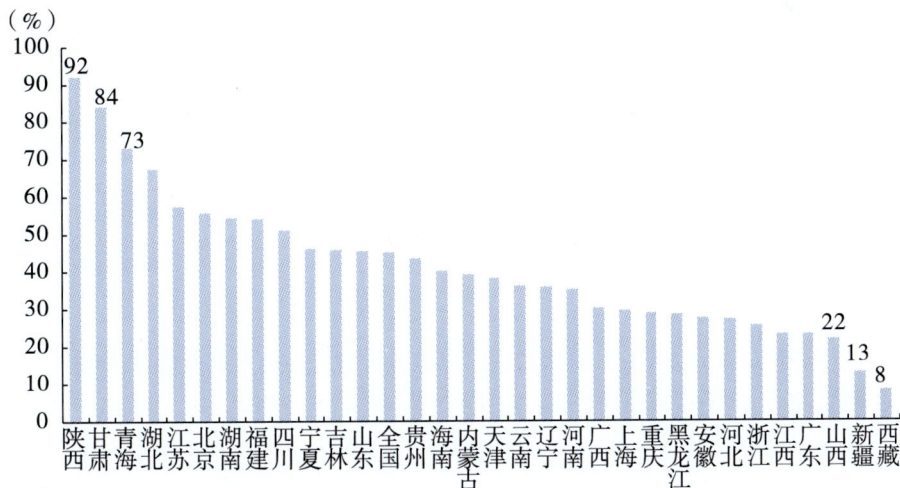

图 5 - 18　2010 年高职毕业生职业技能鉴定率

【数据来源】根据国家精品课程资源网"高职高专课程"数据汇总整理。

(2) 顶岗实习率

顶岗实习是学校安排在校学生实习的一种方式，对提升学生的就业能力起很大的作用。2010 年国家示范性高职顶岗实习率全国平均水平为 22.5%，有 16 个省份高于全国平均水平；有 15 个省份低于全国平均水平。顶岗实习率最高的省份湖南，其比例仅为 35.5%，其次是湖北和吉林，分别为 28.4% 和 28.3%；最低的 3 个省份依次是青海、云南和宁夏，分别为

12.4%、12.4%和13.3%（见图5-19）。

（%）
40

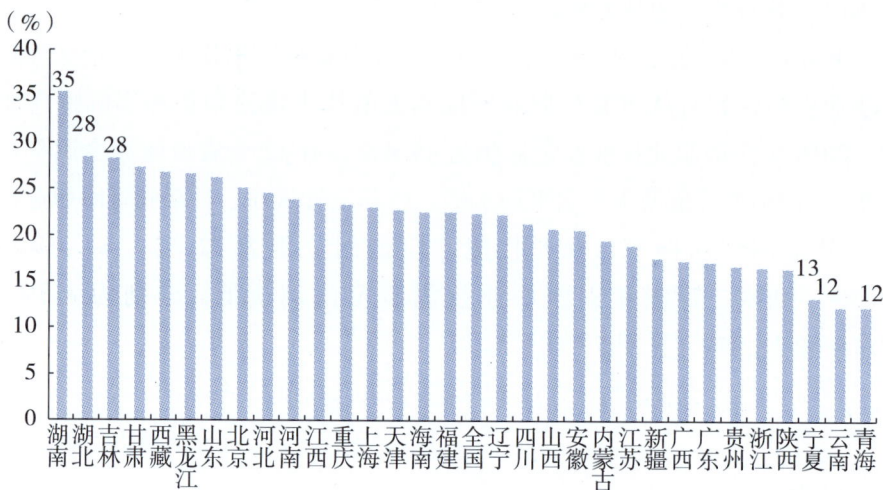

图5-19 2010年高职顶岗实习率

【数据来源】根据中国高职高专教育网"国家示范骨干高职院校建设"相关院校的数据整理。

（3）应届生就业率

2010年，国家示范性骨干性高职应届毕业生就业率全国平均水平为95.7%，有16个省份超过全国平均水平，大多为东部省份；有15个省份低于全国平均水平，主要为中西部省份。就业率最高的是东部的北京、浙江和上海，分别为98.6%、98.4%和98.3%；最低的是西部的西藏、甘肃和广西，分别为81.3%、85.2%和91.7%（见图5-20）。

（4）国家级精品课程数

截至2010年，高职院校国家级精品课程数为1037门，东部省份国家级精品课程数量较多；西部省份数量偏少。数量最多的两个省份依次是山东和浙江，数量分别是137门和123门；国家级高职院校精品课程数量低于10门的省份共有9个，其中8个分布在西部（见表5-7）。

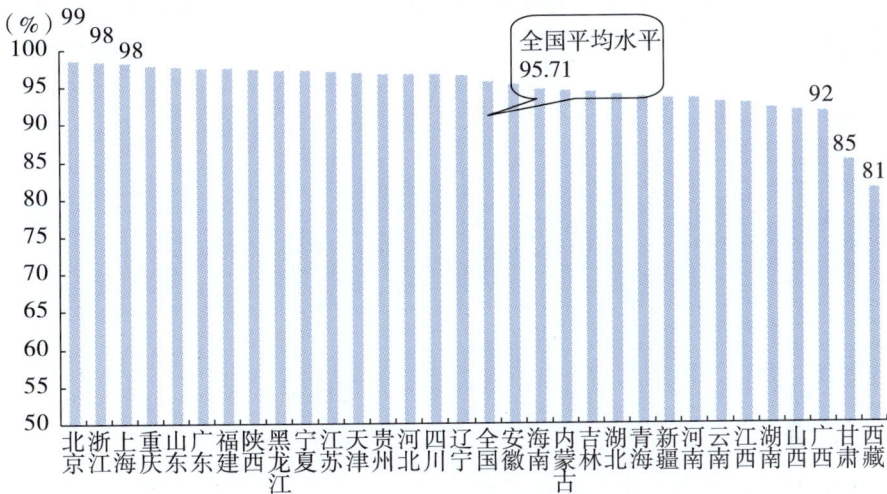

图 5－20　2010 年高职应届生就业率

【数据来源】根据中国高职高专教育网"国家示范骨干高职院校建设"相关院校的数据整理。

表 5－7　各省高职院校国家级精品课程数量

分类	数量	省份
门数＞100	2	山东、浙江
50＜门数≤100	5	江苏、湖南、广东、河北、天津
10＜门数≤50	15	四川、湖北、河南、上海、山西、辽宁、广西、北京、吉林、黑龙江、重庆、江西、陕西、安徽、福建
门数≤10	9	云南、贵州、新疆、海南、甘肃、内蒙古、青海、宁夏、西藏

【数据来源】根据国家精品课程资源网"高职高专课程"数据汇总整理。

（5）全国职业技能大赛获奖数

2010 年全国高职技能大赛共评出一等奖 361 项，东部省份除河北、海南外，获奖项数均超过各省平均值且成绩突出，江苏、广东和浙江分列前三位，其获奖项数分别为 28、23 和 22 项，中部的湖南、河南和安徽等省也表现得很出色。与中东部省份相比，西部省份仍有较大差距（见图 5 - 21）。

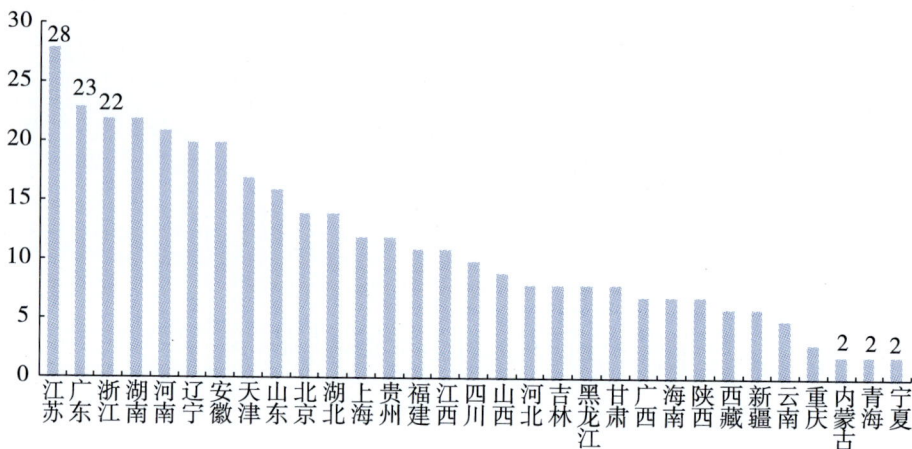

图 5 - 21   2010 年高职全国技能大赛获奖数

【数据来源】根据全国职业院校技能大赛获奖项目数据汇总整理。

三、各省区职业教育发展综合评价实证分析

为客观、全面反映各省职业教育发展的整体水平，还需要根据综合评价指标体系，建立综合评价模型并计算综合得分，用综合指数的形式对各省区职业教育发展整体发展水平进行全面排序和比较。

以往综合评价研究多数采用一种评价方法对研究问题进行分析，本节尝试采用三种不同的评价方法对省区职业教育发展水平进行评价，并对三种方法的计算结果进行讨论和一致性检验，在此基础上对评价结果进行分析，以获得更接近实际情况的结论。

（一）评价方法

1. 偏最小二乘法

古伊诺特 (Christine. Guinot) 等人 (2001)[1] 基于偏最小二乘路径模型 (Partial least squares) 提出了复数据表分析的方法 (analysis of multiple tables)。这种方法通过一个路径模型可以方便地研究每一潜变量与其显变量区组之间的关系，还能反映潜变量之间的关系，对综合潜变量具有很好的解释性。同时该方法还可以充分提取原始指标信息，建立一个既能够综合潜变量又能很好地代表所有原始指标的综合评价指数。由于采用偏最小二乘的处理方法，在较大程度上克服了多重共线性的影响，从而使评价结果更全面合理。王惠文等采用该方法建立城市综合评估指数，对城市发展进行综合评价排名[2]；刘旭华 (2008) 也采用该方法对上市公司财务状况进行综合评价，均获得了满意效果[3]。

2. 因子分析法

因子分析法是利用变量间的相关系数，找出一群变量间潜在共同因子，以少数几个共同因子来解释一群变量间关系的多元统计分析方法。许多学者采用因子分析对教育发展问题进行综合评价研究。如吴玉鸣等利用因子分析对我国区域教育竞争力进行实证研究[4]。高耀等采用因子分析和聚类分析测度我国省域高等教育核心竞争力[5]。

3. 熵权法

熵本是热力学概念，最早由申农 (C. E. Shannon) 引入信息论中，现

---

① Guinot C, Latreille J & Tenenhaus M. PLS path modeling and multiple analysis: application to the cosmetic habits of women in Ile-de-France. Chemometrics and Intelligent Laboratory Systems, 2001, 58: 247 – 259.

② 王惠文，付凌晖. PLS 路径模型在建立综合评价指数中的应用. 系统工程理论与实践，2004 (10): 80 – 85.

③ 刘旭华. 基于 PLS 通径分析的上市公司财务指标综合评价. 数理统计与管理，2008, 27 (4): 695 – 700.

④ 吴玉鸣，李建霞. 我国区域教育竞争力的实证研究 [J]. 教育与经济，2002 (3): 15 – 19.

⑤ 高耀，刘志民. 中国省域高等教育核心竞争力最新测度 [J]. 江苏高教，2010 (2): 39 – 41.

在已经在工程技术、社会经济等领域得到广泛应用。根据信息论基本原理，信息是系统有序程度的一个度量，而熵是系统无序程度的一个度量，二者绝对值相等但符号相反。如果某个指标的信息熵越小，就表明其指标值得变异程度越大，提供的信息量越大，在综合评价中所起的作用越大，则其权重也应越大；反之，则表明其指标值的变异程度越小，提供的信息量越小，在综合评价中所起的作用越小，则其权重也应越小。因此采用熵权法进行综合评价，可根据各个指标值的变异程度，利用熵来计算出各指标权重，再对所有指标加权，从而得出较为客观的综合评价结果。目前，采用熵权法应用于教育发展水平综合评价的研究尚不多见。

（二）三种评价方法结果比较

1. 三种方法得出的综合得分排序

根据中职教育发展综合评价指标数据和高职教育发展综合评价指标数据，分别采用上述三种方法对全国 31 个省份职业教育发展水平进行综合评价（见表 5 - 8 和表 5 - 9）。

表 5 - 8　三种方法的省区中职教育发展水平综合评价结果

省　份	PLS 法排序	因子分析法排序	熵权法排序
上　海	1	2	2
北　京	2	5	1
天　津	3	1	6
浙　江	4	3	3
江　苏	5	4	4
广　东	6	7	5
福　建	7	8	9
山　东	8	6	7
辽　宁	9	9	8
重　庆	10	10	17
湖　南	11	13	15

续表

省　份	PLS 法排序	因子分析法排序	熵权法排序
吉　林	12	14	23
宁　夏	13	21	26
河　北	14	12	11
湖　北	15	15	19
安　徽	16	20	14
江　西	17	19	20
内蒙古	18	16	22
海　南	19	28	28
云　南	20	25	18
河　南	21	11	13
新　疆	22	29	24
青　海	23	27	30
黑龙江	24	23	25
陕　西	25	18	21
广　西	26	24	10
甘　肃	27	26	29
贵　州	28	30	27
四　川	29	22	12
山　西	30	17	16
西　藏	31	31	31

　　由表5－8可知，三种方法计算获得的各省区中职教育发展水平综合排序结果中，前10个省份的位次差异不大；第11到20位中，吉林、宁夏和海南的位次变动较大；后11位中，河南、广西、四川和山西的位次变动较大。

表 5 −9　三种方法的省区高职教育发展水平综合评价结果

省份	PLS 法排序	因子分析法排序	熵权法排序
江 苏	1	1	1
天 津	2	5	4
北 京	3	3	5
浙 江	4	2	2
山 东	5	4	3
上 海	6	8	14
广 东	7	6	6
辽 宁	8	7	9
福 建	9	9	15
湖 南	10	16	7
内蒙古	11	12	19
河 北	12	11	13
黑龙江	13	10	16
江 西	14	17	17
河 南	15	14	11
湖 北	16	19	8
陕 西	17	13	12
重 庆	18	15	23
吉 林	19	20	20
山 西	20	21	21
四 川	21	18	10
安 徽	22	25	22
海 南	23	28	29
广 西	24	22	24
宁 夏	25	24	25
甘 肃	26	27	18

续表

省份	PLS 法排序	因子分析法排序	熵权法排序
新　疆	27	26	27
青　海	28	23	30
贵　州	29	29	28
云　南	30	30	26
西　藏	31	31	31

由表5-9可知，三种方法计算获得的省区高职教育发展水平综合评价结果中，前10个省份的位次差异变动不大；第11到20位间，内蒙古和湖北的位次变化较大；第21到31位间，四川的位次变动较大。

2. 三种方法计算结果的一致性检验

在对三种评价结果分析的基础上，针对某些省份三种评价方法的排序位次差异较大，需要对三种方法获得的综合评价结果进行一致性检验（见表5-10和表5-11）。

表5-10　省区中职教育发展水平三种综合评价结果的 Kendall 一致性检验

检验方法		熵权法	因子分析法	PLS 法
熵权法	相关系数	1.000	0.673[**]	0.566[**]
	双侧显著性检验		0.000	0.000
	样本量	31	31	31
因子分析法	相关系数	0.673[**]	1.000	0.703[**]
	双侧显著性检验	0.000		0.000
	样本量	31	31	31
PLS 法	相关系数	0.566[**]	0.703[**]	1.000
	双侧显著性检验	0.000	0.000	
	样本量	31	31	31

注：[**] 相关系数双侧检验的显著性水平为0.01。

表 5 –11　省区高职教育发展水平三种综合评价结果的 Kendall 一致性检验

	检验方法	因子分析法	熵权法	PLS 法
因子分析法	相关系数	1.000	0.695 **	0.845 **
	双侧显著性检验		0.000	0.000
	样本量	31	31	31
熵权法	相关系数	0.695 **	1.000	0.720 **
	双侧显著性检验	0.000		0.000
	样本量	31	31	31
PLS 法	相关系数	0.845 **	0.720 **	1.000
	双侧显著性检验	0.000	0.000	
	样本量	31	31	31

注：** 相关系数双侧检验的显著性水平为 0.01。

　　由表 5 –11 和表 5 –12 可以看出，三种方法的统计显著性水平均低于给定的显著性水平 0.01，表明，虚拟假设"三种方法计算结果的排序是随机的"几乎不可能发生，因此证实备择假设"三种方法计算结果的排序具有一致性"。可以认为三种方法计算的结果真实客观地反映了当前我国省区职业教育发展水平的综合实力。另外，PLS 法与因子分析法评价结果的相关系数是 0.703（0.845），与熵权法的相关系数为 0.566（0.720）；熵权法与因子分析法的相关系数为 0.673（0.695）。根据相关系数大小，选择 PLS 法与因子分析法的评价结果更为适宜。考虑到采用 SmartPLS 软件计算出的 PLS 法评价结果不但能获得综合得分及排序，还能获取各分项维度如经济社会基础、教育经费和教师素质等的得分及排序。因此，课题组采用 PLS 法结果用来分析各省区职业教育发展综合水平及基本特征。

（三）省区职业教育发展综合实力分析

　　通过计算各省区职业教育发展综合水平及教育经费等 5 个维度潜变量分数，可以考察各省区职业教育发展综合水平及各方面发展情况的优势与不足并进行排序（Smart PLS2.0 软件默认输出平均数为 0，标准差为 1 的标准分数）。

1. 省区中职教育发展综合分析

（1）上海、北京和天津中等职业教育发展综合水平位居全国前三位

根据各省中职综合水平得分，可以大致将全国31个省份划分为三大方阵（见表5-12）：得分大于1为第一方阵，有上海、北京、天津、浙江和江苏5省市，三个直辖市综合得分远远高于全国其他省份；得分在0—1之间的为第二方阵，有广东、福建、山东、辽宁、重庆和湖南6省；得分低于0的为第三方阵，有吉林、宁夏、河北等20省区，西藏、山西和四川三省综合得分排在全国后三位，这些省份与全国其他省份相比仍存在较大的差距。

表5-12　各省区中等职业教育发展水平综合评价得分、排序及方阵划分

第一方阵 得分大于1			第二方阵 得分0—1之间			第三方阵 得分小于0					
上　海	2.891	1	广　东	0.604	6	吉　林	-0.145	12	新　疆	-0.605	22
北　京	2.398	2	福　建	0.541	7	宁　夏	-0.160	13	青　海	-0.659	23
天　津	1.876	3	山　东	0.365	8	河　北	-0.261	14	黑龙江	-0.673	24
浙　江	1.455	4	辽　宁	0.362	9	湖　北	-0.382	15	陕　西	-0.686	25
江　苏	1.246	5	重　庆	0.059	10	安　徽	-0.451	16	广　西	-0.704	26
			湖　南	0.050	11	江　西	-0.464	17	甘　肃	-0.731	27
						内蒙古	-0.472	18	贵　州	-0.751	28
						海　南	-0.474	19	四　川	-0.774	29
						云　南	-0.536	20	山　西	-0.825	30
						河　南	-0.588	21	西　藏	-1.822	31
全国中等职业教育综合发展水平得分为0.316											

（2）大多数省份中等职业教育发展综合水平与经济社会基础基本适应

职业教育作为与经济社会发展关联最密切的教育形式，一定要适应经济社会发展的大背景。通过比较各省份中职综合得分排序与经济社会基础

得分的排序情况，可以得到各省中等职业教育发展水平与社会经济发展水平之间的差异，从而判断各省中等职业教育发展是否与经济社会基础相适应。借鉴杨益民的"等级差异评定法"[①] 将各省中职综合发展水平与社会经济基础的适应程度分为三个层次：中职教育发展超前于经济社会基础、中职教育基本与经济社会基础适应、中职教育滞后于经济社会基础。若综合得分排序高于基础得分排序在 5 个位次及以上（即经济社会基础序—综合序大于等于 5），则表明中职发展水平超前于经济社会基础；若排序差在 4 个位次以内，则表明中职发展水平与经济社会基础基本适应；若综合得分排序低于基础得分排序 5 个位次及以上（即经济社会基础序—综合序小于等于 –5），则表明中职发展水平滞后于经济社会基础。

全国有 18 个省份中职发展水平与经济社会基础基本相适应；有 6 个省份中职发展水平超前于经济社会基础，即安徽、湖北、江西、重庆、河南和湖南；有 7 个省份中职发展水平滞后于经济社会基础，即广西、海南、四川、新疆、黑龙江、内蒙古、西藏（见表 5 – 13）。

表 5 – 13　各省区中等职业教育发展综合得分和经济社会基础得分排序比较

省份	综合水平	排序	经济社会基础	排序	基础序—综合序
安　徽	– 0.451	16	– 0.862	28	12
湖　北	– 0.382	15	– 0.707	25	10
江　西	– 0.464	17	– 0.859	27	10
重　庆	0.059	10	– 0.550	19	9
河　南	– 0.588	21	– 0.913	30	9
湖　南	0.050	11	– 0.456	17	6
河　北	– 0.261	14	– 0.487	18	4
陕　西	– 0.686	25	– 0.894	29	4
甘　肃	– 0.731	27	– 0.928	31	4
宁　夏	– 0.160	13	– 0.425	16	3

---

① 杨益民. 区域高等教育规模与经济发展关系的实证分析 [J]. 江苏高教，2006（3）.

省份	综合水平	排序	经济社会基础	排序	基础序—综合序
云　南	−0.536	20	−0.657	23	3
福　建	0.541	7	0.281	9	2
山　东	0.365	8	0.104	10	2
上　海	2.891	1	2.791	2	1
广　东	0.604	6	0.637	7	1
天　津	1.876	3	1.996	3	0
浙　江	1.455	4	1.063	4	0
江　苏	1.246	5	0.976	5	0
北　京	2.398	2	2.905	1	−1
辽　宁	0.362	9	0.497	8	−1
吉　林	−0.145	12	−0.018	11	−1
青　海	−0.659	23	−0.614	21	−2
贵　州	−0.751	28	−0.657	24	−4
山　西	−0.825	30	−0.817	26	−4
广　西	−0.704	26	−0.606	20	−6
海　南	−0.474	19	−0.056	12	−7
四　川	−0.774	29	−0.647	22	−7
新　疆	−0.605	22	−0.265	14	−8
黑龙江	−0.673	24	−0.281	15	−9
内蒙古	−0.472	18	0.807	6	−12
西　藏	−1.822	31	−0.187	13	−18

（3）中西部省份中职经费得分普遍高于东部省份

全国中职教育经费得分为 −0.14，其中高于全国得分的省份共有 17 个，除辽宁和海南外，均为中西部省份，得分排序前三位的省份依次是广西、四川和西藏，其得分分别为 2.15、1.44 和 1.43。得分排序后五位的省份有 4 个是东部经济发达省份，分别是江苏、上海、天津和福建（见

图 5 - 22）。

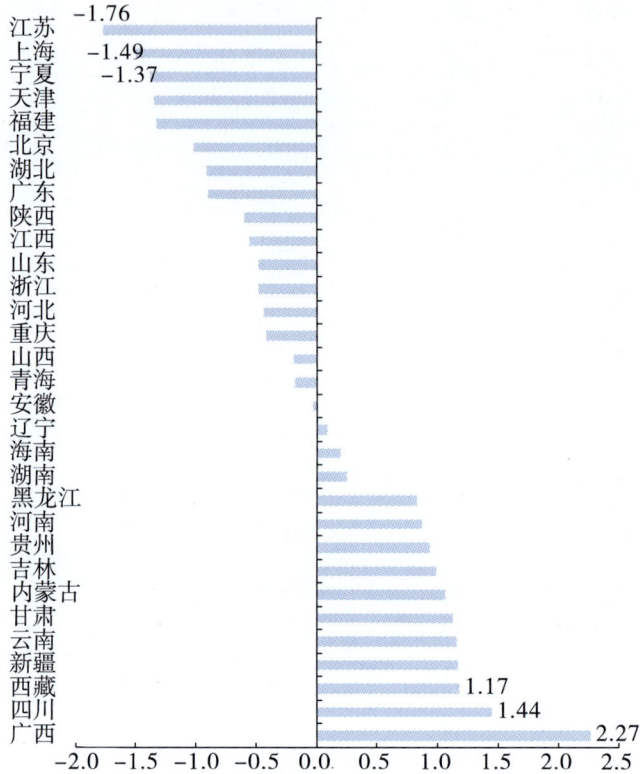

图 5 - 22　全国各省份中职教育经费得分

（4）东部 7 省份中职教师素质得分普遍高于全国其他省份

全国中职教师素质得分为 0.10 分，其中有 12 个省份得分高于全国平均水平，即浙江、天津、北京、上海、江苏、辽宁、山东、吉林、新疆、宁夏、河北、重庆，浙江、天津和北京三个省市得分最高；其余 19 个省份得分低于全国平均水平，得分最低的 3 个省份依次是青海、西藏和广西，得分分别为 -1.62、-1.60 和 -1.31（见图 5 - 23）。

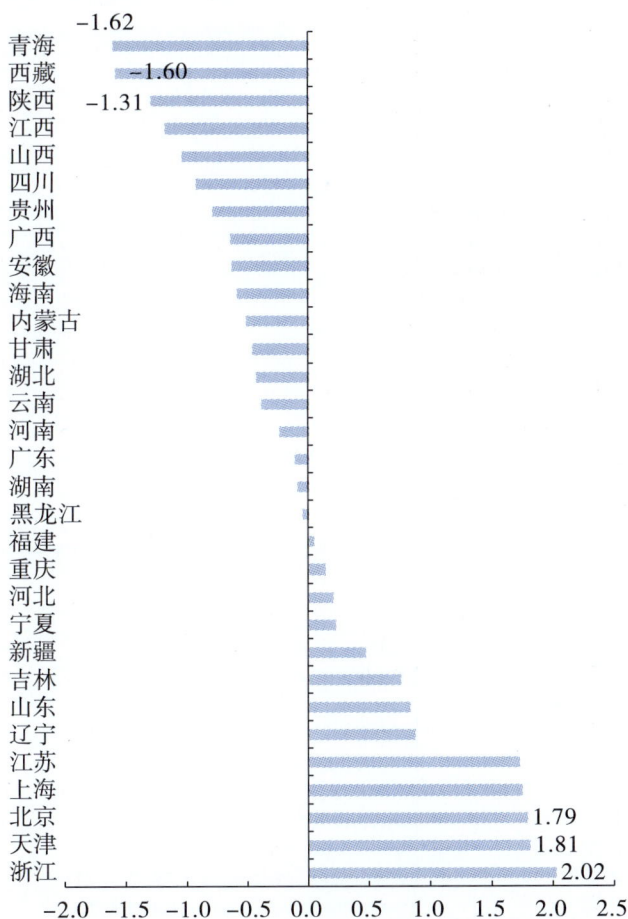

图 5-23　全国各省份中职教师素质得分

（5）东部 6 省份中职办学条件得分普遍高于全国其他省份

全国中职办学条件得分为 0.13，其中有 6 个省份办学条件得分高于全国平均水平，即上海、北京、天津、浙江、辽宁和江苏，均为东部省份。其他 25 个省份办学条件得分低于全国平均水平，其中得分最低的 3 个省份依次为西藏、宁夏和山西（见图 5-24）。

西藏 -1.35
宁夏 -0.84
山西 -0.71
内蒙古 -0.67
河南 -0.59
云南 -0.59
四川 -0.58
陕西 -0.54
海南 -0.54
安徽 -0.46
黑龙江 -0.46
湖北 -0.45
贵州 -0.42
新疆 -0.39
青海 -0.38
广西 -0.33
河北 -0.29
江西 -0.29
吉林 -0.26
甘肃 -0.25
山东 -0.06
福建 0.02
湖南 0.10
重庆 0.11
广东 0.12
江苏 0.58
辽宁 0.60
浙江 0.80
天津 1.45
北京 2.78
上海 3.76

图5-24 全国各省份中职办学条件得分

（6）浙江、广东和福建中职办学成果得分位列前三位

全国中职办学成果得分为0.12，其中有16个省份得分超过全国平均得分，即浙江、广东、福建、天津、上海、湖南、云南、北京、江苏、山东、广西、安徽、四川、江西、河南和重庆，浙江、广东和天津得分位列前三位。其他14个省份得分低于全国水平，得分最低的三个省份依次是西藏、新疆和黑龙江（见图5-25）。

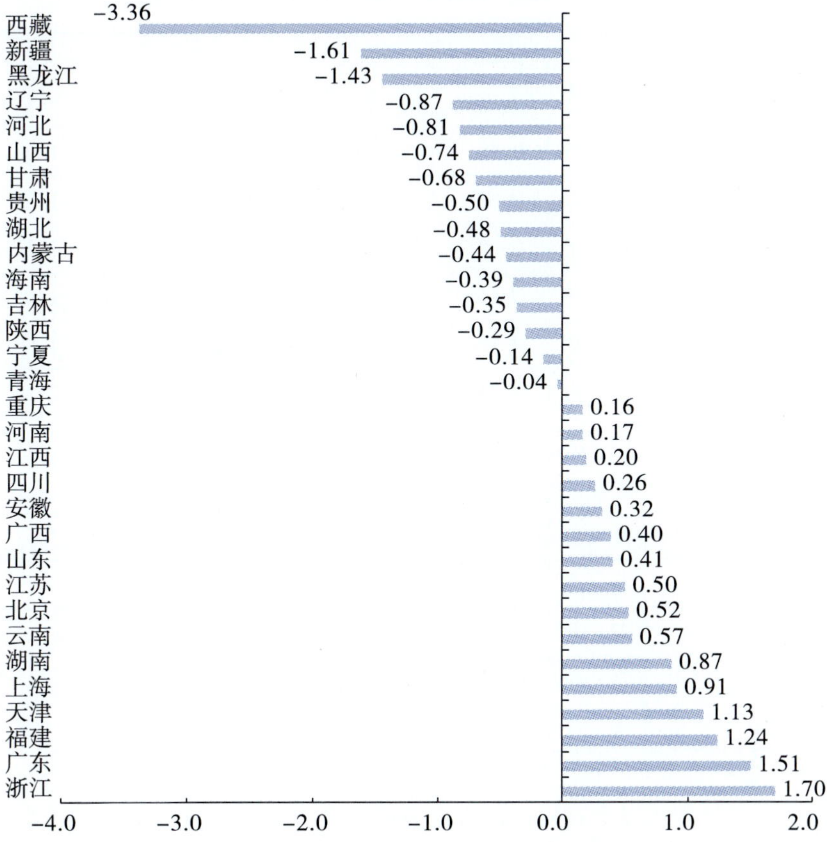
西藏 -3.36
新疆 -1.61
黑龙江 -1.43
辽宁 -0.87
河北 -0.81
山西 -0.74
甘肃 -0.68
贵州 -0.50
湖北 -0.48
内蒙古 -0.44
海南 -0.39
吉林 -0.35
陕西 -0.29
宁夏 -0.14
青海 -0.04
重庆 0.16
河南 0.17
江西 0.20
四川 0.26
安徽 0.32
广西 0.40
山东 0.41
江苏 0.50
北京 0.52
云南 0.57
湖南 0.87
上海 0.91
天津 1.13
福建 1.24
广东 1.51
浙江 1.70
-4.0
-3.0
-2.0
-1.0
0.0
1.0
2.0

图 5-25 全国各省份中职办学成果得分

2. 省区高职教育发展综合分析

（1）北京、上海、天津、江苏和浙江高职综合水平位居全国前五位

根据各省高职综合水平得分，可以大致将全国 31 个省份划分为三大方阵：得分大于 1 为第一方阵，有江苏、天津、北京、浙江和山东 5 省市；得分在 0—1 之间的为第二方阵，有上海、广东、辽宁、福建、湖南、内蒙古、河北、黑龙江、江西、河南、湖北、陕西和重庆 13 省市；有吉林、山西、四川河南、江西、黑龙江等 13 省区得分低于 0 的为第三方阵，西藏、云南和贵州三省综合得分排在全国后三位，这些省份与全国其他省份相比仍存在较大的差距（见表 5-14）。

表 5 – 14 各省区高等职业教育发展综合得分、排序及方阵划分

第一方阵 得分大于1			第二方阵 得分 0—1 之间			第三方阵 得分小于0					
江　苏	1.77	1	上　海	0.58	6	吉　林	-0.22	19	甘　肃	-1.05	26
天　津	1.52	2	广　东	0.57	7	山　西	-0.36	20	新　疆	-1.21	27
北　京	1.43	3	辽　宁	0.49	8	四　川	-0.49	21	青　海	-1.21	28
浙　江	1.27	4	福　建	0.41	9	安　徽	-0.65	22	贵　州	-1.44	29
山　东	1.05	5	湖　南	0.38	10	海　南	-0.66	23	云　南	-1.83	30
			内蒙古	0.35	11	广　西	-0.74	24	西　藏	-2.24	31
			河　北	0.33	12	宁　夏	-0.81	25			
			黑龙江	0.27	13						
			江　西	0.23	14						
			河　南	0.19	15						
			湖　北	0.12	16						
			陕　西	0.12	17						
			重　庆	0.02	18						

（2）三分之二以上省份高职教育发展综合水平与经济社会基础基本适应

由表 5 – 15 可以看出，全国有 24 个省份高职综合发展水平与经济社会背景基本相适应；有 4 个省份高职发展水平超前于经济社会背景，即广东、湖南、黑龙江和辽宁；有 3 个省份高职发展水平滞后于经济社会背景，即湖北、陕西和山西。

表 5 – 15 各省区高等职业教育发展综合得分和经济社会基础得分排序比较

省　份	经济社会基础	排　序	综合水平	排　序	基础序—综合序
广　东	0.02	16	0.57	7	9
湖　南	-0.14	17	0.38	10	7
黑龙江	-0.27	19	0.27	13	6
辽　宁	0.23	13	0.49	8	5

续表

省　份	经济社会基础	排　序	综合水平	排　序	基础序—综合序
福　建	0.26	12	0.41	9	3
浙　江	0.76	6	1.27	4	2
河　北	0.22	14	0.33	12	2
重　庆	−0.31	20	0.02	18	2
吉　林	−0.34	21	−0.22	19	2
四　川	−0.69	23	−0.49	21	2
贵　州	−1.79	31	−1.44	29	2
江　苏	1.83	2	1.77	1	1
北　京	0.93	4	1.43	3	1
甘　肃	−0.98	27	−1.05	26	1
山　东	0.78	5	1.05	5	0
河　南	0.15	15	0.19	15	0
广　西	−0.74	24	−0.74	24	0
宁　夏	−0.76	25	−0.81	25	0
青　海	−1.23	28	−1.21	28	0
天　津	2.78	1	1.52	2	−1
海　南	−0.47	22	−0.66	23	−1
新　疆	−0.85	26	−1.21	27	−1
云　南	−1.68	29	−1.83	30	−1
西　藏	−1.77	30	−2.24	31	−1
上　海	1.52	3	0.58	6	−3
内蒙古	0.72	7	0.35	11	−4
江　西	0.48	10	0.23	14	−4
安　徽	−0.27	18	−0.65	22	−4
湖　北	0.55	9	0.12	16	−7
陕　西	0.71	8	0.12	17	−9
山　西	0.48	11	−0.36	20	−9

（3）江苏、内蒙古和天津高职教育经费得分位列前三位

全国高职经费得分为 0.10，其中高于全国得分的省份共有 12 个省份，即江苏、内蒙古、天津、山东、广东、浙江、山西、辽宁、湖南、江西、河南和福建，得分排序前三位的省份依次是江苏、内蒙古和天津，其得分分别为 1.77、1.56 和 1.41。得分排序后五位的省份分别是云南、西藏、贵州、青海和甘肃（见图 5－26）。

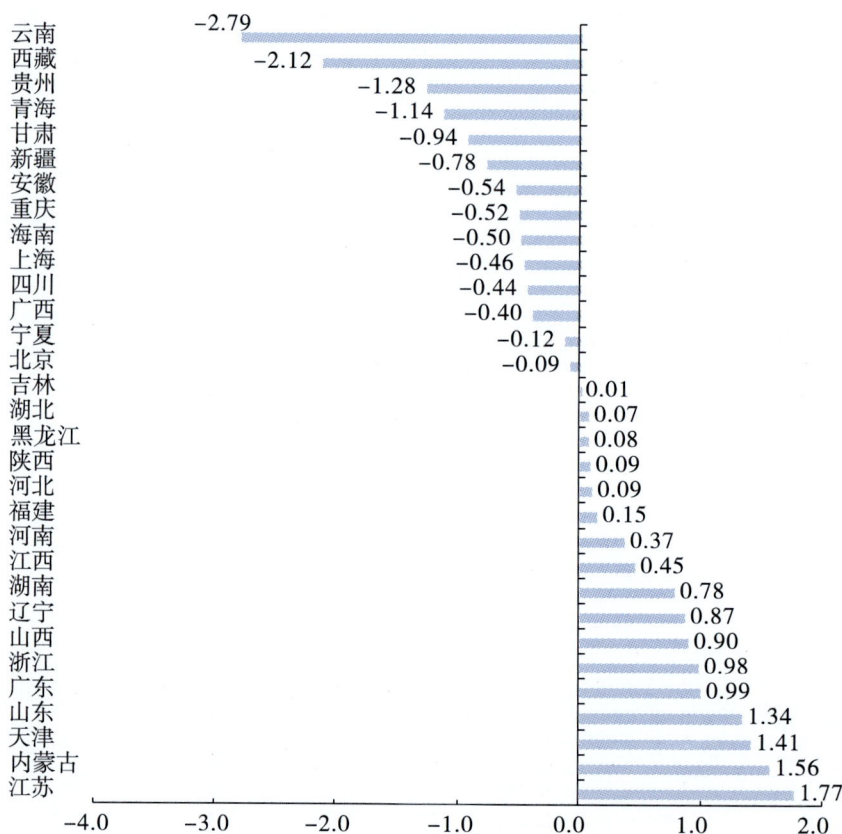

图 5－26　全国各省区高职教育经费得分

（4）浙江、北京和江苏教师素质得分位列前三位

全国高职师资得分为 0.30 分，其中有 13 个省份得分高于全国平均水平，即浙江、北京和江苏得分位列前三位，其得分分别为 2.21、1.75 和

1.64；其余 18 个省份得分低于全国平均水平，得分最低的 3 个省份依次是西藏、新疆和贵州，得分分别为 -1.75、-1.64 和 -1.43（见图 5 - 27）。

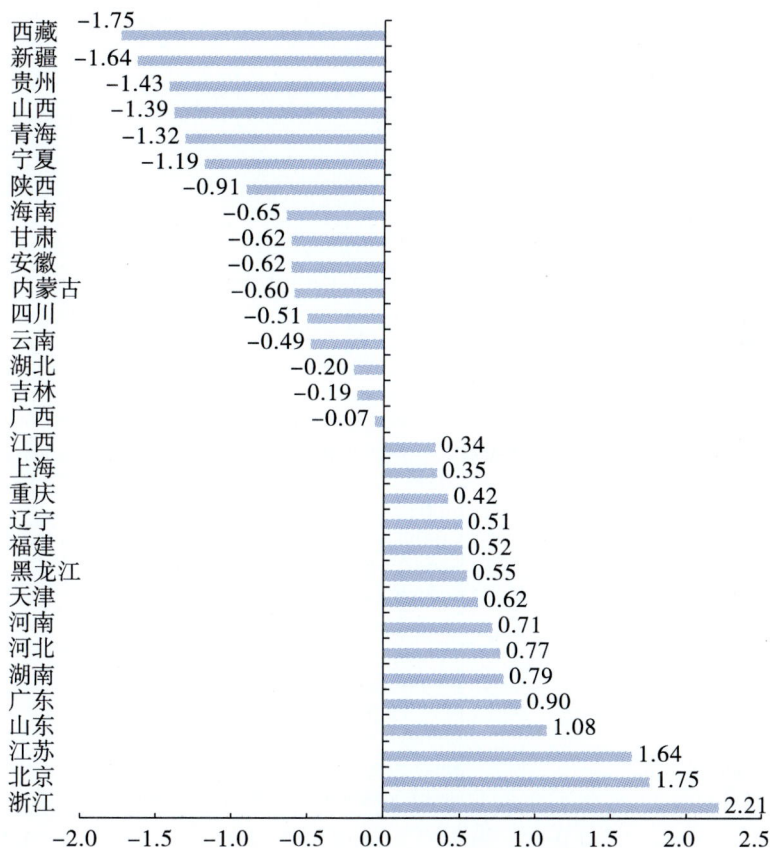

图 5 - 27　全国各省份高职教师素质得分

（5）北京、江苏和黑龙江办学条件得分位列前三位

全国办学条件得分为 0.10，其中有 9 个省份办学条件得分高于全国平均水平，即北京、江苏、黑龙江、浙江、上海、天津、重庆、陕西和福建。其他 12 个省份办学条件得分低于全国平均水平，其中得分最低的 3 个省份依次为安徽、山西和宁夏（见图 5 - 28）。

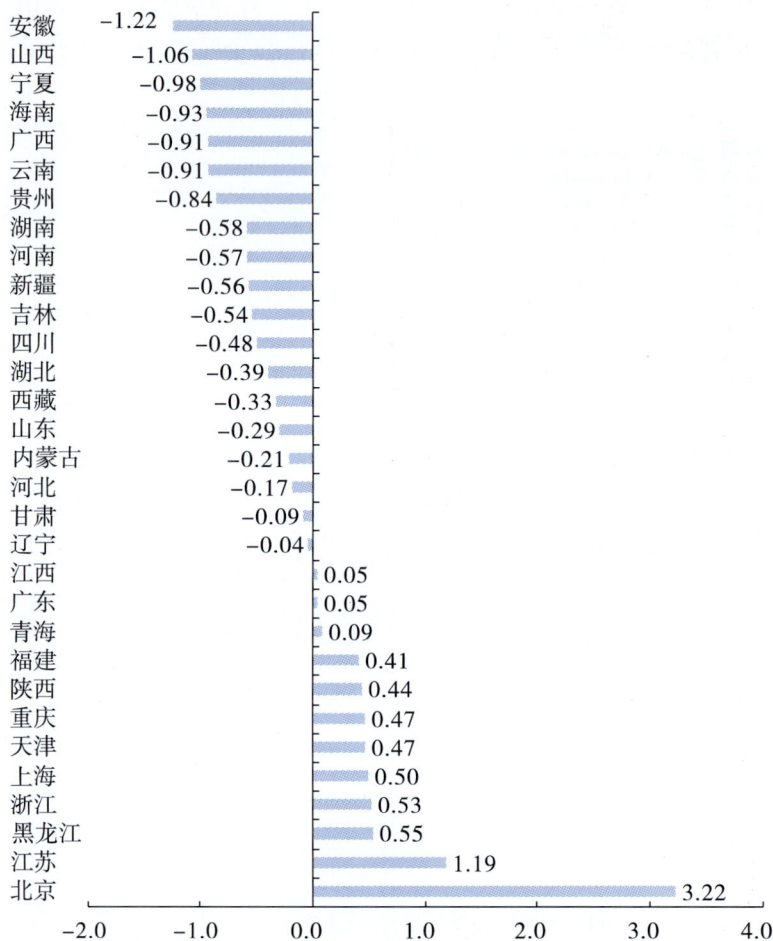

图 5 – 28　全国各省份高职办学条件得分

（6）山东、北京和上海办学成果得分位列前三位

全国办学成果得分为 0.09，其中有 16 个省份得分超过全国平均得分，即山东、北京、上海、江苏、浙江、黑龙江、福建、湖南、天津、重庆、河北、湖北、陕西、四川、辽宁和广东，山东、北京和上海得分位列前三位。其他 15 个省份得分低于全国水平，得分最低的 3 个省份依次是西藏、甘肃和云南（见图 5 – 29）。

省份	得分
西藏	−2.26
甘肃	−1.21
云南	−1.00
广西	−0.93
山西	−0.79
新疆	−0.78
青海	−0.72
江西	−0.52
内蒙古	−0.44
宁夏	−0.28
河南	−0.23
海南	−0.21
安徽	−0.19
贵州	−0.12
吉林	0.07
广东	0.11
辽宁	0.18
四川	0.20
陕西	0.23
湖北	0.23
河北	0.25
重庆	0.27
天津	0.27
湖南	0.31
福建	0.33
黑龙江	0.34
浙江	0.35
江苏	0.38
上海	0.39
北京	0.71
山东	0.75

图 5 - 29 全国各省份高职办学成果得分

第六章

职业教育国际比较

　　本章运用量化和质性方法对主要国家和地区的职业教育进行比较，探讨和分析中国职业教育的优势与不足。本研究选取美国、英国、法国、德国以及印度、巴西、南非等30多个有代表性的发达国家、发展中国家作为比较对象。在量化比较方面，选用国际客观可比指标，运用单项指标排名方法，以世界平均值和发达国家平均值（OECD国家或欧盟国家平均值）作为比较基准和参照系。同时运用质性比较方法，从职业教育层次提升、证书体系、培养模式和职业教育教师能力标准等方面，对主要国家和地区的职业教育进行比较和分析。

一、我国已建成了世界上最大规模的职业教育

　　人力资本的质量对促进经济增长、社会发展和增强国家竞争力发挥着关键性作用。宏观环境和就业结构的变化及增长方式的转变将对技能提出新的要求。技术进步、全球化、人口老化、城市化等问题和社会结构的变化，导致劳动力市场和技能供求加速变革。在产业结构上，农业和制造业就业岗位需求萎缩，服务行业岗位大幅增加。在增长方式上，向低排放经济过渡成为发展趋势，这对就业带来重要影响，特别是在能源、供水和垃

圾处理、建筑、交通运输、制造业、农业和林业等行业。据国际劳工组织估计，到 2020 年全球生态服务和产品市场规模将会翻一番，产值达到 2.74 万亿美元。在职业结构上，转向知识型和技能型岗位，低端岗位需求减少，高端岗位需求增加，据欧盟统计，高端岗位占主要劳动力人口的比例将从 2010 年 29% 提高到 2020 年的 35%。各国高度重视发展职业教育，大力培养技能型和应用型人才，实现智能型、可持续性和包容性增长的经济和社会发展目标。

职业教育是我国现代国民教育体系和终身教育体系的重要组成部分，是国家经济社会发展的重要基础，是人力资源强国建设的重要内容，也是教育工作的战略重点。在面对新的国内国际形势，提升国家竞争力，建设人力资源强国下，对发展职业教育提出了更高的要求。加快转变经济发展方式迫切需要提高劳动者素质，推动产业结构调整迫切要求职业教育优化结构，推动产业优化升级迫切需要职业教育提高质量，转变教育发展方式迫切要求职业教育改革创新，保障改善民生迫切要求职业教育做出更大贡献。在党中央、国务院高度重视和大力推动下，我国职业教育的规模和水平快速提高。

（一）我国中职生所占比例居于世界前列

随着社会经济发展，世界各国高中阶段教育普及化程度不断提高。2008 年，高中阶段教育毛入学率世界平均达到 56%[①]，发达国家已实现全面普及，达到了 98%。我国高中阶段教育毛入学率迅速提高，高出世界平均水平七个百分点，与发达国家的距离在不断缩小。

我国中等职业教育迅速发展，规模不断扩大，中职生所占比例居于世界前列。2009 年，我国中职生所占比例达到 50.4%，高于 OECD 国家 45.9% 的平均水平。在 39 个国家中，有 15 个国家高中教育阶段中职学生所占比例达到了 50% 以上，这其中包括我国，有 7 个国家的比例在 40%—50%，有 10 个国家的比例在 30%—40%，有 7 个国家在 30% 以下。印度

---

① UNESCO. Global Education Digest 2010 ［R］. Montre，2010：138 – 147.

仅有2%，目前印度正在采取积极措施，大力调整中等教育结构，发展中等职业教育。

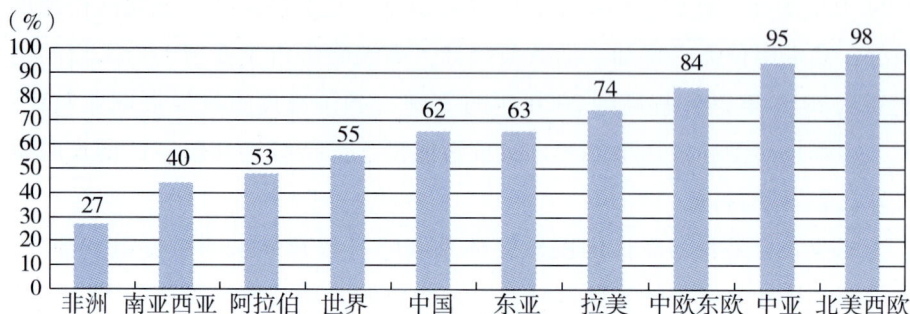

图6-1 我国高中阶段教育毛入学率与世界和各地区的比较

【数据来源】UNESCO. Global Education Digest 2010 ［R］. Montre，2010：138－147.

表6-1 2009年各国中职学生所占比例分组

中职学生所占比例（%）	国家数	国家
70以上	5	阿根廷、奥地利、捷克、比利时、斯洛伐克
60—70	5	芬兰、荷兰、瑞士、斯洛文尼亚、卢森堡
50—60	5	意大利、瑞典、挪威、德国、中国
40—50	7	俄罗斯、澳大利亚、丹麦、 波兰、法国、西班牙、土耳其
30—40	10	新西兰、葡萄牙、印度尼西亚、以色列、 爱尔兰、智利、冰岛、爱沙尼亚、希腊、英国
20—30	3	匈牙利、韩国、日本
1—20	4	巴西、墨西哥、加拿大、印度

【数据来源】OECD. Education at a Glance 2011 ［R］. Paris，2011：305.

在金砖四国中，我国中职生所占比例最高，高于俄罗斯的48.5%、巴西的11.6%和印度的2%。我国和俄罗斯的中等教育结构基本相似，中职生比例占到了一半左右，而巴西和印度的中职生比例过低，教育结构呈现高度单一化。

■ 2009年中职学生所占比例 （%）

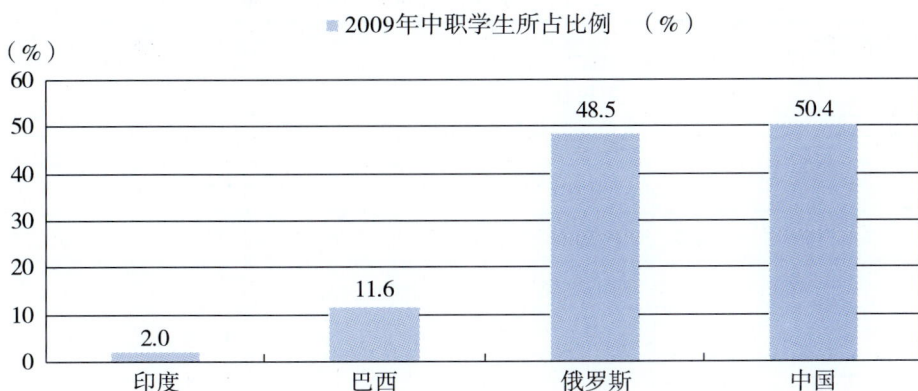

图 6-2　我国高中阶段教育中职生比例与其他金砖国家的比较

【数据来源】OECD. Education at a Glance 2011 ［R］. Paris，2011：305.

与发达国家相比，我国高中阶段教育中职生比例低于欧盟 21 国平均的 52.4%，高于 OECD 国家平均的 45.9% 和 20 国集团平均的 37.6%。

■ 2009年中职学生所占比例 （%）

图 6-3　我国高中阶段教育中职生比例与发达国家的比较

【资料来源】OECD. Education at a Glance 2011 ［R］. Paris，2011：305.

表6-2   2009年部分国家高中阶段教育中职生比例   （%）

序号	国家	中职学生比例
1	阿根廷	83.0
2	奥地利	77.3
3	捷克	73.3
4	比利时	72.8
5	斯洛伐克	71.6
6	芬兰	68.8
7	荷兰	67.1
8	瑞士	65.5
9	斯洛文尼亚	64.3
10	卢森堡	61.3
11	意大利	59.1
12	瑞典	56.4
13	挪威	54.1
14	德国	53.2
15	中国	50.4
16	俄罗斯	48.5
17	澳大利亚	47.4
18	丹麦	47.3
19	波兰	47.2
20	法国	44.2
21	西班牙	42.9
22	土耳其	40.8
23	新西兰	39.6
24	葡萄牙	38.4
25	印度尼西亚	38.3
26	以色列	35.3

续表

序号	国家	中职学生比例
27	爱尔兰	34.5
28	智利	33.9
29	冰岛	33.9
30	爱沙尼亚	33.0
31	希腊	30.9
32	英国	30.5
33	匈牙利	24.5
34	韩国	24.4
35	日本	23.7
36	巴西	11.6
37	墨西哥	9.4
38	加拿大	5.5
39	印度	2.0
	欧盟21国平均	52.4
	OECD平均	45.9
	20国集团平均	37.6

【数据来源】OECD. Education at a Glance 2011［R］. Paris，2011：305.

（二）我国高等职业教育成为世界第一大国

2010年，世界高等教育在校人数达到1.78亿人，中、印、美成为世界高等教育大国，份额分别占到世界高等教育在校人数的17%、12%、11%，我国成为世界高等教育第一大国。此外，巴西占4%，印度尼西亚3%，日本、伊朗、韩国和墨西哥均为2%。

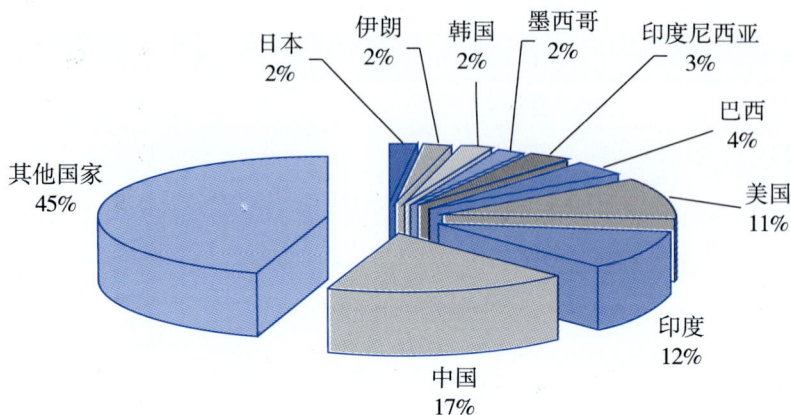

图6-4 主要国家高等教育学生所占份额

【数据来源】UNESCO. Global Education Digest 2011［R］. Montreal，2011：180-189.

在高等教育层次结构上，我国高职生、本科生和研究生所占比例分别为45%、50%和6%，世界平均水平为24%、74%和2%，美国分别为22%、75%和2%。这表明我国高等教育层次结构重心偏低，高职生比例偏高，而本科生比例偏低。

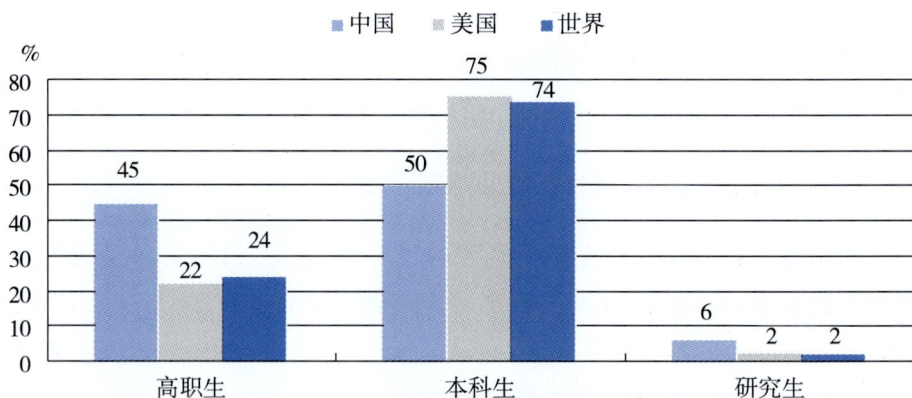

图6-5 我国高等教育层次结构与美国和世界的比较

【资料来源】UNESCO. Global Education Digest 2011［R］. Montreal，2011：180-189.

表 6 - 3　部分国家高职生、本科生和研究生所占比例　（％）

序号	国家	高职生	本科生	研究生
1	比利时	49	48	3
2	中国	45	50	6
3	马来西亚	43	55	2
4	新加坡	43	54	3
5	越南	34	63	3
6	土耳其	30	69	1
7	新西兰	28	69	3
8	肯尼亚	27	69	4
9	法国	25	71	3
10	韩国	24	75	2
11	美国	22	75	2
12	英国	22	75	3
13	瑞士	21	71	8
14	日本	21	77	2
15	俄罗斯	19	79	2
16	印度尼西亚	19	80	2
17	沙特阿拉伯	17	81	2
18	澳大利亚	17	80	4
19	泰国	16	83	1
20	西班牙	14	82	4
21	乌克兰	14	84	1
22	巴西	11	88	1
23	奥地利	10	84	6
24	保加利亚	10	88	1
25	匈牙利	8	90	2
26	捷克	8	86	6
27	瑞典	6	89	5
28	墨西哥	3	96	1

续表

序号	国家	高职生	本科生	研究生
29	波兰	1	97	2
30	芬兰	0	93	7
	世界	24	74	2
	阿拉伯国家	12	86	3
	中欧和东欧	17	82	2
	中亚	7	92	1
	东亚和太平洋	34	62	4
	拉美和加勒比	17	83	1
	北美和西欧	20	77	3

【数据来源】UNESCO. Global Education Digest 2011〔R〕. Montreal，2011：180－189.

（三）我国高职生所占比例高出发达国家一倍以上

2009 年，世界高职生在校人数达到 3949.9 万人，我国成为高等职业教育第一大国，占到 32%，美国占到 11%，印度和印度尼西亚均占 3% 和伊朗 2%。

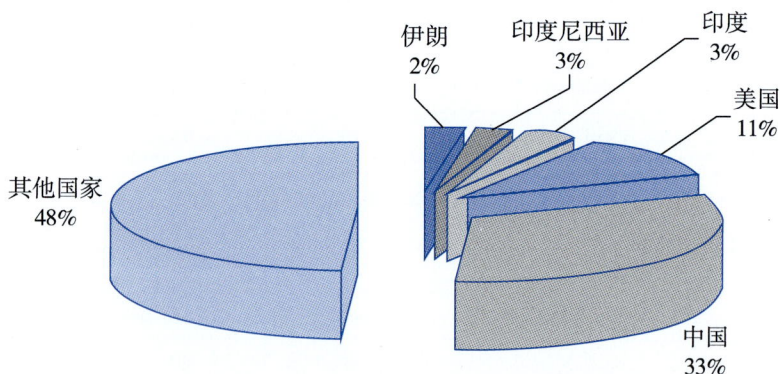

图 6-6　主要国家高职学生所占份额

【数据来源】UNESCO. Global Education Digest 2011〔R〕. Montreal，2011：180－189.

2009 年，我国高职生所占比例达到 45%，远远高于世界和各个地区平均水平，高出世界平均水平近一倍，高出北美和西欧国家 125%。阿拉伯国家和中亚国家仅为我国的 1/4 到 1/6（见图 6 – 7）。

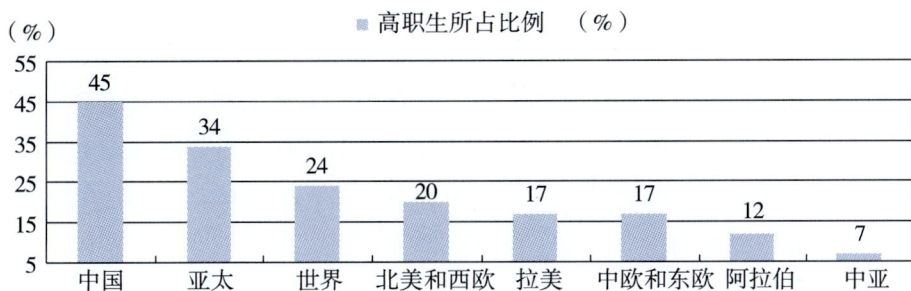

图 6 – 7　我国高职生所占比例与世界平均水平的比较

【数据来源】UNESCO. Global Education Digest 2011［R］. Montreal，2011：180 – 189.

与部分发达国家相比，我国高职生所占比例高出这些国家近一倍，法国 25%、韩国 24%、英国和美国均为 22%，日本 21%，澳大利亚 17%（见图 6 – 7）。

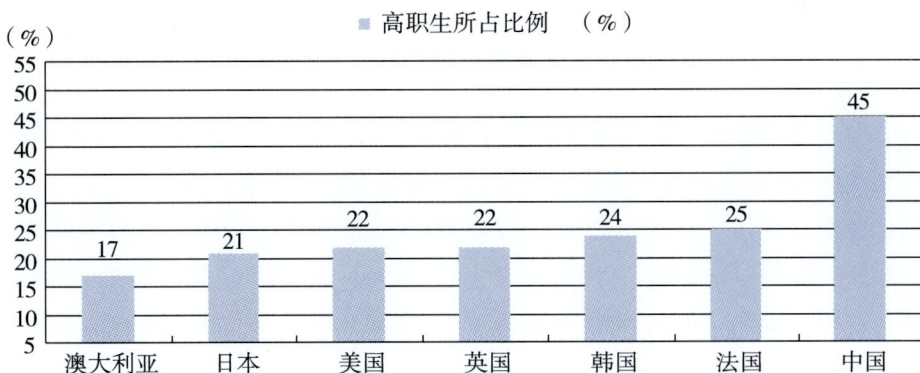

图 6 – 8　我国高职生所占比例与部分发达国家的比较

【数据来源】UNESCO. Global Education Digest 2011［R］. Montreal，2011：180 – 189.

二、各国职业教育层次不断向上延伸

各国和地区在发展职业教育过程中，随着经济发展、科技进步、产业结构升级和国民受教育程度提高，职业教育层次不断上移，发展本科层次高等职业教育。这些国家和地区通过新设或院校升格，设立技术学院和科技大学，大力发展高等技术教育，授予相应的技术教育学位，形成与普通高等教育并行发展的格局。瑞士设有以培养本科应用型人才为主的科技大学，德国科技大学和职业学院都承担着培养本科层次技术技能人才的任务，芬兰通过教育立法，发展本科或以上层次的应用科技大学，日本于1976年建立了两所国立本科高职大学。发展本科高职成为许多国家发展职业教育的成功经验。我国职业教育层次目前有中职和高职两个主要层次，最高层次是专科层次职业教育，还没有发展本科层次职业教育，因而职业教育层次向上延伸仍有很大空间，各国职业教育层次提升的经验值得参考借鉴。

（一）日本沿着学历证书体系多重路径向上延伸

日本高等职业教育的发展是产业驱动和社会需求共同作用的结果。20世纪50年代后期，为了适应经济复苏对技术人才的需求，日本产业界向当时的中央教育审议会提出设立高等职业学校的建议。1962年，日本依据《学校教育法》第十章"高等专门学校"（1961年6月17日法律第144号修订）和《高等专门学校设置基准》（1961年8月30日文部省令第23号）正式创办高等职业学校。新设的高等职业学校"以战前旧制工业专科学校为模板"，以培养中级技术人员为主要目标。高等职业学校招收初中毕业生，实施5年一贯制教育，最初设置的学科专业仅限于"工业"领域，以区别于门类多样的短期大学。课程设置分文化课和专业教育课（工学、技术类），以学习专业知识和技术为主，这是高职与四年制大学最大的不同之处。专业科目随着年级增长逐渐增多，到了高年级甚至达到与大学工学院系相当的水平。从课时量来看，其5年期间的总课时量，远远超过普通高中与短期大学的总和，甚至稍多于大学工科学院专业课的总课时。此外，重视实验、实习、毕业研究项目等实践教育成为日本高等职业教育的特色。专业和实用的课程体系是高等职业学校教育质量的重要保障。

到2010年，日本全国共有高等职业学校58所，其中国立学校51所，在校生总数达到59542人，毕业生10126人。日本高等职业学校办学规模不大，高等职业学校四、五年级在校人数为21774人，仅占全部高等教育在校人数的0.6%，但日本高等职业教育具有以下办学特色。

1. 学制灵活

高等职业学校的入学要求是初中毕业生，普通高中毕业生可插班编入高职四年级，高职三年级学生可参加四年制普通大学或两年制短期大学的入学考试，也可在毕业后经过考试转学升入大学本科三年级，如长冈、丰桥技术科学大学或国立大学工科学院。

2. 为学生打通升学通道

从20世纪90年代开始，日本高职毕业生可获得"准学士"称号，升入同年在各校开设的相当于本科层次的"专科"继续学习，专科毕业后可获得与四年制大学相同的"学士"称号，拥有继续攻读研究生的教育资格。初中毕业进入高职院校后，在读期间能够选择考上本科院校接受普通高等教育；若顺利完成5年课程则可获得"准学士"学位，可选择升入本校专科或"专升本"继续完成大学本科学业；专科毕业后还可报考研究生继续深造。1991年以后，升入高职专科以及四年制国立大学（三年级插班）的毕业生呈现稳步增长趋势。据2011年《文部科学统计要览》统计，2008年毕业生人数为10160人，有4306人升入高一级学校，占毕业生总数的42.38%。2010年国立高等职业学校毕业生升学率达到44.5%。

表6-4　日本学制示意图

年龄		
26	博士研究生课程	
25		
24		
23	硕士研究生课程	
22		
21	四年制普通大学 四年制技术科学大学 二年制短期大学	专科
20		
19		高等职业学校
18		
17	普通高中	
16		
15		
14	初级中学	
13		
12		

3. 突出工学结合办学特色，立足地方，服务地方

在校企合作方面，学校不仅通过外聘地方企业技术人员担任兼职教师，还专门在校内设置"地区联合技术研究中心"，积极与地方企业进行合作研究。在办学布局上，日本高等职业学校注重地域均衡分布，几乎每个县级（相当于我国省级）行政单位都办有一所或多所高职院校。立足地方、服务地方、振兴地方经济是日本高等职业学校的重要特征之一。在人才培养过程中，高职院校一贯重视加强与地方社会的联系。近年来，伴随着教育社会化以及学习终身化的热潮，高职院校进行了一系列面向社区、社会开放的改革措施，进一步拉近了学校与地方之间的距离。在招生上，注重招收本地生源，大大缓解了地方学生大量涌向个别大城市的现象。

4. 毕业生就业率高，质量好，受到用人单位普遍欢迎

1967 年日本第一批高职毕业生走向社会，在经济高速发展的背景下，毕业生全部在大公司找到了工作。到 2008 年毕业生累计总数超过 36 万人，就业率接近 100%，就业职位求供比率超过 10 多倍。据 2008 年 12 月中央教育审议会发布的《关于高等职业学校教育改革的咨询报告》对不同规模企业关于高职毕业生工作表现的满意度调查结果表明，超过 70% 的企业对高职学校毕业生表示"非常满意"或"比较满意"，反映了用人单位对高职学生的评价较高。与四年制普通大学毕业生相比，高职生在一线工作能力、专业知识掌握与运用能力以及敬业精神等方面都有很大的优势。第三方评价机构对高职培养目标、学生服务体系和毕业生质量给予了高度评价。高职毕业生对高职总体教育的满意度高达 90%[①]。

（二）澳大利亚沿着职业资格证书体系向上延伸

开发现代资格框架是目前世界教育发展的一个重要趋势，成为许多国家提升人力资源开发水平和推进终身学习的一个有效途径。澳大利亚的资格框架于 1995 年开始实施，是世界上较早开发资格框架的国家之一。早期的资格框架存在着部门框架分割、资格等级规定不明确、水平描述特征不明显等问题。2008 年 5 月，澳大利亚成立了资格框架委员会，对资格框架进行改革和完善，将部门资格分割、沟通功能不明显的分框架整合成涵盖各级各类教育、体现层级性和弹性路径的统一的总体框架，以顺应现代资格框架世界发展趋势。

表 6 – 5　澳大利亚资格框架结构及资格类型

资格等级	资格类型	概念学习期限
10	博士学位	3—5 年
9	硕士学位	1.5—2 年

---

① 严平. 日本高等职业教育发展研究［J］. 大学（学术版），2012（11）.

续表

资格等级	资格类型	概念学习期限
8	毕业生文凭 职业性研究生文凭	1—2 年
	毕业生证书 职业性研究生证书	6 个月
7	学士学位	3—4 年
6	副学士学位	2 年
	高级文凭	1.5—2 年
5	文凭	1.5—2 年
4	四级证书	0.5—2 年
3	三级证书	1—2 年
	高中教育毕业证书	2 年
2	二级证书	0.5—1 年
1	一级证书	3—6 个月

【数据来源】 AQF Council. Strengthening the AQF：An Architecture for Australia's Qualifications ［R］. Adelaide, Septeptember, 2009：14 – 15.

在澳大利亚资格框架里设置了 15 种资格类型，每一种资格类型都有资格类型描述，它是以知识、技能以及知识和技能运用三个维度表述的系列学习结果来建构的，描述了一个毕业生在一个资格类型结束点取得的学习结果。15 种资格类型包括 5 种学历证书和 10 种职业资格证书，形成了从一级证书到毕业生文凭的完整的、覆盖多个学段的职业资格证书体系。

从层次上看，毕业生证书、职业性研究生证书、毕业生文凭和职业性研究生文凭四种证书介于学士学位和硕士学位之间，就是说专科层次以上的职业技术教育证书向上延伸不是纳入学历证书体系，而是在职业资格证书体系之内向上延伸。

（三）印度沿着两种证书体系并行向上延伸

印度职业技术教育实行分头管理，由相关部委负责。人力资源开发部负责高中阶段普通职业教育和专科层次的技术教育。2010 年，有 9619 所高中开办了 2.1 万个职业教育班，学制两年，在校学生达 100 万人。专科层次的技术教育在多科技术学院、药学学院、应用艺术和手工艺学院、饭店管理学院等院校实施，学制三年，院校总数 2214 所，在校生人数572899 人，其中多科技术学院是主体，占在校生总数的 96%。

劳动和就业部负责技工教育和学徒培训。截至 2010 年 11 月 30 日，共有 8687 所培训学校，学制一至两年，其中政府举办的工业培训学校 2189所，在校人数 45.3 万人，私立工业培训学校 6489 所，在校人数 76.07 万人，在校人数总计达到 121.4 万人。

印度 1961 年通过《学徒法》，这为实施学徒培训奠定了法律基础。学徒培训主要由就业和培训总司，通过 6 个地区学徒培训局实施。学徒培训涉及 254 种产业，有 2.55 万个企业提供学徒培训。根据学徒法规定，不管是国营企业还是私营企业都有法律义务提供必要的培训设施。印度的学徒主要有四种类型：行业学徒，学制 6 个月至 4 年，高校工科毕业生学徒，学制一年，技师学徒和技师（职业）学徒，学制均为一年，参加学徒培训的总人数达到 276437 人。

印度教育结构高度单一化，中职生所占比例仅为 2%，专科层次技术教育学生仅占全部高等教育在校人数的 1.1%。为适应经济增长和社会发展的需要，印度大力调整教育结构，向学生提供多样化的教育机会，提高学生个人就业能力，减少技能型劳动力供需不匹配。2009 年印度出台国家技能开发政策，提出到 2022 年培养 5 亿技能型人才的战略目标。2012 年 9月 3 日，印度发布《国家职业教育资格框架文件》，正式建立"国家职业教育资格框架"。

该框架是一个按照一系列知识和技能等级组织资格的描述性框架。这些等级以学习结果来定义，例如，学习者必须掌握的能力，不管它们是通过正规、非正规还是非正式教育与培训获得的，都可以得到承认。资格由特定学习领域的职业标准组成。这使学习者、教育与技能培训提供者和雇主等利益相关方能够获取特定技能部门中资格广泛等值方面的信息。因而，正是这种全国整合的教育和能力本位技能框架在职业教育系统内部以及普通和职业教育之间提供了多重路径，使一个学习等级与另一个高一等级联系起来，使学习者能够从教育和/或技能系统的任何起点进入到高一级学习。"国家职业教育资格框架"的关键要素包括：①制定国家原则，提供可导致国际等值的职业教育；②建立职业教育、普通教育与就业市场间的多重入口和出口；③增加在职业教育系统内部的升学机会；④促进学生在职业教育与普通教育之间的转换；⑤建立与产业的伙伴关系。

表6-6　印度国家职业教育资格框架结构

资格等级	职业证书	学历证书	认证机构
10	八级国家能力证书	博士学位	大学和行业技能委员会
9	七级国家能力证书	硕士学位	大学和行业技能委员会
8	六级国家能力证书	职业教育硕士学位	大学和行业技能委员会
7	五级国家能力证书	学士学位 职业教育学士学位证书、文凭	技术教育委员会和行业技能委员会
6	四级国家能力证书		大学和行业技能委员会
5	三级国家能力证书		技术教育委员会和行业技能委员会
4	二级国家能力证书	十二年级	
3	一级国家能力证书	十一年级	学校委员会和行业技能委员会
2	二级国家工作准备证书	十年级	学校委员会和行业技能委员会
1	一级国家工作准备证书	九年级	学校委员会和行业技能委员会
先前学习认可	先前学习认可2	八年级	国家开放教育学校/邦开放学校和行业技能委员会
	先前学习认可1	五年级	国家开放教育学校/邦开放学校和行业技能委员会

【数据来源】Government of India Ministry of Human Resource Development. National Vocational Education Qualifications Framework（NVEQF）[S]．New Delni，2012.

印度职业教育资格框架设立了 12 个资格等级，10 个证书等级及两个先前学习认可等级，资格等级将作为参照点，与职业资格证书等级、工人技术标准/专业技术职务等级以及学历教育的证书、文凭和学位建立起对应关系。

印度职业教育层次的提升是沿着两个证书体系向上延伸。一个是沿着职业证书体系向上延伸。职业教育资格框架的一个重要作用就是构建了职业教育证书体系，它由两个等级的先前学习认可证书、两个等级的国家工作准备证书和 8 个等级的国家能力证书构成，形成与学历证书体系平行和等值的证书体系，五级及以上国家能力证书则分别对应于学士、硕士和博士学位，在理论上它们可以与这些学位等值，这大大拓展了职业教育层次向上延伸的空间。另一个是沿着学历证书体系向上延伸，印度拟在学历证书体系内设立职业教育学士学位和职业教育研究生学位。

（四）我国职业教育层次需要向上延伸

我国职业教育在层次上，目前主要有中职和高职两个主流层次，而高职目前停滞在专科学历层次，学生向上发展的空间受到限制，提升层次不仅是适应产业升级和结构调整对技能型人才需求的客观需要，也是增强职业教育吸引力的一条重要途径。

从证书体系上看，职业教育学历证书层次还不能与职业资格证书体系完全对应。我国存在两种证书体系：一种是教育部门主导的学历证书体系，一种是劳动部门主导的职业资格证书体系。劳动和社会保障部 2001 年 7 月发布了《国家职业标准制定技术规程》，从而建立了国家职业资格证书制度。职业资格证书分为 5 个等级，每个资格等级对应工人技术标准或专业技术职务等级，形成一个基本的职业资格证书体系。两个部门开发的证书体系既有一定的对应关系，但也存在一些问题。

表6-7　职业资格证书等级与学历证书等级在文化水平要求方面的对应

资格等级	职业资格证书等级	学历证书等级
一级	高级技师	本科以上
二级	技师	专科以上
三级	高级工	专科、高职
四级	中级工	高中、中职
五级	初级工	初中

首先，学历层次达不到一级至二级职业资格的要求。在文化水平要求的对应方面，5个等级的职业资格证书可基本上分别对应初中、中职、专科和本科学历。由于目前高职最高层次是专科，这样在文化水平要求上就达不到一级至二级职业资格的要求。

其次，岗位实践年限要求不符合全日制在校学生学习的实际。《国家职业标准制定技术规程》规定，取得职业资格必须具备相应的学历、培训经历和工作经历等有关条件。例如，取得技师资格须具备以下条件之一：（1）取得本职业高级职业资格证书后，连续从事本职业工作5年以上，经本职业技师正规培训达规定标准学时数，并取得结业证书。（2）取得本职业高级职业资格证书后，连续从事本职业工作8年以上。（3）取得本职业高级职业资格证书的高级技工学校本职业（专业）毕业生，连续从事本职业工作2年以上。取得高级技师资格须具备以下条件之一者：（1）取得本职业技师职业资格证书后，连续从事本职业工作3年以上，经本职业高级技师正规培训达规定标准学时数，并取得结业证书。（2）取得本职业技师职业资格证书后，连续从事本职业工作5年以上。这就使得在全日制学校教育环境下，职业教育学生很难沿着职业资格证书体系向上提升。

（五）各国职业教育层次提升的不同模式

通过比较和分析，国际职业教育层次向上延伸有以下几种模式。

1. 沿学历证书体系向上延伸

这是一种学历教育导向的层次提升。在美国完成二年制社区学院课程可被授予副学士学位，属于专科层次。完成四年制工业大学技术学院课程可被授予学士学位，本科层次的职业教育属于技术教育范畴。我国学校本位职业教育层次要向上延伸，在目前职业证书体系的资格等级不完善与学历证书体系沟通不畅通的情况下，比较好的选择是沿学历证书体系向上延伸，这符合国人重视和追求学历教育的传统，有学者就指出，"从职业教育内部来看，职业教育作为一种类型，在纵向上要不断向上延伸，开展技术本科和研究生教育"。[①]

2. 沿职业资格证书体系向上延伸

比较典型的代表是英国和澳大利亚等国。这些国家都建立有比较或相当完备的职业资格证书体系，所以能够沿着职业证书体系向上延伸。2008年，英国颁布的以学分制和资格单元化为基础的"资格与学分框架"（QCF）是一个职业资格框架，设有9个资格等级，包含8个资格等级和1个入门水平，主要涵盖职业性资格证书，而普通高等教育机构颁发的学历证书则放置在单独的"高等教育资格框架"（FHEQ）之中，"资格与学分框架"最高等级是八级资格，这相当于博士学位教育层次，从而构建了一个从最低级到最高级的完整的职业证书体系，这使得职业教育层次能够沿着职业证书体系向上延伸。法国目前正在实施的5级"国家资格框架"也是一个职业性资格框架，覆盖各级各类职业性或专业定向资格，最高等级是一级，相当于博士学位层次，对应于"欧洲资格框架"的最高等级第八级，2010年法国资格框架已完成与"欧洲资格框架"的对接。

3. 沿两个证书体系并行向上延伸

印度属于这种模式。采用这种模式需要有完备的职业资格证书体系和学历证书体系，职业教育层次沿着学历证书体系并行向上延伸需要得到高等教育证书认证主体的认可，同意设立相应的学位，在质量保障框架内保证所颁发的学位证书的质量。

---

① 孟庆国．我国职业教育师资队伍建设的问题和对策［J］．职业技术教育，2012（19）．

三、各国大力推进培养模式创新

现代学徒培训是培养高素质劳动者和技能型人才，实现工学结合和校企合作的重要形式，是转变职业教育培养模式的有效路径。与传统的学徒培训不同，现代学徒培训赋予了新的内涵。所谓学徒培训，是指学徒与接收企业签订学徒合同，在企业有经验的人员指导下获得岗位特定技能，实训与理论学习交替进行，学徒期间取得合理报酬，结业后获得国家承认的职业资格的一种培训制度。这种培养模式在许多国家得到广泛推广。德国的"双元制"是世界公认的工学结合的典范，瑞士甚至实行"三元制"，丹麦实行工学交替，英国知名企业的学徒培训大受欢迎，澳大利亚、法国、美国等国的学徒培训也搞得有声有色，印度和南非通过立法发展学徒培训，各国还普遍建立行业技能委员会，制定职业培训能力标准，指导开展学徒培训。

学徒制与就业有着更为密切的关系，使得个人从教育到就业的过渡更为顺畅。传统学徒制是一种带有职业教育功能的劳动就业制度，而现代学徒制则兼具教育与就业功能。在学徒培训参加比例在30%以上的德国、奥地利和丹麦，青年失业率远低于15%，而在参加比例不到6%的希腊、葡萄牙、西班牙和意大利等国，青年人失业水平常常在25%以上[1]。

一年期（学校）　传统学徒制　二年期（工厂）　工作就业

图 6 - 9　传统学徒制与就业的关系

---

[1]　Towards a European alliance for apprenticeship [EB/OL]. (2012 - 10 - 20) [2012 - 12 - 05]. http：//www. cedefop. europa. eu/EN/news/20747. aspx.

图 6－10　现代学徒制与教学和就业的关系

（一）各国学徒制培训发展不平衡

学徒制培训是工学结合、校企合作的重要形式，是各国都在积极倡导的职业教育培养模式。各国参加学徒制培训学生的比例差异很大，这与一个国家的职业教育传统有着很大的关系，特别是在德语国家及北欧部分国家有着学徒培训的传统，比例达到 10% 以上的国家有 13 个，其中比例最高的是瑞士，达到了 60.1%，丹麦 46.5%，德国 45.3%，奥地利 35.9%，捷克 32.2%，荷兰 21.5%，挪威 16.6%。OECD 国家平均占 12.1%，欧盟 21 国平均为 13.9%。比例不到 10% 的国家有 8 个，波兰为 6.3%，以色列 6.3%，比利时 1.8%，西班牙 1.7%，爱尔兰 1.5%，我国应不到 1%，需要积极开展现代学徒制培训试点。

表 6－8　2009 年部分国家学徒制培训学生比例 　（%）

序号	国家	学徒制培训学生比例
1	瑞士	60.1
2	丹麦	46.5
3	德国	45.3
4	奥地利	35.9
5	捷克	32.2
6	斯洛伐克	27.8
7	荷兰	21.5
8	挪威	16.6
9	冰岛	15.4

续表

序号	国家	学徒制培训学生比例
10	芬兰	14.7
11	卢森堡	14.5
12	匈牙利	14.3
13	法国	12.4
14	波兰	6.3
15	以色列	3.6
16	比利时	1.8
17	西班牙	1.7
18	爱尔兰	1.5
19	中国	1.0*
20	斯洛文尼亚	0.7
21	爱沙尼亚	0.4
	OECD 平均	12.1
	欧盟 21 国平均	13.9

【资料来源】OECD. Education at a Glance 2011［R］. Paris，2011：305.

＊为估计值，在1%以下。

（二）英国大力推进学徒制培训改革

近年来，英国推行了一系列职业教育改革措施，其中把转变培养模式、加强学徒培训作为改革的突破口。改革取得了极大成效，学徒人数大幅增加，2011年学徒人数达到45.7万人，比上年增长63.5%，有76.4%的学习者顺利完成了学徒培训。

在英国，所谓"学徒培训"，就是学徒与企业有经验的人员一起工作以获得岗位特定技能，每周到地方职业学校接受一天脱产学习，结业后可获得国家职业资格或其他国家承认的资格。学徒培训在英国受到极大欢迎，英国电信公司和劳斯莱斯汽车公司的学徒培训名额竞争比英国牛津和剑桥大学的入学竞争还要激烈。英国的研究也表明，三级及以上等级职业资格证书和学徒培训有着强势正面回报。英国近年来的学徒培训改革有以下几个方面。

首先，鼓励中小企业招收学徒。一是对招收学徒的企业实行补助，政府每年提供 4 万个补助名额，每个学徒可补助 1500 英镑（约合 15168 元），以鼓励企业招收 16—24 岁青年学徒。二是设立学徒培训奖，奖励那些通过实施学徒培训提升了生产和经营、解决了技能短缺问题的企业，同时奖励那些个人贡献超出了雇主预期、获得了可测收益的学徒个人。

其次，制定学徒标准，为质量保障提供依据。英国 2011 年颁布了《英格兰学徒培训标准规范》，建立了中级、高级和高等三个学徒培训框架，分别对学时、普通文化课、相关法律和权利教育、技术技能、信息技术教育、通用能力等方面的要求作了具体规定。该标准注重学徒的综合素质培养，注重实践操作能力培养和工作经历，例如标准规定 1/3 的时间用于理论课学习，2/3 用于在企业的实训。

最后，提升学历层次，满足企业对高技能人才的需求。学徒培训资格证书将在国家高等教育资格框架重新定位，企业和个人的技能需求凸显学历层次向上延伸的必要性。目前英国正就学徒培训由目前的国家资格框架四级和五级资格的大专层次提升到资格框架中六级和七级资格的本科和研究生层次问题，广泛征求企业、职业教育学校、大学、颁证组织、专业机构和行业技能委员会等各方意见。

（三）日本版双元制教育体系

2004 年，日本在借鉴德国经验的基础上，建立起了日本版的双元制教育体系，即学员一面在专门的职业教育机构学习理论知识，一面到企业进行实习。这种制度兼顾了理论知识与实践技能的培养，为希望全面提高职业能力的年轻人提供了较好的接受教育和培训的机会。2006 年日本又建立了新的职业技能培养制度，即"实习并用职业训练制度"，也称为"实践型人才培养体系"，并将其写进了新修订的《职业能力开发促进法》。

"实习并用职业训练制度"具体内容有：企业或用人单位根据其培养

实践型技能人才的需要制定培训计划，可以上报并获得厚生劳动大臣的批准认定。招收 15—35 岁的年轻人、主要是中等或高等教育的毕业新生，以试用工的形式对其进行为期半年到两年的培训。培训包括在用人单位的实习和在职业教育专门机构（包括专修学校、公共职业能力开发设施、由政府认定的职业训练学校等）的脱产学习，培训时间一年不少于 850 课时，其中在用人单位的实习时间必须至少占总课时的 20% 以上，但最多不超过 80%。在培训期满时结合技能检定、资格认定等制度进行客观公正的评价，并根据与学员签订的合同规定及考核结果由用人单位决定是否正式录用。

为了配合这一新型培养模式的推广，2006 年，日本还修订了《中小企业劳动力确保法》，确定国家对实施"实习并用职业训练制度"的中小企业及事业团体提供资金、政策等方面的支持，以推动它们致力于扩大青年技能人才的劳动就业机会。根据这一政策，对制定"青少年雇用机会创造计划"并获得地方行政长官认可的中小企业，在其实施"实习并用职业训练制度"的时候，国家将给予一定的资助。其内容包括：（1）按照《职业能力开发促进法》的规定实施"实习并用职业训练制度"、招收年轻人进行职业技能培训的企业，可以获得"能力开发助成金"，其额度为企业内部培训费用和职业教育机构培训费用的二分之一，但每一企业最多不超过 500 万日元；（2）在实施"实习并用职业训练制度"的时候，凡对招收的年轻人予以试用的企业，可以获得"试行雇用奖励金"，额度为每人每月 4 万日元，最多支付 3 个月。"实习并用职业训练制度"为提高青少年职业技能、扩大就业机会发挥了积极作用，从而提高了企业技术竞争力[①]。

（四）我国学徒培训发展与创新

在我国，学徒培训是实行很早的一种传统培训，在 1949 年后的很长一段时期内，它是培养新技术工人的一种重要方式。1950 年 6 月，中央人民政府政务院颁布了《关于开展职工业余教育的指示》，其第四条规定："进

---

① 李协京. 日本：建立职业技能培养新模式［N］. 中国教育报，2007－06－13（4）.

行技术教育的方式，可按不同的要求与条件，采用技术训练班、技术研究班或订立师徒合同等形式。"这一规定使我国传统的学徒制在新中国得以保留并加以改进和完善，有效地促进了国民经济恢复重建所需要的技术人才培养工作。1957年工资改革后，不管学徒学习期限长短，一律按技术标准和学徒工技术水平评定等级。这一时期，我国社会主义的学徒制度逐步形成。学徒培训成为当时培养后备技术工人规模最大、人数最多的培训方式。据统计，1958年全国学徒总数达到440万人，约占企业职工的1/4。当时，我国90%的新技工是通过企业生产中培训学徒的方式培养出来的。1958年我国提出两种教育制度和两种劳动制度。许多技工学校既是学校，又是工厂，把两个学习地点合并为一个，学校既培养学生，也生产产品；学生既学习理论，也参加劳动，实现了工学一体。三年"大跃进"导致国民经济严重失调而出现经济困难，不得不从1961年开始进行为期三年的调整、整顿、充实、提高，半工半读因此而停办，半工半读学校销声匿迹，学徒培训也遭到破坏。1971年全国教育工作会议召开，国务院有关部委和省市代表强烈要求恢复中等专业学校和技工学校并恢复招生。因此，从1971年开始中等职业学校逐渐恢复招生，1973年7月3日国务院批转国家计委和国务院科教组《关于中等专业学校、技工学校办学中几个问题的意见》，但当时招收的是具有一两年工作经验的工农兵学员，实行开门办学，厂校挂钩，校办工厂，厂带专业，建立教学、科研、生产三结合的新体制。教学结合典型任务进行，采用"穿插学"和"集中学"等灵活机动的方式。

十一届三中全会以后，随着经济体制的改革，我国从计划经济体制下的政府配置资源逐渐转向市场配置资源。在这种背景下，劳动就业制度进行了改革，实行"先招生，后招工"和"先培训，后就业"政策，企业改变了招收工人的形式。此外，20世纪80年代初我国调整中等教育结构，大力发展职业教育，学校数量和毕业生人数大幅增加。劳动就业政策和教育政策调整导致劳动力供给结构发生变化，即以过去招收学徒工为主培训技术工人，转变为从职业学校毕业生为主补充新工人，企业培训工人的积极性大为减弱，学徒制逐渐被取代。

针对学徒制逐渐衰落的局面，劳动部门积极改革学徒制，探讨建立现代学徒制。1989 年 3 月，劳动部办公厅下发的《关于印发〈学徒培训制度改革座谈会纪要〉的通知》中提出了学徒制改革的方向："从我国多年的实践和发达国家的经验来看，应该逐步实行学校（培训中心）和企业相结合培训学徒工的方法。为此，一是改直接招收学徒为学徒培训生。企业要与学徒培训生签订合同，规定双方的权利和义务。学徒培训生学习期满，经考核合格后，由企业正式录用，不合格的不予录用。二是在培训方式上，应逐步做到上课堂学理论与下车间学操作相结合。在车间学操作时，可根据需要采用以师带徒形式，签订师徒合同。三是招收学徒（或学徒培训生）的企业，应具备必要的培训条件（包括师资、教学计划、大纲、教材、教室和设备）。四是学徒是以学为主，计算劳动生产率时，不要把学徒人数包含在内。"1992 年 3 月 6 日，劳动部下发了《贯彻〈国务院关于大力发展职业技术教育的决定〉的通知》进一步指出：改革学徒培训。对传统工艺和少数特殊工种应按有关规定继续实行学徒培训。其他工种应将招学徒工逐步改为招定向培训生，做到在企业进行操作训练，在职业技术学校、就业训练中心等培训机构进行专业技术理论学习和基本功训练，以提高培训能力和培训效益。1992 年，我国建立了社会主义市场经济体制，为了增强市场竞争力，国有企业开始转制，开展了大规模的"减员增效"，现代学徒制在企业转制过程中也难以真正落实①。

教育部门也积极探索改革创新职业教育，转变培养模式。2011 年 3 月，教育部主管领导在推进国家中等职业教育改革发展示范学校建设专题培训班上讲话中指出，希望地方政府与企业通过组织和参与现代学徒制试点来破解东南沿海地区的"用工荒"。10 月 12 日，"全国现代学徒制实践经验交流研讨会"在江西省新余市召开，教育部与江西省政府准备在新余市建立现代学徒制试点。12 月 29 日，人力资源社会保障部在全国人力资源和社会保障工作会议上表示：明年将开展新型企业学徒制试点工作。建立现代学徒制是职业教育培养模式的一项重大改革创新，但目前在各地仍

---

① 崔铁刚. 新中国学徒制演变的制度分析 [J]. 职教论坛，2012（10）.

是探索和局部试点阶段，对其内涵、特征、实现途径在理论上认识很不一致，实践中也存在着不同的做法。

（五）各国发展学徒制培训基本经验

发展学徒培训，需要转变培养模式。在学校教育环境或在模拟环境中很难培养出企业所需要的高素质技术工人，需要建立以企业为主的培养模式，就是技术技能和职业态度需要在真实的生产环境中培养。各国的经验表明，学徒培训是一条培养高素质技能型劳动者行之有效的途径，它有着强大的生命力，对促进职业教育与就业市场的联系和增强技能供需匹配度发挥着积极作用。欧盟各国职业教育培养模式和就业市场表现差异很大，一般说来，学徒培训搞得比较好的国家，失业率都比较低。欧盟委员会主席巴罗佐最近表示，欧盟委员会将出台加强技能和创业能力培养的文件，鼓励各国发展双元制教育。

发展学徒培训，需要发挥政府主导作用。实施学徒培训，首先需要培育和建立产业教育体系，从立法上进行顶层设计，规定各利益有关方的权利和义务，形成规范的长效制度。发展学徒培训实际上是一种政府行为，政府在其中起着主导作用，而不是市场行为。德国发展职业教育的经验是，地方政府负责学校职业教育，而学徒培训则由中央政府主导，这也就是为什么双元制能在德国经久不衰的重要原因。澳大利亚强调政府与企业共享责任。

发展学徒培训，需要通过财政刺激调动企业积极性。如何调动企业招收学徒的积极性是实施学徒培训的一个关键问题。英国对招收学徒的企业实行补助和设立学徒培训奖。欧洲商会主席于尔根·图曼近来建议欧盟从"欧洲社会基金"拿出一定比例的资金资助各国建立双元学习制度。2012年澳大利亚则提高了政府对企业招收学徒的补助标准。

发展学徒培训，需要提升层次，增强吸引力。提升学历层次，满足企业对高技能人才的需求。企业和个人的技能需求凸显学历层次向上延伸的必要性。目前英国拟将学徒制层次从专科提升到本科和硕士层次。

四、各国更加注重职业教师能力建设

职业教育教师能力标准是一个国家对合格职业教育教师的基本专业能力要求，是教师实施教育教学行为的基本规范，也是职业教育教师培养、准入、培训、考核等工作的重要依据。

（一）欧盟：注重职业教育教师质量保障能力

欧盟认为，政治优先目标的改革和变化、工作组织的变化、技术的发展、新的学生目标群体的出现、变化着的学习范式、文化的变化、劳动力市场的发展以及教育的国际化都对职业教育教师的职能提出了新的和全面的要求。这需要根据新的形势制定职业教育教师能力标准。2006 年，欧盟职业培训发展中心通过教师与培训师网络启动了"职业教育与培训专业人员界定"研究项目，在对 17 个成员国职业教育相关从业人员进行访谈的基础上，形成了《职业教育教师能力框架》，并于 2009 年正式发布。该框架已获得 21 个欧盟成员国的认可。该框架建立了 4 个能力领域和 10 个能力维度。4 个能力领域包括行政管理、有效教学、专业发展与质量保障以及关系网络，在每个能力维度下面又包含若干活动以及相应的知识点和能力点。

1. 行政管理。一是组织和规划。参与招收学生、参与学生选拔、记录学生成长、记录自己的活动、计划和组织课程、参与团队活动并与其他员工合作、指导新教师。二是项目管理。书写项目申请书、建立合作伙伴、申请经费、管理项目、项目经费控制、汇报项目成果。

2. 有效教学。一是教学设计。与同事和企业合作设计课程或学习项目；分析学生的学习需求以及劳动力市场需求；将培训与政治和社会发展重点问题联系起来；规划学习活动和过程，包括结构、内容和材料；建立个人学习计划；与企业合作组织工作场所学习。二是学习指导。管理和实施学习过程和活动；将培训与实践联系起来；指导学习；支持、激励和引导学生；处理紧急事件；创造并使用资源和素材；与家庭合作；支持和指导学生向工作本位培训和劳动力市场过渡。三是评价。管理诊断性技能测试；与同事和企业培训师一起评价学生的学业成就；监督企业培训师；提供反馈以支持学生学习和培训师专业发展。

3. 专业和学校发展及质量保障能力。一是教师个体专业发展。跟踪本领域发展，例如选择和阅读专业文献，规划自己的长期专业发展，发现继续专业发展机会，参与继续专业发展，记录和保持继续专业发展活动。对知识点和能力点的要求是：能够反思自己的实践，认识到技能需求（职业的，教育学的，教学方法的，个人的），能将新的学习或研究融入教学，能将本领域的发展转化到教育教学中。二是促进学校发展。参与部门和学校的发展，在团队和项目工作中建立新的组织、设计新的方法和开发新的材料，与企业合作开展工作场所学习。了解学习型组织理论，能意识到学校发展的重要性，了解政府政策和行动计划，了解国际目标、发展重点和工具，开展项目工作的能力；具有管理和项目工作的能力以及人际关系和跨文化意识，具有交流表达能力。三是质量保障。为学校的质量保障做出贡献，参与设计质量保障工具，收集反馈和数据，运用质量保障结果，为学校发展做出贡献，规划质量改进，开展自我评价。了解质量保障理论、原则、体系和工具，了解质量循环的目的及其结果的使用，具有设计质量保障程序的能力，能够记录和分析反馈，具有运用反馈和质量保障结果改进学校运行和活动的能力。

4. 关系网络。一是内部网络。参与组织内部的网络和团队；促进同伴学习。二是外部网络。与其他教育机构建立联系；与社会建立联系；与劳动力市场和利益相关者合作；参与国际网络和合作；参与专业网络。

（二）美国：帮助学生实现从教育到工作过渡

美国教师专业标准是基于 5 个基本观点：教师应对学生学习负责；教师应具备所教授学科的知识，并知道如何进行传授；教师有责任管理和监督学生学习；教师应系统反思其实践并从经验中学习；教师应是学习共同体的成员。美国专业教学标准国家委员会制定了《生涯和技术教育教师标准》，该标准是以优秀生涯与技术教育教师的专业实践为分析对象，涵盖了四大类 13 种专业能力。

1. 营造高效的学习环境。一是了解学生。关心所有学生的学习和福祉，采用个性化教学方式，运用人的发展知识，能够完全了解和满足学生的需求。二是掌握学科知识。具有一般工作世界和跨行业技能和生产过程方面的核心知识体系，具有特定行业知识和普通学术知识基础。能利用这些知识制定课程目标，设计教学，促进学生学习，评价学生的成长。三是创设学习环境。能够有效地管理课堂，创设培养民主价值观、风险承担意识和热爱学习的氛围。在这种环境中，通过情境化学习活动，独立的和合作式实验工作及模拟的工作场所体验，学生能学习知识，培养技能和树立自信心。四是尊重多样性。创设所有学生都能学习和践行平等对待和公正以及充分尊重多样性的环境。采取措施确保全体学生享有有质量的生涯和技术学习机会。

2. 促进学生学习。一是促进对生涯和技术学科的理解。促进学生生涯和技术学科的经验性、概念性和以表现为基础的学习，运用各种方法、策略和资源为学生提供重要的和参与性活动；通过这种实践展现出教师有效整合生涯和技术课程与学术课程的能力。二是开展学生评价。运用一系列评价方法获得有关学生学习和发展方面的有用信息，让学生能够反思他们取得的进步，从而改进教师的教学。

3. 帮助学生实现从教育到工作和成人角色过渡。一是帮助学生完成工作准备。创造机会使学生了解工作场所文化和期望，从而培养学生的生涯决策和就业能力。二是管理和平衡多重生活角色。帮助学生了解工作世界中各种竞争性要求和责任，指导学生恰当地平衡各种生活角色。三是促进学生的社会发展。培养学生的自我意识、信心、品格、领导能力以及健康的个人、社会与公民价值观和伦理。

4. 通过专业发展和广泛的社会活动提升教育品质。一是开展反思性实践。通过终身学习不断分析、评价以及提高专业实践的效益和质量。二是建立合作伙伴关系。与同事、社区、行业和高等教育机构开展合作，拓展学习资源，丰富学生的学习机会，促进从学校到工作的过渡。三是提升教育专业品质。与同事和广大的教育界合作，提高学校教育质量，促进教育领域理论和实践创新。四是与家庭和社会建立伙伴关系。与家庭和社会合作，实现面向全体学生的共同教育目标。

（三）我国不断完善职业学校教师能力标准建设

20 世纪 80 年代，我国调整中等教育结构，把大量普通高中转变为中等职业学校。大量普通教育教师转型客观上要求有一个新标准。1993 年，我国颁布《教师法》规定："取得高级中学教师资格和中等专业学校、技工学校、职业高中文化课、专业课教师资格，应当具备高等师范院校本科或者其他大学本科毕业及其以上学历；取得中等专业学校、技工学校和职业高中学生实习指导教师资格应当具备的学历，由国务院教育行政部门规定。"1995 年，国务院颁布《教师资格条例》，规定了教师资格条件、考试和认定。《教师法》和《教师资格条例》将职业学校教师资格分类为文化课、专业课教师资格和学实习指导教师资格，对职业学校教师学历和基本素质提出了基本要求，但没有对教师专业能力进行规定。在实践中提出了"双师型"教师来引领职业教育教师专业化发展，它的提出在实践中也确实起到了积极作用，但由于"双师型"教师缺乏统一的内涵和标准，实践中难以操作，其只能引领教师队伍的建设，而不可能上升为一种标准，这一做法仅是我国职业学校教师在专业标准缺失的情况下的一种权宜之计。

从国外职业教育经验看，鲜有"双师型"教师这种提法和资格类型。德国职业学校教师分为两类：文化课专业课教师和实践课教师。文化课专业课教师既教授德语、英语、数学、政治学、体育等文化课，也教授职业科目如电子工程、家政学、卫生保健等特定学科理论知识，实践课教师在学校实训车间、实验室等场所教授实践技能①。这种分类方法与我国一致。应按照《教师法》和《教师资格条例》规定的教师资格分类分别制定教师

---

① Ute Hippach-Schneider, Kristina Alice Hensen and Karen Schober. Germany VET in Europe-Country Report 2011 [R]. CEDEFOP, 2011.

专业标准或能力标准，遵循世界各国的普遍做法。

教师专业标准建设的步伐在不断推进。2004 年，教育部颁布《中小学教师教育技术能力标准（试行）》，规定了教师技术教育单项能力标准，以提高广大中小学教师教育技术能力和水平，促进教师专业能力的发展。《国家中长期教育和改革发展规划纲要》提出要"完善符合职业教育特点的教师资格标准"。为促进中学教师专业发展，建设高素质中学教师队伍，2012 年 2 月 10 日，教育部颁布《中学教师专业标准（试行）》，包含理念与师德、专业知识和专业能力三个维度，教学设计、教学实施等 14 个领域和营造良好的学习环境与氛围，激发与保护中学生的学习兴趣，引发中学生独立思考和主动探究，发展学生创新能力等 46 项基本要求，这为制定职业学校教师专业标准奠定了基础。

在没有国家职业教育教师专业标准的情况下，个别地方出台了地方标准，2007 年，重庆市借鉴澳大利亚等国家职业教育教师队伍建设的经验并结合中等职业学校教师队伍建设实际，制定了《重庆市中等职业学校专业教师能力标准（试行）》。标准在教师应具备的职业道德、基本知识和一般能力的基础上，按照中等职业学校教师职业的特殊要求，确定了中等职业学校专业教师的能力领域、单元、要素和表现指标，将中等职业学校专业教师分为初级、中级和高级，能力要求依次递进，高级别涵盖低级别。标准包括职业道德教育、行业联系、课程设计、教学组织和实施、鉴定、交流与合作、健康安全的保障与教育、学生服务与管理和专业发展 10 个能力领域。

（四）各国职业教育教师能力标准的比较

从比较中可以看出，各国的标准都涉及的专业能力要素包括：了解学生、职业领域的知识和能力、设计学习活动、教学实施、评价、教师个体专业发展。美国标准突出学生发展，因而强化教师在帮助学生向工作和成人角色过渡中的能力，包括工作准备、管理和平衡各种角色、社会发展等方面，帮助学生实现从学习到工作的顺利过渡。欧盟标准突出教师工作，因而质量保障、管理方面的能力要求在欧盟的标准中占有相当大的比重。美国和欧盟的标准均非常强调建立合作关系，包括与同事的合作、与社会的合作、与其他教育机构的合作、与家长及社区的合作以及国际交流合作。澳大利亚标准中有两个要素非常值得关注：国际教育管理的能力、开发并培养持续发展的能力，这反映了职业教育的未来发展趋势，扩大国际交流合作和培养绿色技能人才。

表 6 – 9　职业教育教师能力标准要素的比较分析①

能力要素	美国	澳大利亚	欧盟
了解学生	√	√	√
职业领域的知识和能力	√	√	√
营造高效学习环境	√		√
设计学习活动	√	√	√
教学实施	√	√	√
评价	√	√	√
质量保障		√	√
培训咨询服务		√	
帮助学生向工作和成人角色过渡	√		
管理		√	√
教师专业发展	√	√	
建立合作关系	√		√
国际交流合作		√	√
培养持续发展能力		√	

通过比较可以看出，教师作为一种职业，需要具有一定的专业化程度和相应的职业能力，中国和欧盟在对教学设计、教学实施、教学评价以及体现职业教育教师职业特点的行业合作能力等基本专业能力都有相应的要求。但在专业能力的宽度和深度以及国际视野方面中国职业教育教师存在着较大的差距。在实践创新能力、质量保障能力和国际合作能力方面，我

---

① 付雪凌，石伟平．美、澳、欧盟职业教育教师专业能力标准比较研究 ［J］．比较教育研究，2010（12）：81 – 85.

国没有相应的要求，而欧盟在这方面给予了高度重视，这既有国情因素也有职业教育发展阶段的问题。具有中国特色的一点是，在教学研究能力，要求教师撰写教学改革学术论文。

表 6 - 10　中国（重庆）和欧盟职业教育教师部分能力标准比较

能力维度	能力要素	中国	欧盟
教学设计能力	设计和开发教学计划，根据能力标准制定教学目标和计划，分析和管理教学资源，设计和开发教学材料，根据教学计划确定教学内容，编写教学材料	有	有
教学实施能力	有效组织教学活动，激励学生主动学习，关注每一个学生学习表现及时反馈和调整，在教学活动中融入对学生发展能力的培养，能运用现代教育技术组织教学活动	有	有
教学评价能力	设计评价标准，制定评价计划，开发评价工具，根据评价结果修订评价方案	有	有
教学研究能力	撰写教学改革学术论文，提供论文	有	没有
行业合作能力	分析行业培训需求信息，确认行业培训需求，制定行业联系计划，联络相关行业，建立行业联系网络，关注和参与行业趋势研究及培训	有	有
实践创新能力	运用知识和技能的能力，能将新的学习或研究融入教学，能将本领域的发展转化到教育教学中，具有运用反馈和质量保障结果改进学校运行和活动的能力，了解如何将国际观点融入课程和教学中	没有明确要求	有
质量保障能力	了解质量保障理论、原则、体系和工具，参与设计质量保障工具，收集反馈和数据，运用质量保障结果，规划质量改进，了解质量循环的目的及其结果的使用，具有设计质量保障程序的能力	没有要求	有
国际合作能力	了解国际教育目标、发展重点和工具，参加国际网络和合作，实现教学内容国际化，为项目和师生跨国交流寻找合作伙伴	没有要求	有

五、加大经费投入成为各国共同趋势

（一）我国各级教育生均支出水平还比较低

2008 年，我国各级教育（从小学到大学）生均支出为 1593 美元（购买力平价美元），仅为发达国家的 1/6 左右，20 国集团的 22%。OECD 国家平均达到 8831 美元，欧盟 21 国平均 8702 美元，20 国集团平均 7217 美元。

图 6-11　我国各级教育生均支出与发达国家平均水平比较

【数据来源】OECD. Education at a Glance 2011 ［R］. Paris, 2011：219.

与发达国家相比，中国各级教育生均支出差距较大，仅为美国的 11%，英国和日本的 16%，法国和德国的 17%，韩国的 21%。

表 6-11　2008 年部分国家各级教育生均支出　（美元）

序号	国家	各级教育生均支出
1	瑞士	14977
2	美国	14923

续表

序号	国家	各级教育生均支出
3	挪威	13285
4	奥地利	11852
5	丹麦	11788
6	瑞典	11162
7	荷兰	10704
8	比利时	10589
9	爱尔兰	10082
10	英国	10051
11	冰岛	9873
12	日本	9673
13	法国	9562
14	西班牙	9499
15	芬兰	9463
16	意大利	9149
17	德国	9115
18	澳大利亚	9056
19	斯洛文尼亚	8719
20	韩国	7434
21	新西兰	7218
22	葡萄牙	7005
23	以色列	6885
24	爱沙尼亚	5982
25	捷克	5895
26	匈牙利	5135
27	波兰	5135
28	俄罗斯	4878

续表

序号	国家	各级教育生均支出
29	斯洛伐克	4446
30	智利	3520
31	阿根廷	3204
32	墨西哥	2763
33	巴西	2416
34	中国	1593
	OECD 国家平均	8831
	欧盟 21 国平均	8702
	20 国集团平均	7217

【数据来源】OECD. Education at a Glance 2011［R］. Paris, 2011：219.

（二）我国高中阶段教育生均支出低于欧盟与 OECD 国家平均值

2008 年我国高中阶段教育生均支出估计为 1560 美元（购买力平价美元），仅为欧盟国家和 OECD 国家平均的 1/6 左右，卢森堡高达 20002 美元，瑞士、挪威、美国等 11 个国家在 10000—19000 美元之间，加拿大、韩国、日本、英国等 13 个国家在 6000—10000 美元之间。

图 6 - 12 中国高中阶段教育生均支出与欧盟和 OECD 国家平均水平比较

【数据来源】OECD. Education at a Glance 2011［R］. Paris, 2011：223.

表6-12　2008年高中阶段教育生均支出

序号	国家	高中阶段教育生均支出（购买力平价美元）
1	卢森堡	20002
2	瑞士	18844
3	挪威	14039
4	美国	12690
5	法国	12087
6	奥地利	11956
7	荷兰	11301
8	爱尔兰	11205
9	丹麦	11160
10	西班牙	11113
11	德国	10597
12	瑞典	10103
13	加拿大	9754
14	韩国	9666
15	日本	9559
16	英国	9307
17	意大利	9121
18	澳大利亚	8821
19	冰岛	8290
20	新西兰	8025
21	葡萄牙	7924
22	芬兰	7461
23	斯洛文尼亚	7284
24	爱沙尼亚	6461
25	捷克	6030
26	波兰	4613
27	匈牙利	4471
28	斯洛伐克	4174

序号	国家	高中阶段教育生均支出（购买力平价美元）
29	阿根廷	3785
30	墨西哥	3277
31	智利	2548
32	巴西	1660
33	中国	1560*
34	印度尼西亚	320
	OECD 平均	9396
	欧盟 21 国平均	9281

＊数据为估值数。

【数据来源】 OECD. Education at a Glance 2011 ［R］. Paris, 2011：223.

（三）我国中等职业教育公共支出占 GDP 比例比欧洲国家低一倍

2008 年，我国中等职业教育公共支出占 GDP 的 0.2%，比欧洲国家低一倍。芬兰达到 1.1%，奥地利 1%，德国 0.6%，法国 0.5%。

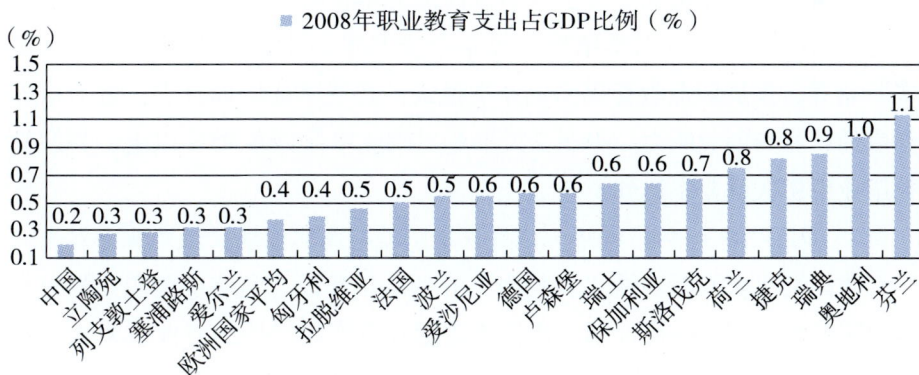

图 6－13 职业教育支出占 GDP 比例

【数据来源】 Eurostat, UOE. Expenditure on General and Vocational Programmes［EB/OL］. ［2011－09－12］. http://www. cedefop. europa. eu/EN/Files/123＿Expon-gen-vo-prog-upper-sec＿2011－09－12. xls.

六、我国职业教育的优势与不足

通过国际比较，可以发现中国职业教育既有优势又存在着明显不足。

（一）中国职业教育的优势

1. 在校生人数居世界第一，中职生和高职生所占比例超过发达国家平均

我国中等和高等职业教育年招生规模超过 1100 万人，在校生超过 3100 万人，占到了高中阶段教育和高等教育的半壁江山。我国中职生所占比例达到或高于发达国家平均水平，略低于欧盟 21 国 52.4%，高于 OECD 国家 45.9% 和 20 国集团 37.6% 的平均水平。我国高等教育在校人数占世界的 17%，高职学生占 32%，成为世界高等教育第一大国。高职生所占比例为 45%，世界平均 24%，发达国家 20%，这高出世界平均近一倍，高出发达国家一倍多。

2. 毕业生就业率较高

我国职业教育实现了从学科本位向能力本位转变，在培养模式上以就业为导向，大力推行工学结合、校企合作和半工半读，积极推广"订单式"培养，发展职业教育集团化办学模式，开展学徒培训试点，着力培养学生的就业和创业能力。中职学校毕业生就业率保持在 95% 以上，高职学校毕业生初次就业率达到 84%。

3. 加强"双师型"教师队伍建设，不断提高职业学校教师业务水平

我国近年来不断加强"双师型"教师队伍建设，实施中等职业学校和职业院校教师素质提高计划，聘任或聘用具有实践经验的专业技术人员和高技能人才担任专兼职教师，提高持有专业技术资格证书和职业资格证书教师比例。教育部、财政部 2007 年启动实施了中等职业学校教师素质提高计划，累计培训 15 万名中等职业学校教师，支持学校聘请近 3 万名兼职教师，开发了 80 个专业的师资培训方案、课程和教材。2011 年教育部、财政部启动实施职业院校教师素质提高计划，投入资金超过 26 亿元。

（二）中国职业教育的不足

1. 职业教育投入不足

近些年随着招生规模扩大，我国职业教育经费投入实现总体增长，但是占全国教育经费总投入的比重却呈现下降趋势。而加大投入是大力发展职业教育的根本保证。我国中等职业教育支出占 GDP 的 0.2% 左右，这比欧洲国家低一倍，该比例仅为德国和法国的 1/3 左右，而生均支出仅为发达国家平均的 1/6 左右，与个别发达国家相比差距更大，反映出生均支出与经济发展水平密切相关。

2. 职教生比例偏高

中国高职生、本科生和研究生所占比例分别为 45%、50% 和 6%，世界平均水平为 24%、74% 和 2%，发达国家一般在 22%、75% 和 2%。这表明中国高等教育深度职业化，层次结构重心偏低，高职生比例过高，而本科生比例偏低。我国的中职生比例接近欧盟平均，但我国与欧盟国家的社会结构和文化传统差异很大。我国台湾地区、韩国和日本等有着学历教育传统的东亚地区和国家的经验表明，随着学龄人口下降和产业升级，中职规模逐渐萎缩，高职及以上层次教育会发展。我国的职业教育发展战略需要从规模发展转到质量提升上来，根据人口变化、产业升级及家长和学生对更高教育层次的需求，适度压缩中高职学生比例，适当发展综合高中，提高普通高中教育学生比例，促进与高职的衔接，稳步发展本科层次专业学位教育，优化高等教育结构。

3. 职业教育学历证书和职业资格证书体系尚不完善

发达国家和地区通过院校升格普遍设置了本科或本科以上层次高等职业教育学历证书。我国中等和高等职业教育在培养目标、专业设置、课程体系等方面还缺乏有效衔接，目前尚未设置本科层次高等职业教育学历证书。职业资格证书体系需要重新设计，借鉴国际经验，采用能与国际资格对接的并与学历证书体系相对应的 8 级结构。

4. 培养模式多样化不足

中国参加学徒制培训学生比例估计不到 1%，而 OECD 国家平均为 12.1%，欧盟 21 国平均 13.9%，个别国家达到了 30% 以上，瑞士达到 60.1%，丹麦 46.5%，德国 45.3%，奥地利 35.9%，捷克 32.2%。重视发展学徒培训成为世界职业教育的一个重要趋势。

第七章

挑战与展望

职业教育是中国经济社会发展的重要基础，承担着培养数以亿计的高素质劳动者和数以千万计的技术技能人才的重要任务。当今的职业教育已从经济社会发展的外在推动力内化为经济社会发展的重要核心支撑力。因此，职业教育的发展与改革，必须以支撑发展和引领未来为导向，将技术技能人才培养全面融入经济社会发展的大循环中。

一、新时期我国经济社会发展对
职业教育提出的新任务

国家"十二五"规划纲要提出以科学发展为主题，以加快转变经济发展方式为主线，实现经济平稳较快发展、结构调整取得重大进展、科技教育水平明显提升、资源节约环境保护成效显著、人民生活持续改善、社会建设明显加强、改革开放不断深化等一系列经济社会发展目标。这一系列目标的实现，都与职业教育有着密切的关系，也对职业教育改革与发展提出了新的要求和挑战。

（一）职业教育要为转变经济发展方式提供人才支撑

转变经济发展方式对劳动力素质提出了更高要求。党的十七大提出加快转变经济发展方式的战略任务，强调促进经济增长要由主要依靠投资、出口拉动向依靠消费、投资、出口协调拉动转变，由主要依靠第二产业带动向依靠第一、第二、第三产业协同带动转变，由主要依靠增加物质资源消耗向主要依靠科技进步、劳动者素质提高、管理创新转变。当前，我国各行各业正在经历着转变发展方式的深刻变革，高素质劳动者越来越成为制约企业发展的关键要素。

产业结构优化升级要求提升人才供给结构的匹配度。"十二五"规划纲要提出，现代产业体系包含六个方面：一是要改造提升制造业，二是培育发展战略性新兴产业，三是要加快发展服务业，四是要加强现代能源产业和综合运输体系建设，五是全面提高信息化水平，六是推进海洋经济发展。"十二五"时期的另一项重大任务是推进农业现代化，完善现代农业产业体系。职业教育要按照建设现代产业体系和产业结构调整升级的总体要求，调整专业设置、健全课程体系，特别要加强专业结构与国家装备制造、网络通信、交通运输、环境保护、新能源、现代农业等行业的对接，保证各行业技能型人才的有效供给。

（二）职业教育要增强为区域经济社会发展服务的能力

"十二五"规划纲要提出实施区域发展总体战略和主体功能区战略，构筑区域经济优势互补、主体功能定位清晰、国土空间高效利用、人与自然和谐相处的区域发展格局，逐步实现不同区域基本公共服务均等化。近些年来，国家制定了一系列指导区域经济发展的文件，如珠江三角洲地区改革发展规划纲要、长江三角洲地区改革开放和经济社会发展的指导意见、东北地区等老工业基地振兴战略的若干意见、中部地区崛起规划、上海加快发展现代服务业和先进制造业建设国际金融中心和国际航运中心的意见、福建省加快建设海峡西岸经济区的若干意见等。目的在于明确区域经济发展定位，突出区域发展特色，实现区域经济社会协调发展。职业教育最重要的功能，就是通过人才供给、教育培训服务、技术支持等服务于区域经济社会发展需求。各地举办职业教育，必须从当地自然资源和社会资源优势、产业结构特点等发展实际出发，合理布局学校和专业，通过产学研相结合，办出满足区域发展需要的职业教育。

（三）职业教育要为积极稳妥推进城镇化承担重任

"十二五"规划纲要提出，坚持走中国特色城镇化道路，科学制定城镇化发展规划，促进城镇化健康发展。要构建城市化战略格局，稳步推进农村富余劳动力向城镇和非农产业转移。到 2015 年，我国城镇化率要从 2011 年的 47.5% 提高到 51.5%，转移人口 4700 万人。为实现这部分人口顺利转移、成为现代市民，职业教育需勇担重任，通过各种形式、多元内容的职业教育培训，提高转移人口的就业技能，使之具备城市生活能力。

二、我国各类技能人才供给与经济发展需求尚存较大差距

从近年来各行业的人才需求来看，2009 年，81.1% 的单位用人需求集中在制造业、批发和零售业、住宿和餐饮业、居民服务和其他服务业、租赁和商务服务业、建筑业。其中，培养人才仅在制造业和建筑业两类有匹配，但供需差距较大，前者为 19 万人与 700 多万人；后者为 15 万人与 100 多万人（见表 7-1）。

表7-1　2009 年我国产业结构对高端技能型人才的需求　（人次，%，百分点）

行业	需求人数	所占比重	上年相比需求变化
农、林、牧、渔业	413878	1.8	-0.4
采矿业	203014	0.9	+0.1
制造业	7492998	32.1	-0.4
电力、煤气及水的生产和供应业	322099	1.4	+0.1
建筑业	1059603	4.5	+0.3
交通运输、仓储和邮政业	547249	2.3	-0.1
信息传输、计算机服务和软件业	662055	2.8	—

续表

行业	需求人数	所占比重	上年相比需求变化
批发和零售业	3856419	16.5	+0.4
住宿和餐饮业	3018620	12.9	+0.8
金融业	386848	1.7	−0.1
房地产业	641958	2.7	+0.2
租赁和商务服务业	1432244	6.1	−0.1
科学研究、技术服务和地质勘查业	204881	0.9	+0.1
水利、环境和公共设施管理业	139483	0.6	−0.1
居民服务和其他服务业	2099616	9.0	−0.8
教育	215982	0.9	0.1
卫生、社会保障和社会福利业	191844	0.8	−0.1
文化、体育和娱乐业	373908	1.6	0.1
公共管理与社会组织	94121	0.4	−0.1
国际组织	2930	0.0	—
合计	23359750	100.0	—

从行业需求预测来看，2009—2020 年制造业、建筑业集中了 60% 以上的高技能人才需求量，但目前这两类人才的培养量仅占总量的 14.37%（见表 7 - 2）。

表 7 - 2　**2009—2020 年我国各产业对高端技能型人才需求分析**　（人，%）

行业分布	2009—2015 高技能人才需求增长量	2009—2020 高技能人才需求增长量	2015 分行业需求	2020 分行业需求	2020 年需求占比	2009—2020 需求增长占比
制造业	2200367	3985810	14742510	16527953	40.70	40.09
建筑业	1180970	2168259	7768078	8755366	21.56	21.81
批发和零售业	310867	579246	2002498	2270877	5.59	5.83
采矿业	279498	525995	1774534	2021032	4.98	5.29

续表

行业分布	2009—2015高技能人才需求增长量	2009—2020高技能人才需求增长量	2015分行业需求	2020分行业需求	2020需求占比	2009—2020需求增长占比
交通运输、仓储和邮政业	223436	407315	1484202	1668080	4.11	4.10
电力、燃气及水的生产和供应业	161123	282573	1125790	1247439	3.07	2.84
公共管理和社会组织	129420	234211	868230	973021	2.40	2.36
租赁和商务服务业	137496	268074	826580	957158	2.36	2.70
科学研究、技术服务和地质勘查业	124153	223512	838705	938064	2.31	2.25
教育	115627	204393	799880	888646	2.19	2.06
房地产业	102813	192632	657020	746839	1.84	1.94
住宿和餐饮业	94775	169221	647229	721674	1.78	1.70
水利、环境和公共设施管理业	81093	142114	567129	628150	1.55	1.43
农、林、牧、渔业	83302	160895	508340	585933	1.44	1.62
信息传输、计算机服务和软件业	65908	119328	441892	495311	1.22	1.20
卫生、社会保障和社会福利业	51696	92771	350713	391787	0.96	0.93
居民服务和其他服务业	44643	80935	298780	335072	0.83	0.81
按文化、体育和娱乐业	41617	71444	298468	328295	0.81	0.72
金融业	18378	34473	117426	13341	0.33	0.35

根据有关专家的分析和预测，21 世纪初，在我国的产业结构中，第二产业的产值比重将基本上保持不变，第三产业的产值比重则会不断上升，而第一产业的产值比重则会持续下降。第三产业的扩张和第一产业的缩减，是这一阶段我国产业结构调整的基本特征。在这种社会整体产业结构内部，还将出现更深层次的结构调整，这就是产业结构的不断升级。三大产业优化的方向和内部升级问题非常值得重视。第一产业应发展生物工程、生态农业。第二产业应占领产业链高端，如研发设计、材料采购、销售渠道。第三产业应大力发展现代生产型服务业，如金融保险、现代网络、现代物流、法律咨询、会计审计，以及现代消费型服务业与公共服务业等。第三产业应从低知识性、低附加值向高知识性、高附加值发展，这是在第三产业内部升级的过程。

目前我国产业结构升级的一个显著特征是以高新技术产业的发展为龙头，加快采用高新技术和使用技术改造提升传统产业的步伐，推进产业结构的优化升级。各产业中产品的知识含量与技术含量不断提高，产业间呈现出由劳动密集型向知识、技术密集型转移。这种产业结构的变化会在产业内部引起劳动要素，即资本、原料、劳动力之间的结构变化。经营者将会改变投资模式，即逐渐减少物质、金融资本的注入，代之以尽量加大人力资本的投资，提升人力资源在经济增长中的作用。

（一）现代农业人才需求差距

当前，我国第一产业面临着两大发展任务：一是引进、推广和普及农业技术；二是在生物工程、基因工程等高新技术的带动下，促进新的育种技术的发展和经济作物数量的增加，快速提高农业产值在国民经济总产值中的比例。要完成这两项任务，我国的中、高等职业技术教育就必须为之提供大量的、高素质的农业技术人员。我国广大农村实行土地联产承包责任制以来，年产量较以前有了很大提高，生产力得到了很大解放，但是，农业科学技术的引进、推广和普及的步伐却相当缓慢，大部分地区仍然处于原始耕作和经验性的操作管理状态，农业科技含量还相当低。现实情况是，一方面职业学校不能有效提供农业产业所需的技能型人才，另一方面现有的职业农校毕业生由于我国农业产业化水平低而没有施展技能的机会。这种矛盾如不能得到及时解决将会造成一种恶性循环，最终影响综合国力的提高。因此，目前我国职业教育的基础是服务农业，其中心任务在于改革和引进农业技术，全面推广和普及现有的农业科技，迅速提高农业产值的比例，从根本上解决"三农"问题。必须使高职、中职教育找准与第一产业的结合点，调整专业设置、扩大人才培养的规模，同时结合我国农村分散经营的特点，大力开展各种形式的对农民的职业技术培训活动，普及农业技术，以较快捷的方式向未来的劳动者传授农业生产、经营和管理方面的知识和技能。

案例1：现代农业需要的不再是只能适应种植业的传统型人才

农业科学家们提出了发展我国农业的新思路：即跳出单纯靠传统种植业发展农业的旧框套，而是改造传统种植业为"绿色生态农业"、创建以微生物工厂化生产为特征的"白色农业"、发展以海洋养殖耕作为特征的"蓝色农业"。这"三色产业"规划的实施，完全是现代科学技术的产物。如果没有足量的"三色农业"所需的专业技术人才，"三色农业"根本不可能实现。因此，未来我国所需要的农业科技人才，不是几十万，而是几百万；所需人才的专业门类，不仅包括农、畜、牧专业，而且还需大量的生物工程、海洋养殖耕作等现代化新型专门人才。我们现有的农业高等院校每年仅毕业2—3万名专业人才的状况应立即改变。

（二）现代工业人才需求差距

我国劳动力资源丰富，但生产一线的技术工人整体素质却不高。据统计，目前城镇企业共有1.4亿名职工，其中技术工人有7000多万，初级工占60%左右，中级工占35%，高级工仅占3.5%。这与发达国家高级工占40%的比例相差甚远。在对广州市80家制造企业的专项调查中发现，技术工人，特别是高级技工相当匮乏。在引进高新技术的情况下，企业只有19.5%的技术工人能完全胜任工作。劳动和社会保障部最近的一项调查表明，到劳动力市场招人的 2 万多家企业中，有三分之一在招企业工人。企业对高级技工的需求量甚大，不少企业技术工人已出现断层。一些地方曾出现"哄抢工人"和"高价竞聘"有基本操作经验的工人的现象。另外，技术工人素质低带来的影响也不可忽视，目前，我国企业产品平均合格率只有 70%，不良产品每年损失近 2000 亿元。培养大批技术工人，提高技术工人素质和层次结构，是现代工业对职业教育提出的人才需求，因此职业教育应特别注重培养各级各类能满足企业需求的高质量的技术工人。

案例 2：软件行业缺乏最基础的软件开发员，导致研发成果难以转化成产品

软件人才在中国企业中普遍短缺严重限制了中国信息产业的发展。据 Ashish 博士介绍，中国并不缺少高新技术的研发人才，缺的是把研发成果做出来的工程化人才。印度信息产业的成功经验告诉我们，我国软件人才特别是软件开发程序员极度匮乏是中印差距的主要原因。Ashish 博士形象的把 IT 业比作"金字塔"，处在顶层的是少数高级科研人员及管理人员，中间层是系统分析员，处在金字塔基层支持整座金字塔的则是大量的软件开发人员。

（三）现代服务业人才需求差距

随着我国第三产业的迅速发展，职业教育必须积极跟上前进的步伐，瞄准目标，加快发展。目前，我国第三产业的产值比重仅相当于低收入国家的水平，21 世纪初要接近或达到发展中国家的平均水平，产业结构调整的重点是大力发展第三产业。而第三产业内部也将进行某些方面的调整，据对北京市部分劳动力市场职业供求状况的调查统计表明，第三产业的职业需求约占需求总量的 80% 左右，各类社区服务、旅游服务、美容美发、信息服务等，成为吸纳就业的主要途径。对各类社会服务型从业人员的要求趋于技能化和专门化，这是社会不断进步和人们物质文化生活需求日益提高的必然表现和发展趋势。特别是第三产业中的社会服务类和市场营销类，占到了整个社会需求的55%以上，因此，服务于第三产业的中职教育应占较大的比例。

案例3：环境保护产业严重缺乏环保技术人才，大量环境保护科研成果无法实现工程化

环保产业的发展之快，效益之显著，无疑是环保技术人才的研究与开发的结果。目前，我国环保产业存在的主要问题之一，是环保技术人才严重不足。现有的环保人才数量难以满足国民经济的发展。如果按20世纪90年代初期德国环保产业就业比例计算，我国需要环保产业人员1000万人。如果环保技术人员按环保从业人员的5%计算，将需要50万人。而我国现有的环保技术人员离实际需求相差甚远，培养环保技术人才的任务十分艰巨。相关资料显示，目前我国环保产业的从业人员仅有13万余人，其中技术人员8万余人。按照国际通行的惯例计算，我国在环境工程师方面的缺口在42万人左右。

（四）战略性新兴产业人才需求差距

经历了2008年金融危机的考验，世界上许多国家均意识到谁在科技创新和培育新经济增长点方面占据优势，谁就能掌握发展的主动权，因此各国都在努力寻找推动下一轮经济增长的新引擎。后金融危机时代，很多国家都把科技作为经济发展战略的重点，把科技投入的革新作为重要的战略投资。各国正在进行抢占科技制高点的竞赛，全球将进入空前密集的创新和产业振兴时代。各个国家关于战略性新产业的具体发展规划（见表7-3）。

表7-3 世界主要国家关于战略性新兴产业的发展规划

国别	时间	主导产业	主要文件	发布者
英国	2009.6	数字经济	《数字英国》	英国政府
英国	2009.7	低碳经济	《英国低碳过渡计划》，配套方案：《英国可再生能源战略》《英国低碳工业战略》《低碳交通战略》	商务部、能源和气候变化部
美国	2009.2	新能源、环保等	《2009年美国复兴与再投资法》	奥巴马签署
美国	2009.6	新能源	《美国清洁能源安全法案》	众议院通过
日本	2009.3	IT技术	信息技术发展计划	日本政府
日本	2009.4	环保	第四次经济刺激计划	日本政府
日本	2009.12	节能	新经济刺激计划	日本政府
欧盟	2008.12	电信、环保	工商界代表圆桌会	英国首相布朗
欧盟	2009.3	能源、信息	欧盟成员国领导人布鲁塞尔峰会	欧盟轮值主席国捷克总理托波拉内克
欧盟	2009.4	绿色产业发展	"环保型经济"的中期规划	欧盟新闻发言人
欧盟	2009.12	节能、环保	欧盟首脑会议	欧盟首脑
澳大利亚	2008.12	新能源	可再生能源立法草案	澳大利亚政府
加拿大	2009.9	清洁能源	生态信托环保计划	加拿大联邦政府
印度	2009.9	核能	核能发展计划	印度政府
俄罗斯	2009.8	能源	2030年前能源战略	俄罗斯政府
法国	2008.11	新能源	一揽子计划	法国环境部
韩国	2009.7	绿色产业	绿色增长法	韩国政府

【数据来源】牛立超. 战略性新兴产业发展与演进研究 [D]. 北京：首都经济贸易大学，2011.

这一系列规划部署标志着全球的科学技术将进入一个空前的技术创新时代，战略性新兴产业将会成为未来经济社会发展的主导力量，世界经济将在战略性新兴产业的推动下增长。

战略性新兴产业计划人才培养与普通专业的人才培养相比,有其自身的特征。首先,产业计划所培养的人才主要服务于战略性新兴产业。这是由于战略性新兴产业代表科技创新和产业发展的方向,体现新兴科技和新兴产业的深度融合,是推动经济社会和生产生活方式发生深刻变革的重要力量。但同时,其发展可能不够成熟,对人才的具体要求尚未完全定型,市场前景具有一定的不确定性。在此背景下,其人才培养,相对于传统专业,缺乏一定的经验,需要更多的探索和创新。

其次,产业计划所培养的人才是应用型、复合型、技能型人才。在知识经济社会,新兴产业中最重要的战略资源是信息、知识、科技和创造力,新兴产业的发展是知识体系中各学科共同发展的结果,需要大量创新人才、复合人才和高素质技术工人队伍。因而,产业计划需要培养三类人才:一是拥有某一门专业学科知识的理论基础,能把成熟的科学理论和科学方法应用到生产、生活实际的应用型人才;二是拥有2—3门专业学科知识,形成学科交叉、知识融合的复合型知识体系,既有扎实的专业基础又有广阔知识底蕴的复合型人才;三是在生产和服务等领域岗位一线,掌握专门知识和技术,具备一定的操作技能的技能型人才,大学本科阶段的技能培养主要强调学生在实践岗位的集成创新。

最后,产业计划的人才培养要求实施开放性办学。培养战略性新兴产业人才需要我们在办学中建立一种开放性的、国际性的氛围,以拓宽学生视野和创新能力,以适应市场需求和产业需要。因此,在人才培养过程中要强化开放性办学意识;充分利用自身的优势,加强校内外教学实习基地建设;加强与企业、行业、产业的交流和联系;完善开放性实验室的管理;创新教学方式和手段,培养学生批判性思维,不断提高人才培养质量。

(五)我国高技能人才比重与发达国家之间的差距

当前,我国技能人才培养取得了一定的成就。但在生产、服务、管理一线的劳动者素质偏低和技能型人才紧缺问题依然严峻。从技术工人分布状况看，截至 2010 年，我国技术工人 1.12 亿人，其中初级、中级技工占 74.5%，高级工占 20.5%，技师、高级技师占 5%。我国高技能人才的比例远远落后于发达国家（见表 7-4）。高技能人才是世界上发达国家经济腾飞的秘密又公开的武器。据国际劳工组织调查显示，发达国家的产业工人基本都是技术工人，其中高级工占 35%，中级工占 50%，初级工占 15%①。和其他亚洲国家相比，我国有更多的公司认为劳动者技能不足是发展的障碍。在我国制造业比较发达的沿海地区，技术工人短缺已成为制约产业升级的突出因素。

表 7-4 中国与发达国家具有职业资格认证的技工分布比较 （%）

	高级技师	技师	高级工	中级工	初级工
中国	0.1	1	3.5	35	60
发达国家	35	50	15		

【数据来源】世界银行东亚及太平洋地区人类发展部. 中国：教育发展评估［J］. 2009（3）.

注：中国数据引自人力资源与社会保障部网络，发达国家数据引自世界银行东亚及太平洋地区人类发展部。

日本农林牧渔业从业人员中大专及以上文化程度人员比重 8.16%，而中国仅为 0.14%，是中国的 58 倍；建筑业中日本的比重为 21.29%，而中国仅为 4.61%，是中国的 5 倍；制造业中日本的比重为 28.25%，而中国仅为 5.81%，是中国的 4.86 倍，社会服务业中日本的比重为 51.62%，而中国仅为 8.7%，是中国的 6 倍（见表 7-5）。对比可见，我国一、二、三次产业从业人员文化素质落后态势十分明显。

---

① 吴玲. "技工荒"凸显培养机制"短"［EB/OL］.（2009-11-05）［2012-05-24］. http://discovery. china. com. cn/news/comment/2009-11/05/content_18834233. htm.

表7-5 中国、日本部分行业人员素质比较 （年,%）

行业名称	人均受教育年限		大专及以上从业人员比重	
	中国	日本	中国	日本
农林牧渔业	6.79	10.67	0.14	8.16
建筑业	8.98	11.74	4.61	21.29
制造业	9.47	12.33	5.81	28.25
电力、煤气、热、水供应业	11.25	13.21	16.28	31.58
交通通信业	9.8	12.08	6.85	22.25
批发、零售、饮食业	9.32	12.57	5.17	34.04
金融、保险、房地产业	12.79	13.58	37.45	54.18
社会服务业	9.75	13.24	8.7	51.62

三、相对独立的职业教育体系尚不完善

目前，我国职业教育体系还不完善，发展不平衡，服务国家和地方经济社会发展的能力还不强。具体表现及原因如下：

（一）缺乏完备的法律保障体系

1996 年我国制定了《职业教育法》、1998 年制定了《高等教育法》，两部法律奠定了我国职业教育包括高等职业教育的法律地位和基础，标志着我国职业教育初步走上了依法治教的发展轨道。但是，事实上高等职业教育在这两大法之间是处于一种非常尴尬的地位。《职业教育法》主要侧重于中等职业教育，而《高等教育法》又主要论述的是普通高等教育，具体论述高等职业教育的条款非常有限。并且这两大法已历经10多年，进入21世纪后，虽然教育部相继出台了大量政策法规，但均缺少配套的执行措施，导致经费投入制度、办学制度、证书制度、就业准入制度、用人制度、人才制度等不配套，社会、行业、企业参与不足，市场机制表达不充分等，出现了职业教育"无法可依"、"有法不依"以及执行不力等现象。主要存在以下问题：

1. 法律没有明确企业与学校合作、承担职业教育责任的具体规定

从基本法的角度来说，《教育法》并没有明确有关企业应承担或分担职业教育责任的法律条文。作为教育领域的基本法《中华人民共和国教育法》规定：教育必须与生产劳动相结合（第五条）；企业事业组织应当采取措施，发展并保障公民接受职业学校教育或者各种形式的职业培训（第十九条）；国家机关、企业事业组织和其他社会组织，应当为本单位职工的学习和培训提供条件和便利（第四十条）；国家鼓励企业事业组织、社会团体及其他社会组织同高等学校、中等职业学校在教学、科研、技术开发和推广等方面进行多种形式的合作。企业事业组织、社会团体及其他社会组织和个人，可以通过适当形式，支持学校的建设，参与学校管理（第四十六条）；国家机关、军队、企业事业组织及其他社会组织应当为学校组织的学生实习、社会实践活动提供帮助和便利（第四十七条）。教育基本法的上述规定，可以从两个层面来解读：一是如果说企事业组织履行职业教育的义务，也仅仅是停留在对本单位职工所尽的义务，至于本单位之外的职业教育职责，则企事业单位是没有法定义务去担当的；二是在企业与学校合作方面，上述规定在用词上使用的是"鼓励"和"可以"，这种引导性和授权性的规定，在实践上缺乏法律约束力：其一，企业的义务仅限于为学校组织的学生实习、社会实践活动提供帮助和便利，"帮助和便利"主要是道德范畴，不帮助他人、不给他人提供便利，无法给予强行性制裁；其二，如果把这一规定看成是"原则"性规定，而这种规定在该法的其他规定中或者在其下位阶法中找不到落实这一规定的条款，因此不具备实际法律约束力；其三，如果把这一规定看成是"规则"性规定，根据一般法理，一个完整的规则至少包括行为模式和法律后果两部分，然而从该法以及该法的下位阶的法律条文中，找不到法律后果部分，依法理也无法推导出其法律后果。一项法律规则，没有法律后果部分，难以发生实际法律效果。

作为职业教育领域的单行法《中华人民共和国职业教育法》，也没有

明确企业与学校合作、企业承担职业教育责任的明确规定。《职业教育法》第六条规定，"行业组织和企业、事业组织应当依法履行实施职业教育的义务"。这个规定可以解读为对《教育法》第十九条在职业教育领域的进一步规定，但是这种规定仍是一种"原则性"的规定，缺乏法律约束力，企业如不履行职业教育的义务，并不用承担什么不利的法律后果。

2. 缺少支持职业院校教师发展的刚性措施

德国《职业教育法》和《教师培养法》都规定"职业教育师资必须不断接受新技术知识、新规范的继续教育，教师参加培训进修是一种必须履行的义务"。职业学校的教师在从教 30 年内，每两年要进行一次综合考核，考核合格者顺利晋升到上一级，对于考核不合格者必须要参加相应的进修培训，培训合格后方可重返校园教学。德国以法律形式确立了职教教师继续教育的制度，并在实践中切实执行，如此造就了德国职教教师的高素质，也成就了德国职业教育的辉煌。

然而，由于我国职业教育相关政策基本上是方向性和纲领性的政策，没有制定出具体性的、激励性的政策和规范，使得职业教师到企业实践存在很大障碍。

表 7 - 6　国家有关文件对职教教师企业实践工作的规定

文　件	政　策
《国务院关于大力发展职业教育的决定》（国发［2005］35 号）	建立职业教育教师到企业实践制度，专业教师每两年必须有两个月到企业或生产服务一线实践
教育部、财政部《关于实施国家示范性高等职业院校建设计划加快高等职业教育改革与发展的意见》（教高［2006］14 号）	制定"双师型"教师培养和专兼结合专业教师队伍建设的支持政策与办法
《关于全面提高高等职业教育教学质量的若干意见》（教高［2006］16 号）	安排专业教师到企业顶岗实践

续表

文　件	政　策
《国家中长期教育改革和发展规划纲要（2010—2020 年)》	制定优惠政策，鼓励企业接收学生实习实训和教师实践；将教师到企业实践纳入长期教育战略规划；制定优惠政策，让企业主动接收教师实践

但到目前为止，没有明确的政策措施或经费支持保证职业教育教师进入企业实习，没有制定出具体的、激励性的政策和规范，诸如实践相关主体的权利和义务、实践的内容和形式、实践的组织与管理、实践结果的考核、实践的薪金待遇与职称评定等明确的规定和要求。此外，教师去企业实践不仅仅是高职院校和企业之间的事，还涉及财税机关、人力资源和社会保障部门、教育部门等众多的机构和部门，这就要求国家制定相应的法律规范来统筹安排、协调各部门支持参与教师到企业实践工作。

3. 职教学生顶岗实习不受现行《劳动法》的保护

职教学生顶岗实习是技术技能人才培养的重要一环，其安全保障需要有相应的制度安排。但在实践中，学生在企业实习缺乏相应的安全保障。最突出的问题是实习生不受现行《劳动法》的保护。由于实习是课堂教学的延伸，是学校教学活动的组成部分，是一种培训性质的学习，因此实习生和实习单位之间不属于劳动关系，带来了一系列安全隐患和社会问题。诸如实习生的劳动报酬、社会保险、意外伤害保险等，也没有制度规定，完全是学校与企业之间协商。如意外伤害保险费的问题，有的是学校交，有的是企业交，有的根本没交。加之实习生是刚接触岗位的"新手"，很容易出现人身伤害等安全事故，实习生发生意外的责任如何界定等问题，缺乏切实可行的保障制度，这些都严重影响了校企合作的健康发展。

（二）缺乏统筹职教系统的管理协调机制

职业教育涉及各个行业和领域，从发达国家职业教育的通行做法来看，在国家层面建立职业教育宏观管理协调机制是保证职业教育健康快速发展的重要保障。

历史上，英国政府对职业教育和企业培训很少干预，而是依靠市场指导职业教育的发展方向，职业教育与经济发展之间的关系并不协调。20 世纪 80 年代后期，英国在职业教育市场化过程中开始进行必要的政府干预，建立统一的职业资格体系，加大对职业教育和培训的资助力度，设立有关机构对职业教育和培训进行宏观协调和管理，保证职业教育的质量和规格能够从总体上与市场维持平衡状态。1995 年，英国政府把教育部与就业部合并，更名为教育与就业部。英国政府声称：两部门合并的目的是通过提高国家教育成就及技能水平，并通过促进高效灵活的劳动市场来支持经济的发展。① 2001 年 6 月，教育与就业部又更名为教育与技能部，进一步强调对青年的技术技能教育，提高他们的职业能力。2004 年，英国实施关键能力资格制度，将职业能力分为五个等级，以强化职业技能鉴定，正式将职业教育证书纳入国家教育证书体系当中，使职业技能与英国古典精英教育所强调的学术研究具有同等重要的位置。

德国数量众多的企业培训部门之间各方面差别很大，为了确保培训合格、程度一致，联邦政府制定了明确详尽的职业培训条例来规范它们的培训活动。职业培训条例是在各专业部长（联邦经济部长或联邦农业部长与联邦教育与科学部长）取得意见一致的情况下颁布的，它作为法律条令对企业的培训工作具有极强的约束力。每个职业的培训条例都规定了这样一些固定的内容：培训企业的名称、培训期限、应获得的技能和知识、对技能与知识在专业上和时间上的划分说明以及考核要求等。而培训条例除了包括一个培训总计划以外，各个企业在培训总计划的基础上，还可制定超出最低限度要求的自己的培训计划。这样，可以确保参加不同培训部门的受训者，能达到统一的技能水准②。

澳大利亚联邦政府为给职业教育与培训提供全国范围内的学历认可和质量保障体系，专门制定了"国家培训框架"，这一框架包括培训院校与

---

① Richard Aldrich，David Crook. DFEE and Its Place in History［M］. London：University of London Press，2000.

② 王琴，郭扬. 推进职业教育均衡发展的国际性普遍规律［J］. 职教论坛，2011（28）.

课程框架和培训包。培训院校与课程框架，规定了全国统一的职业教育培训院校与课程注册要求及审批标准，即"培训机构注册标准"及"州、领地培训注册机构和课程审核机关审核标准"。认证框架按照规定的培训标准对培训机构进行资格确认、注册，以确保国家职业培训的质量。澳大利亚允许职业资格认证的培训由符合要求的个人、教育机构、培训组织或者由被批准为注册培训组织身份的企业在指定领域或范围内承担。该框架对培训机构所需要的专家、设施和设备及其他资源也作了规定。

然而在我国，由于政府统筹协调校企合作、联合办学、制定人才培养计划、教师下企业锻炼等方面的作用不足，尚未能形成较为完善的校企合作的体制、机制与模式。在制定区域技能型人才发展规划、定期发布行业企业所需技能人才信息等方面，缺乏必要的政策指导，规范校企之间的合作，特别是缺乏对企业参与校企合作的激励制度。具体表现在以下几个方面。

一是缺乏统一的职业技能培养和认证机制。例如，人力资源和社会保障部负责大部分职业技能资格的审定，但其他部委也有相关认证的权限，例如，注册会计师由财政部管理，注册建筑师由住房与城乡建设部管理，道路运输师由交通运输部管理，注册律师由司法部管理……但这些人才的培养则主要由教育部承担。职业技能培养与认证体系的分离导致职业教育发展未能形成合力。

二是缺乏严格有效的监督体系。职业教育发展快的国家都对职业教育法的实施有严格的监督体系。德国的《职业训练条例》和《职业培训规章》都明文规定违反条例者可"判处关押"或"处以不超过一万马克的罚金"。日本颁布的《学校教育法》明确规定应设置监督部门，并且专门设有"罚则"一章来论述监督和惩罚。此外，西方各国还设立了教育审议制度来加强对职业教育的监督，对职业教育政策和措施及法规的实施效果进行全面、及时、有效的监督与调节。而我国尚未设立这样的专门机构对职业教育进行审议和监督，对于职业教育存在的诸多问题，相关法律缺乏相应的责任条款加以制约。

三是缺乏行业企业深度参与的引导措施。职业教育不同于普通教育，需要行业企业的深度参与，才能确保职业教育的培养质量。

在英国，国家职业资格证书的鉴定发放主要由各行业协会及行业性质的团体承担①；而证书中的能力要素和操作标准，则是由专门的"主导工业机构"（Lead Industry Bodies，简称 LTB）制定的②。行业技能发展署（SSDA）作为其现行国家职业资格体系的管理机构，负责向各个行业技能委员会提供经费资助和监督，而这些行业技能委员会都是全英国某一行业的以雇主为主导的专业团体，他们与各个专业和学术团体紧密联系，负责制定本行业的职业资格标准及考核颁证。如 BTEC 作为英国著名的职业资格授予机构之一，既是工商技术教育委员会的简称，同时也可以作为该机构颁发的职业资格的简称，该委员会后与伦敦考试评估委员会合并成为国际性的教育组织，其颁发的 BTEC 证书被世界大多数国家所认可。

（三）人才培养通道不畅

目前，职业教育体系与现代经济社会脱节现象还比较严重。我国职业教育体系开放性不够，以职业学校为主的学制体系仍然相对封闭，不能很好适应技能型人才阶段性成长规律要求，难以满足行业、企业对高技能人才的需求。特别是职业教育体系内部的衔接不够、与普通教育沟通乏力。主要表现为以下几个方面。

一是职业教育人才培养向上不延伸，纵向不连接。中职和高职教育衔接不畅，中等职业学校学生上升通道受限，成为制约职业教育发展的"瓶颈"（见图 7 - 1）。一方面，国家将中等职业学校学生进入高职的比例控制在 5% 左右，据统计，2009 年 625 万中等职业学校毕业生中仅有 3% 升入了高职院校。另一方面，职业教育与普通教育沟通不畅，高等职业院校毕业生"专升本"比例目前控制在 5% 以内，据统计，2009 年 223 万高职毕业生中仅有 4% 升入本科（见图 7 - 2）。职业教育体系不完善，通道不畅，使职业教育被降格为"低层次教育"和"断头教育"。在"文凭本位"思

---

① 翟海魂. 英国中等职业教育发展研究 [M]. 北京：高等教育出版社，2005.
② 吴雪萍. 国际职业技术教育研究 [M]. 杭州：浙江大学出版社，2004.

想尚占有很大市场的中国，学制短，仅仅只有专科层次的职业教育难有立足之地，严重影响着学生报考职业学校的积极性，职业学校学生会有"低人一等"的感觉，职业教育被视为"学业失败者的教育"，这种现状阻碍职业教育的可持续发展，不利于高技能人才培养。

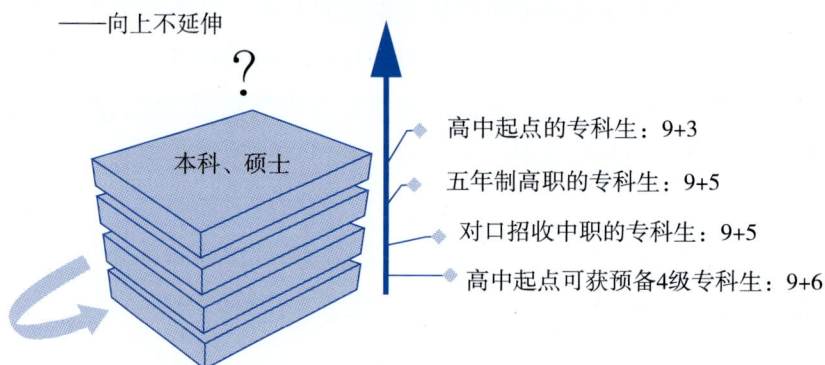

——向上不延伸

高中起点的专科生：9+3

五年制高职的专科生：9+5

对口招收中职的专科生：9+5

高中起点可获预备4级专科生：9+6

本科、硕士

图 7-1　职业教育人才培养通道

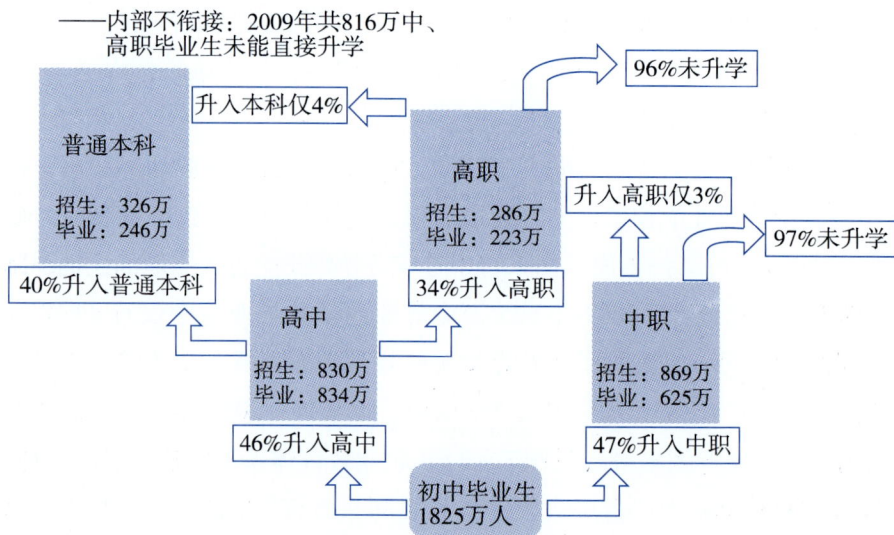

——内部不衔接：2009年共816万中、高职毕业生未能直接升学

普通本科
招生：326万
毕业：246万

升入本科仅4%

高职
招生：286万
毕业：223万

96%未升学

升入高职仅3%

97%未升学

40%升入普通本科

高中
招生：830万
毕业：834万

34%升入高职

中职
招生：869万
毕业：625万

46%升入高中

47%升入中职

初中毕业生
1825万人

图 7-2　职业学校在各个教育阶段中分流状况

二是职业教育学历证书与职业资格证书沟通互认不畅。建立职业教育学历证书与职业资格证书沟通互认体制是世界各国通行做法。而我国由于在职业教育证书体系上存在的多头管理，导致职业教育学历证书与职业资格证书沟通互认不畅的弊端。职业教育学历证书由教育部门管理，职业资格证书、专业技术人员的职业资格评定等则由人力资源与社会保障部门审核、发放。不同种类职业教育资格证书在内容要求上不统一，证书认证过程中也互不相认。与此同时，两种证书之间的内容与要求也存在较大差异，难以实现贯通（见图7－3）。这种证书管理体制既影响了学生的利益，也不利于技能型人才的培养。

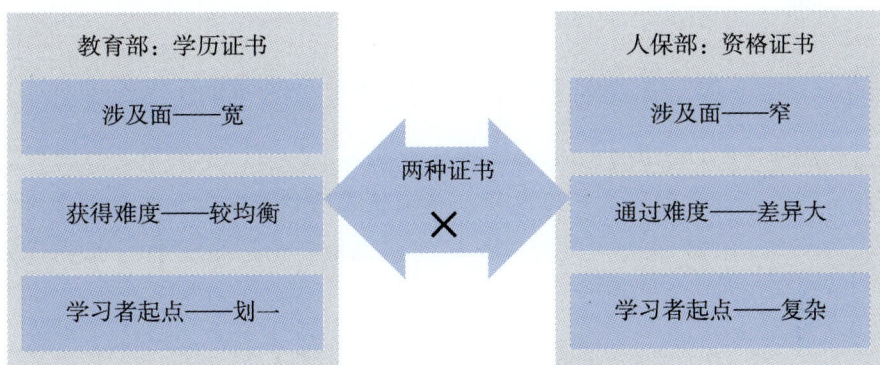

图7－3 两种证书的差异性

三是职业教育人才供给与行业企业需求不匹配。目前我国职业教育体系开放性不够，以职业学校为主的学制体系仍然相对封闭，缺乏对行业、企业参与的吸引力和规范要求。中等职业教育和高等职业教育在专业、课程、教学过程和评价、师资等方面存在脱节、断层或重复现象，不能很好适应技能型人才阶段性成长规律要求，不能满足行业、企业对高技能人才的需求。职业教育与经济界、产业界联系不密切，服务国家和区域竞争力的功能难以到位。以2009年为例（见图7－4），我国高职19个专业大类毕业生中，财经、文化教育和电子信息是毕业生数量最多的三个大类，占当年毕业生总数的近50％，而该年度我国不同行业部门对这三个大类毕业生的需求量仅占总需求量的 13%①。同年行业需求量最多的两个专业是制造和建筑，占行业需求的比例超过 64%，而这两个专业毕业生占当年高职毕业生总量的比例不到 20%②。

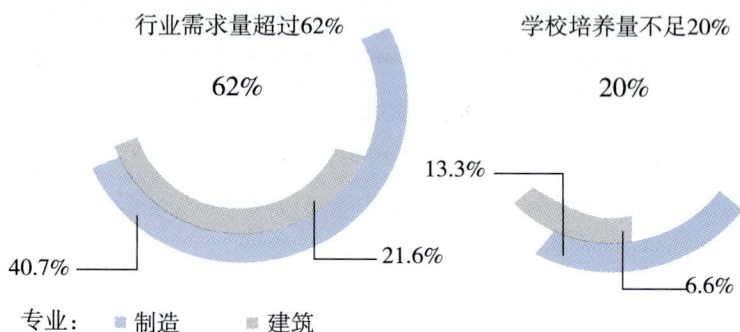

行业需求量超过62%　　　　　学校培养量不足20%

62%　　　　　　　　　　　　20%

13.3%

40.7%　　　　　21.6%　　　　　　　　6.6%

专业：■制造　■建筑

图 7-4　2009 年制造与建筑行业需求大于学校供给

我国高职教育供需不匹配还体现在专业与工作对口率偏低。据麦可思第三方就业调查数据显示，2009 年，全国高职高专毕业生专业与工作对口率仅为 57%，低于普通本科对口率 67%，也低于全国高校平均水平 62%（见图 7-5）。

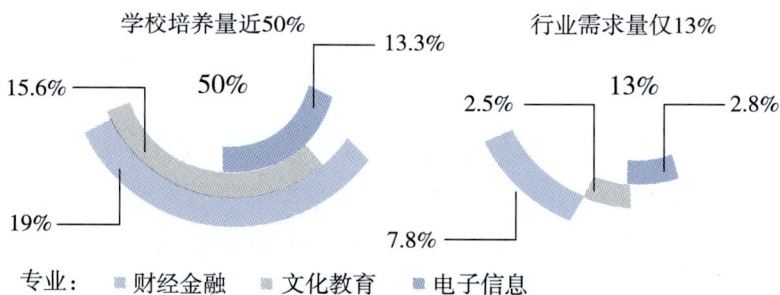

学校培养量近50%　　　　　　行业需求量仅13%

15.6%　　　13.3%　　　　　2.5%　　13%　　2.8%

50%

19%　　　　　　　　　　　7.8%

专业：■财经金融　■文化教育　■电子信息

图 7-5　2009 年财经、文化及电子学校供给大于行业需求

---

① 根据中国人力资源市场信息监测中心发布的《全国劳动力市场供求状况分析》统计而来。
② 根据教育部提供的"分专业毕业生数"计算而来。

（四）高职院校教师队伍建设相对薄弱

我国高职院校很多是由原来的中专学校升格而成，有相当一部分教师学历偏低，很难适应当前高职教育的发展需要。另外，受传统模式影响，教师一般偏重于理论知识和学历的进修和提高，忽视实践操作的锻炼，使得"双师型"教师匮乏，实践能力不强，一专多能教师奇缺。

同时，高职院校教师主要来源于普通高校毕业生，他们多数没有接受过正规、系统的实践业务培训，缺少在企业生产一线进行专业实习的机会，实践经验明显不足。而企业的"能工巧匠"由于各种原因很难进入高职院校任教，因此，高职院校的"双师型"人才很难得到补充。

1. "双师型"教师的概念与标准不清

"双师型"教师的概念自20世纪80年代提出开始，我国职业教育界提出了多种观点。先后有"双职称"（教师系列职务＋另一系列相关专业技术职务）、"双素质"（教师基本素质＋实践技能素质）、"双资格"（教师职业资格＋其他行业或职业资格）、"双证书"（教师资格证书＋职业技能等级证书）等多种说法。

由于对"双师型"教师的内涵理解不同，在实际执行过程中，教育主管部门、职业技术师范院校及相关研究学者等制定或提出了不尽相同的标准。较有代表性的有以下两种。

一是行政标准。要求"双师型"教师应符合下列三个条件之一。第一，有两年以上基层生产、建设、服务、管理第一线本专业实际工作经历，能指导本专业实践教学，具有中级及以上教师职称，即"工作经验加教师职称"。第二，既有讲师及以上教师职称，又有本专业实际工作的中级及以上专业技术职称，即"双职称"。第三，主持或主要参加两项及以上应用性项目研究，研究成果已被社会企事业单位实际应用，具有良好的经济和社会效益，即"研究能力加应用效益"。

二是院校标准。一些职业技术师范院校提出了不同"双师型"教师的标准，可归纳为：既能讲授专业理论课，又有一定实践经验即具有所教专业相关的社会职业岗位经历、资格和能力，能指导技能训练的教师。具体标准：大学本科及以上学历，具有中级以上教师职称，具有两年以上的相关专业经历或具有高级工及以上职业资格，接受过系统教育理论的培养和培训。

综上所述，对"双师型"教师概念的不同理解导致了目前对"双师型"教师的资格认定不统一，造成"双师型"教师队伍建设无论是概念体系还是操作层面均未能厘清思路，影响了我国高等职业教育师资队伍的良性发展。

2. "双师型"教师的培养与评价机制不健全

建设"双师型"教师队伍是高职院校师资队伍建设的方向，但许多高职院校在"双师型"教师的培养上还没有形成一套科学完整的新机制，仍旧照搬普通高等教育的模式，背离了对高职教师强化应用的本质要求，表现出了严重的学科化倾向。有些高职院校教师的第二职称证或行业资格证与学院开设的专业不相符，还有的与自己的专业不相对称，不能真正发挥指导实践性教学的作用。另外，目前我国建立的国家、省、市高等职业教育师资培训网络中，主体仍然是高职院校，企业参与度很低，不利于教师专业实践能力的提高，也影响高等职业教育与社会的沟通和联系。此外，对高职院校"双师型"教师的评价还没有走出普通教育的传统模式框架，"双师型"教师的评价机制尚未形成。

3. 高职教师到企业实践困难

一是困扰高职院校教师到企业实践的主要问题是经费不足。从高职院校角度，办学经费本来不足，高职院校很难划拨足够的资金用于教师到企业实践或者支付教师不在岗期间的薪酬待遇，这在一定程度上制约了教师到企业实践的顺利展开；从企业角度讲，认为教师到企业实践不会产生经济利益，因此不愿给参加实践的教师发补贴；从教师角度讲，如果实践期间的学习费用、食宿费用、交通费用等主要由个人承担，实践期间没有相应的津贴，而且实践后在绩效考核或者职称评审上没有体现，则没有到企业实践的积极性。

二是企业对高职院校"双师型"教师的培养积极性不高，企业的关键技术、关键岗位和整个生产过程对教师开放不足。教师很少能深入实训基地负责业务工作，更谈不上根据生产技术工艺的发展，定期对教师进行实践技能的考核和考查。

（五）实现企业教育资源共享存在诸多困难

目前我国大中型国有企业都具有较为成熟的企业教育体系，一方面由于我国相关法律规定企业应将职工工资总额的 1.5%—2.5% 投入到企业教育，而且企业有专门的教育培训部门在持续不断地推动企业教育；另一方面，企业教育对于人才培养与开发具有重要作用，而人才是企业最重要的生产力，最终能给企业带来巨大的绩效与回报，因此企业高层对于企业教育越来越重视。特别是学习型企业、终身学习等理念已经被大众普遍接受之后，企业教育成为企业自身内发的需求。但是多年来，企业教育独立于职业教育系统之外，相互之间难以形成教育资源共享局面，究其原因如下。

1. 没有成熟的资源共享机制

目前，企业自办的职业学校与企业教育实现资源共享的机制还没有形成。职业学校的教育对象是尚未走入社会的青年学生，而企业教育的培养对象是在职职工，两者服务的对象与目标不同。例如，企业内部专业讲师与职业学校教师之间的流动缺乏成熟的机制，企业教育资源的使用如果缺乏合理的回报，将降低企业员工开发资源的积极性和分享的意愿。

2. 企业对资源共享的动力不足

目前，企业对于自身的教育资源共享动力不够。一方面，企业内部专业讲师较少有愿意从事职业学校教育；另一方面，课程资源由于版权问题，其共享程度很低；另外，由于使用损耗及安全性考量，企业也不愿意将设备资源划拨出来共享，因此需要一些行政性和财政政策去推动改变企业的意愿。

3. 资源信息不对称

目前企业教育资源的数量、类别及质量，只有企业教育主管部门充分掌握，因此企业外部无法获得相关信息，也无法寻找相关的资源支持。因此需要企业主管部门共同推动资源信息建设。

4. 缺乏合理的回报与精神奖励

企业教育资源共享缺乏回报，制约了企业进一步共享的动力。因此需要对合理的回报进行研究，并且政府给予足够的精神奖励，鼓励企业教育资源共享。另外，还涉及安全责任问题。特别是企业的实验室设备资源，企业对于学生使用的安全性有所顾虑。

四、未来职业教育改革重点与发展方向

在国家经济建设和社会发展进入"十二五"新的历史阶段，我国职业教育迎来前所未有的重大发展机遇期，将为职业教育大发展赢得更多的制度保障，促进职业教育与普通教育、高等教育、继续教育的衔接与沟通，人才成长的"立交桥"将逐步形成，技工短缺的局面必将扭转。

为支撑产业结构调整、经济发展方式转变，培养大批能够适应技术革新和进步并富有创新精神和能力的高技能人才，有赖于我国相对完善的现代职业教育体系的建设。体系的完善，离不开政府、行业、企业、社会等多元办学主体的参与，更离不开财税、人事、资格证书认证等相关国家制度的配套保障。基于现存问题的深层次剖析，我们提出以下建议。

（一）成立统筹职业教育的国家管理部门

完善全国性职业教育培训统筹管理体制，使多部门联动起来是建立现代职业教育体系的重要环节之一。职业教育与经济发展的紧密联系，决定了其必须由教育、劳动保障、经济等部门以及各行业企业等密切合作，联动推进职业教育改革与发展，才能保证其规模、结构、质量与经济社会发展需求相适应。近些年来，我国职业教育发展受到高度重视，特别是将职业教育体系建设纳入了"十二五"专项规划，这是提升职业教育统筹管理力度的重要信号。

第一，切实发挥职业教育部际联席会议制度的作用，统筹协调各有关部门研究制定并落实职业教育改革发展的重大政策。在此基础上，探索建立更高层次的统筹管理机构，统筹协调教育、就业、培训、经济、行业等工作，在社会用人制度、行业企业指导和参与制度、教师人事制度等方面改革力求有所突破，破解制约技能型人才培养、使用等方面的瓶颈问题。

第二，建立专家咨询机构。在行业指导委员会等机构基础上，设立职业教育培训咨询委员会，由行业组织、大中型企业、相关部委专家组成，直接为国家层面职业教育统筹管理部门负责，对国家职业教育体系建设、国家技能人才培养规划、职业教育质量保障等方面开展研究、调查、评估，形成并发布重要决策咨询报告。

（二）建立以行业企业为依托的现代职业教育发展格局

《教育规划纲要》提出要加快建立健全政府主导、行业指导、企业参与的职业教育办学机制，这是推动职业教育适应经济发展方式转变和产业结构调整要求，培养大批用得上、素质高的技术技能型人才的根本途径。

各级政府要通过建立健全相应的工作机制和条件，支持行业在职业教育专业布局、课程教材设计、教学实习、教师队伍建设等方面发挥指导作用，通过财政、税收、保险、产权等制度创新，激励和保证企业参与职业学校办学过程，鼓励"办校进厂"、"企业办校"、"校办企业"、"订单培养"、"顶岗实习"、"半工半读"、"学徒培养"等多种形式的校企合作。

第一，明确行业指导职责，提升行业指导能力。落实《教育部关于充分发挥行业指导作用推进职业教育改革发展的意见》（教职成〔2011〕6号）要求，鼓励、引导行业举办职业教育，对本系统本行业的职业教育发挥组织、协调和业务指导作用，引导和鼓励本行业企业开展校企合作，收集、发布国内外行业发展信息，开展新技术和新产品鉴定与推广，制定行业职业教育规划，发布人才供求报告，参与国家对职业学校的教育教学评估和相关管理等工作。各级政府要积极主动转变职能，下放权力，将行业调研、行业规划、研究制定职业资格标准和技能等级考核以及各类人才的培训指导等事宜，纳入到行业协会的职能范围，通过各种鼓励、支持性政策，提高行业参与、指导职业教育的积极性，同时提升行业指导的能力。

第二，加强职业教育校企合作法律法规建设。目前，我国部分省市已经有了先行探索取得的经验，应及时总结提炼，形成国家层面的法律制度，抓紧着手制定《职业教育校企合作促进条例》以及相应的实施细则，尽快明确多方参与主体包括政府、企业、学校、学生、教师的权利、义务和责任。为校企合作开展的相关培训、课程建设、学生实习实训、教师实践等各方面活动提供法律依据和有力保障。

（三）建立职前学校教育与职后教育培训一体化的终身职业教育体系

调整职业教育结构，促进职业教育和普通教育的沟通与衔接，改变职业教育在社会上的地位，重视发挥职业教育对经济社会发展的作用，已成为许多国际组织、发达国家和地区的共识。大多数国家通过资格认证、学分互认、学历对等的方式促进职业教育和普通教育之间的衔接，构建相对完整、独立的包括中职、高职、本科、研究生层次的职业教育体系。

发达国家为增强职业教育与培训的社会认可度和吸引力，提高学生适应劳动力市场变化的能力，加强职业教育与普通高等教育的沟通与衔接，在两者间形成更加畅通的转学和升学路径，成为世界职业教育改革的重要目标。综合来看，各国采取的主要措施包括：为职业教育与高等教育建立能够反映教育资格结构与劳动力市场职业结构及教育和社会变化之间关系的共同资格框架；实施终身学习战略；加强对先前学习的认可；发展针对职业教育或高等教育的学分转换和认证体系；把普通教育作为所有职业教育与培训项目的一部分；实现资格的模块化或双元化；加强经费激励机制（税收激励、补助金、教育券、学习账户等）。

借鉴国际经验，建议我国建立一体化终身职业教育体系。首先，促进普职融合与渗透。重视职业早期教育，在义务教育阶段开展职业启蒙教育，帮助孩子从小确立尊重劳动、关注技术进步的思想观念和习惯，帮助孩子由浅入深了解产业结构、行业类型等常识。通过综合实践活动、劳动技术等课程，培养动手能力和使用工具、技术的基本方法。在高中教育阶段，一方面要在课程设置上加强普职教育渗透；另一方面，在管理制度上，要设立普职教育交流的通道，让那些有潜力接受学术型教育的中职生有机会学习更多的文化课程；那些可能高中毕业后就业的孩子有机会接受职业技术教育，并取得相关资格证书。其次，实施终身学习战略，促进职业教育纵向衔接与横向贯通。按照技术技能水平的划分，构建由低到高、纵向衔接的职业教育体系，使技能型人才获得不断向上发展的通道。建立国家教育资格证书体系，逐步建立统一的资格框架，促进职业教育、培训与普通教育之间学分互认、课程互换，在两者间形成更加畅通的转学和升学路径。

（四）建立以公共财政为主的多元经费保障制度

职业教育的功能定位，决定了其成本通常远高于普通教育，因此需要强大的财政政策支持和充足的资源。借鉴国际经验，建议我国政府建立职业教育经费保障机制，确保职业教育稳步健康发展。

1. 构建科学合理的职业教育经费投入机制

建立政府与行业企业和社会的共担机制，形成政府主导，行业、企业、社会和个人参与的经费投入结构，并建立健全各方责任约束机制。借鉴国际经验，通过政策激励，引导企业直接资助，如德国西门子公司、大众汽车公司、奔驰公司等投资建立培训中心，购置培训设备、负担专业实践课教师工资和学徒培训津贴等；或通过建立区域基金、行业基金等方式，探索多种融资方式，并由政府或行业统筹安排使用。

在确立财政性教育经费支出总额的前提下，政府应按照教育成本确定经费配置比例的原则，调整高等职业教育公共教育经费的分配结构，构建科学合理的高职院校成本投入体系。各级政府要将职业教育经费列入财政预算，新增教育经费要向职业教育倾斜，增加职业教育专项经费。各级政府要逐步提高财政性教育经费用于职业教育的比例，职业教育经费占教育经费总量的比例不低于35%，国家财政性教育经费支出增量的35%用于职业教育，教育附加用于职业教育的比例不低于35%。鼓励企业、事业单位、社会团体、其他组织及公民对职业教育捐资助学，鼓励境外的组织与个人对职业教育提供资助和捐赠。

2. 以财政预算方式建立职业教育生均拨款制度

坚持政府主导，财政投入应成为职业教育经费保障的主渠道。职业教育作为教育事业的重要组成部分，无疑也具有公益性质。将职业教育作为政府主导供给的一项公共服务，符合国家和社会的公共利益，可以使国家、社会、企业和个人四个主体共同受益。以财政预算方式，建立职业教育生均拨款制度是满足高端技能型人才培养的稳定经费的重要保障。

省级政府应在国务院领导下，根据国家制定的职业学校办学条件基本标准和教育教学基本需要，通过核算职业学校生均培养成本，制定并落实职业学校生均经费基本标准和生均财政拨款基本标准。面向未成年人的中等职业教育应按照公益性原则，由政府财政负担，生均经费标准和生均财政拨款标准均要达到当地普通高中标准的 1.5 倍以上。高等职业学校财政预算继续纳入普通高等学校系列，生均预算内拨款标准应达到或高于本地区同等类型普通本科院校生均财政拨款标准。中央和地方可以以不同比例分摊生均拨款。

3. 统筹高等教育经费配置

要逐步提高国家财政性教育经费对高等职业教育的投入，使其占 GDP 比例与普通高等学校相当，从 1.17‰提高到 6.65‰。提高高等职业教育经费与高等本科学校教育经费的比例，使其从 1：5.7 提高到 1.7：1。

4. 建立企业成本补偿机制

落实企业足额提取职工教育培训经费的政策。切实落实企业教育经费按照不低于职工工资总额 1.5% 提取，并列入成本开支的政策，所提经费主要用于企业职工特别是一线职工的教育培训。对从业人员技术要求高、培训任务重、经济效益较好的企业，按不低于职工工资总额的 2.5% 提取。强化政府对企业足额提取与使用职工教育经费的监督检查，对未按规定用足职工教育经费和未开展职工培训的企业，依法收取企业应当承担的职工教育经费。

5. 建立健全职业教育学生资助政策体系

完善职业教育国家助学金、奖学金和助学贷款政策体系。加大中央财政对经济落后地区职业教育的转移支付力度。建立退伍军人免费职业教育制度。中央和地方财政共同设立退伍军人免费接受职业教育专项资金。对需要接受高等职业教育与培训的退伍军人提供免学费、助学金等资助。对获得相关职业教育培训证书或职业资格证书的复员转业军人，用人单位在同等条件下优先聘用。

6. 完善职业教育税收优惠和金融支持政策

全面落实企业支付学生实习报酬准予企业所得税税前扣除、行业企业购置实训设备税收抵扣优惠等已有支持职业教育发展的税收优惠政策。实行社会捐赠的超额扣除、实习开支的超额扣除、企业培训支出的限额税收抵免、个人在职接受职业教育与培训的费用在个人所得税税前扣除等税收优惠政策。

制定金融机构支持职业教育发展的信贷政策，通过财政贴息、政策性银行无息或低息、商业性金融机构降息等政策手段对职业院校和培训机构提供支持。允许金融机构为公共实训基地建设提供融资服务。完善学生实习保险制度，落实职业学校实习学生的实习责任保险。支持有市场信誉的培训企业上市融资。制定企业失业保险余额用于职业教育与培训的政策。

（五）建立企业参与职业教育资源开发与共享的激励机制

一是建立企业教育大型数据库。针对我国国有企业，设立中央数据库及地方数据库，采取统一的软件与信息格式，分门别类收集我国企业中有哪些教育资源，包括课程资源、师资资源、培训设备资源等。信息在一定范围内面向职业学校公开。

二是建立政府推动、企业支持、行业指导的良性机制。政府在企业教育资源的共享方面发挥推手作用，制定相应的行政政策、财政政策、专业政策，建立企业支持教育的良好局面。特别是需要企业高层对于教育资源共享的支持与行动，条件具备的情况下，将其作为企业业绩考核标准之一。行业协会发挥指导作用，建立资源标准，将资源体系化，淘汰旧资源，跟踪国内外最新资源开发与使用情况。

三是企业对教育资源的建设与投入应享受减免税收政策。在国家规定的 2.5% 范围之外，超过部分同样享受减免税收政策，体现政府对企业教育资源建设的重视，也激励企业积极响应政府号召，并使其获得一定的资源使用回报。

四是建立职业学校教师及企业内部讲师认证制度和交流制度，实现师资合理地流动。

五是建立企业教育资源基金，对于企业教育资源进行合理回报、损耗补偿、收购等。

（六）努力改进办学条件和培养模式提高职教质量

经过"十五""十一五"时期的大发展，职业教育已经基本解决了规模和数量的问题，高中阶段和高等教育阶段职业教育与普通教育规模大体相当的战略格局基本形成。提高职业教育质量，增强服务能力是职业教育改革发展的方向和使命，也是实现职业教育科学发展、内涵发展的必然选择。

一是要提高专业和课程设置与市场需求的匹配度。适应经济社会发展变化，及时调整专业目录，使职业教育人才培养结构紧贴产业结构，人才知识结构紧贴岗位需求，增强职业教育人才培养的针对性和实效性。通过专业目录调整和实施，推动专业与产业、企业、岗位的对接。通过专业课程内容与职业标准对接，实现人才素质与岗位需求的衔接。围绕国家战略性新兴产业、现代农业、先进制造业特别是装备制造业、现代服务业和民族特色产业等发展要求，确定一批重点专业，推进专业设置与课程体系建设的改革创新。

二是倡导以富有职业教育特色的教学模式开展教学，提高学生职业能力。改变职业学校长期以来"粉笔＋黑板"培养技能的办学状况，加强实习实训设施配备，提高职业教育信息化水平，逐步推行仿真实训教学和模拟教学、项目教学、案例教学、技能打包教学等适合职业教育的教学方法，建设理论教学与实践教学一体化的技能教室，增加学生学以致用、实际体验和动手操作的机会。

三是大力加强职业教育师资队伍建设。通过教师人事制度改革，大大拓宽职业教育教师来源渠道，根据学校专业设置，灵活聘用所需要的专业师资和实习实训教师。通过多种措施吸引有企业实习经历的大学毕业生任教，吸引企业、行业中专业能手到职业院校任教或兼职。同时，政府可以出资购买教师企业实践岗位，让职业院校教师定期到企业观摩学习和实践，及时了解、更新专业知识和行业技能，更好地培养学生。

［后　记］

《中国职业教育发展报告2012》是中国教育科学研究院基本科研业务专项基金课题"中国职业教育发展研究"（课题批准号：GY2012005）的最终成果。

该课题由中国教育科学研究院高等教育研究中心承担。孙诚为课题组负责人，课题组主要成员包括孙诚、吕华、张小萍、孙继红、李建忠、马延伟、赖立、杜兆珍、张竺鹏。

课题组同志多次召开研讨会，确定框架结构、分析思路、写作结构及基本观点，并由孙诚总体把握与最后确定。写作分工如下：第一章由马延伟、孙诚执笔，第二章由吕华、程洪莉、杜兆珍执笔，第三章由赖立、张智执笔，第四章由张小萍执笔，第五章由孙继红执笔，第六章由李建忠执笔，第七章由马延伟、孙诚执笔，前言和后记由孙诚执笔，马坛制作本书插图，孙诚统稿与定稿。

感谢教育部职业教育与成人教育司、教育部规划司的支持。同时，向以不同方式为本报告的完成提供支持与帮助的院领导和专家们一并致谢！

出 版 人　　所广一

责任编辑　　罗永华

版式设计　　孙欢欢

责任校对　　贾静芳

责任印制　　曲凤玲

图书在版编目（CIP）数据

中国职业教育发展报告 . 2012 / 孙诚等著 . —北京：
教育科学出版社，2013.4

（国情教育研究书系）

ISBN 978 - 7 - 5041 - 7306 - 5

Ⅰ . ①中…　Ⅱ . ①孙…　Ⅲ . ①职业教育—发展—研究
报告—中国—2012　Ⅳ . ①G719.2

中国版本图书馆 CIP 数据核字（2013）第 073365 号

中国职业教育发展报告 2012

ZHONGGUO ZHIYE JIAOYU FAZHAN BAOGAO 2012

出版发行	**教育科学出版社**		
社　　址	北京·朝阳区安慧北里安园甲 9 号	市场部电话	010 - 64989009
邮　　编	100101	编辑部电话	010 - 64981252
传　　真	010 - 64891796	网　　址	http://www.esph.com.cn
经　　销	各地新华书店		
制　　作	北京金奥都图文制作中心		
印　　刷	保定市中画美凯印刷有限公司		
开　　本	169 毫米×239 毫米　16 开	版　　次	2013 年 4 月第 1 版
印　　张	18.75	印　　次	2013 年 4 月第 1 次印刷
字　　数	270 千	定　　价	58.00 元

如有印装质量问题，请到所购图书销售部门联系调换。